藏书家

第26辑

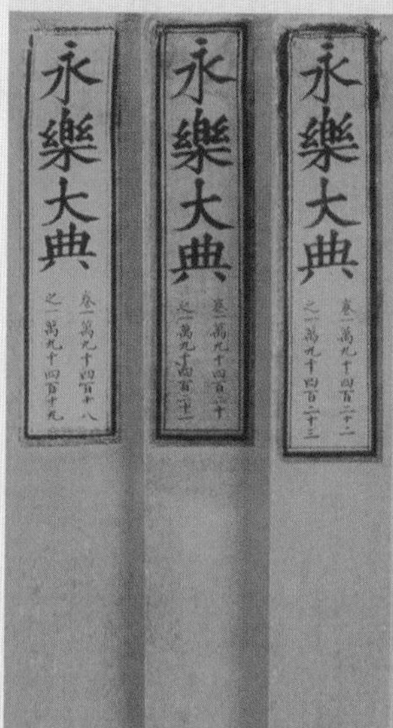

主编 王路
执行主编 傅光中

藏书家

齐鲁书社
·济南·

图书在版编目（CIP）数据

藏书家. 第26辑 / 王路主编；傅光中执行主编. --
济南：齐鲁书社, 2024.6
ISBN 978-7-5333-4851-9

Ⅰ.①藏… Ⅱ.①王… ②傅… Ⅲ.①藏书－文集
Ⅳ.①G253-53

中国国家版本馆CIP数据核字(2024)第086579号

封面题签 顾廷龙
责任编辑 傅光中
装帧设计 亓旭欣

藏书家 第26辑
CANGSHUJIA DI 26 JI
王 路 主编 傅光中 执行主编

主管单位 山东出版传媒股份有限公司
主办单位 山东齐鲁书社出版有限公司
协办单位 山东大学古典文献研究所
出版发行 齊魯書社
社　　址 济南市市中区舜耕路517号
邮　　编 250003
网　　址 www.qlss.com.cn
电子邮箱 qilupress@126.com
营销中心 （0531）82098521 82098519 82098517
印　　刷 山东新华印务有限公司
开　　本 787mm×1092mm 1/16
印　　张 15.5
字　　数 230千
版　　次 2024年6月第1版
印　　次 2024年6月第1次印刷
标准书号 ISBN 978-7-5333-4851-9
定　　价 78.00元

《藏书家》编委会

目　录

熊十力《漆园记》渊源

竹　厂

在孔网拍卖的征集工作中，经常能遇到一些名家庋藏之书，书中时有藏家墨迹，或题签，或题识，或题跋，再钤朱砂小印，总能让人眼前一亮，乐于捧读。藏家在书中有只言片语，也有长篇大论，或有朱、墨批校，使翻阅者似乎听到了这些老先生的谈论：或款款，或侃侃，或诤诤，如临席下。

朱光潜先生是中国著名的学者、学贯中西的大家，曾经集有大量藏书，传统古籍、碑帖是其中一宗。

图1　青年朱光潜

他首先是一位国学大师，阅读了相当数量的古籍。他出生于安徽桐城的一个书香世家，祖父朱文涛是贡生，父亲朱黼[①]卿是乡村私塾先生。朱光潜从小就爱读书，10岁时就熟读“四书五经”，甚至乱读书，《应策试帖》《楹联丛话》《麻衣相法》《太上感应篇》等身边能接触到的都拿来读，打下了很好的古文功底。18岁时考

① 黼，音fǔ，古代礼服上绣的黑白相间的花纹。此处用于人名。

取了香港大学的官费生，从此“迎来了生平一次大的转机”，广泛和深入地学习了西方学术文化，最终成为中国一代美学宗师。

在孔网经手拍卖的“朱光潜先生藏书”专题中，有一纸熊十力著文的《漆园记》，系黄纸蓝字油印定稿，上有作者朱笔句读、圈点：

国立浙江大学文学院近辟一园，筑室如斗大，吾抱膝其间。郑石君教授曰：先生何以名斯园？余曰：名以漆园。石君曰：先生之为学，先生之用心，皆异乎庄生，此天下有识所共知也。何取于漆园，其以隐于庠序、托蒙吏之迹耶？余曰：非此之谓也。吾有痛也，吾有警也。

人类方趋于自毁，无可纳之正觉，而吾族勇于自亡，甘于鄙贱，此余所深痛也。痛而无以自持，因思庄生之言曰：“知其无可奈何而安之若命。”吾时念此以自遣，故有契于庄生。然吾以是缓吾痛则可，若姑安乎是，则将负吾平生之心与所学而不免为庄生之徒，是又吾之所以自警也。

知其无可奈何而安之若命，此其知与其安之之情，则已由厌而至玩，是庄生所以委心任化，为鼠肝，为虫臂，而一切无自力可致，直自视其生为造化之玩具耳。人能不修，人道且废，此承老氏天地不仁、蒭[①]狗万物之说而演之，以极成玩世之思。二千余年来，文人名士，颇中其毒，族类衰微，岂曰无故！圣人之学，体天道而立人极，成人能而赞天化，《易》曰圣人成能，又曰赞天地之化育。明于天下之险阻，详玩《大易》坎、困、否、明夷、剥诸卦。健动以建鼎革之功，《易说卦》云：革，去故也。鼎，取新也。《无妄》卦曰：健以动，非有健动之力，何以革故取新欤？虽陷险中而不失其刚，履虎尾而无畏于咥。极知未济而不舍，倾否之宏愿与强力。《易》六十四卦以《未济》终，此义深微，详吾《新论》。《否》卦之上九曰倾否，否运已极，必倾覆此局而更新之，人间世不得常泰而无否，即终古是未济，而人类终古努力于

---

① 蒭，音chú，古同“刍”。割草，喂牲口的草。把万物当刍狗。蒭狗万物，意指听任万物自生自灭。

倾否之大业，生命元是行健无息，惟其未济而生命乃健进不已也。恶容付之无可奈何，而安之若命？以生为玩，甘自颓废而不恤哉？《易》曰："安土敦乎仁，故能爱。"安土者安于所遇，如当否运，行健以济，不震不沮，是谓安土。仁者己欲立而立人，己欲达而达人。立达二字，意义深广，详吾《语要》卷三。君子自敦乎仁，以此化天下，使人皆敦乎仁，则人皆有以强立而不靡，上达而不迷，世运自泰而否倾矣。夫能安所遇而敦乎仁，则情思俱畅，其视大宇为众理灿著，知万物本互相维而成一体，如百骸五脏之在一身，故民胞物与之爱，油然不容已。其有以异乎庄生无可奈何之知，将启其厌且玩之偷心，亦明矣。振斯人之沉冥，扶乾坤于将熄，不亦隆哉！

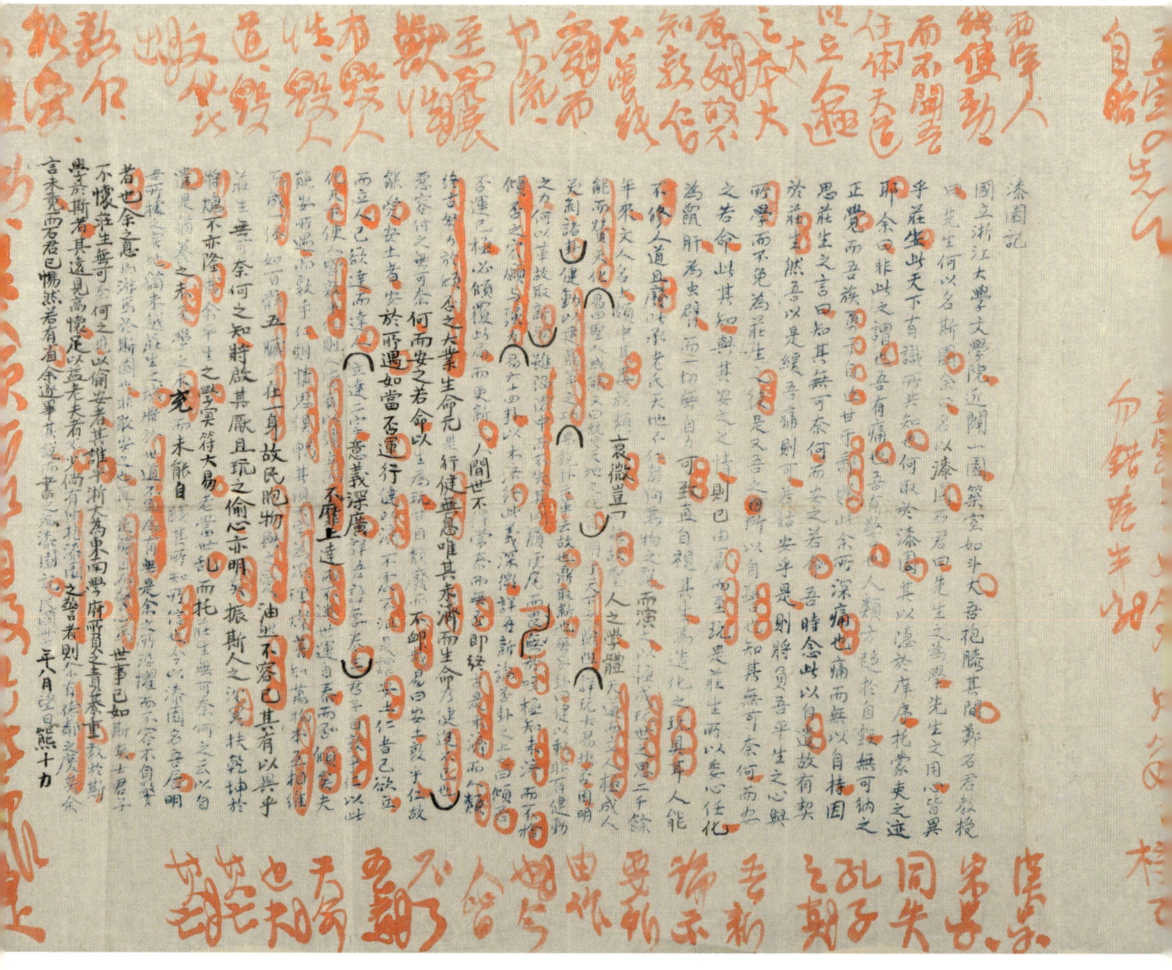

图2　发表于1948年10月《学原》第二卷第六期的《漆园记》原稿。

余平生之学，冥符《大易》。老当世乱，而托庄生无可奈何之云以自遣，是犹养之未至，学之未充，而未能自践其所知所信也。今以漆园名吾居，明吾所据之实地，犹未越庄生之域，将于世道不足为有无，是余之所恐惧而不容不自警者也。余之息焉游焉于斯园也，非敢安之也，直以是触目而惊心焉！世事已如斯矣，士君子不怀庄生无可奈何之见以偷安者，其谁乎？浙大为东南学府，所负之责綦重。教于斯学于斯者，其远见高怀足以益老夫者不少。倘有独抱漆园之警者，则余有德邻之庆矣！余言未竟，而石君已惕然若有省，余遂毕其说而书之为《漆园记》。民国三十七年八月望日，熊十力。

图3　熊十力像

熊十力是中国现代思想史上最富原创性的哲学家之一。原名继智、升恒，字子真，晚年称漆园老人。湖北黄冈人，曾参加武昌起义和护法运动。1920年入南京支那内学院研究佛学。1922年至20世纪50年代末在北京大学任教，抗战期间曾在四川乐山复性书院讲学，晚年定居上海。熊十力先生学贯古今，融会中西，出入佛道，取精用弘，而要归于儒，秉“中体西用”模式对佛教唯识论加以改造，创发以“恒转”为本体的哲学体系。重要著作有《新唯识论》《体用论》《乾坤衍》《十力语要》《佛家名相通释》《原儒》等。

1948年2月，浙江大学文学院院长张其昀（yún）、哲学系主任谢幼伟聘请熊十力到浙江大学任教，并为熊十力新建居所，熊十力有感而著文《漆园记》，自此号“漆园老人”。

熊十力在《漆园记》中说：“吾时念此以自遣，故有契于庄生。然吾以是缓吾痛则可，若姑安乎是，则将负吾平生之心与所学而不免为庄生之徒，是又吾之所以自警也。”这篇大作以黄纸蓝字油印，朱笔圈点再三，以示主旨，并分别于纸首纸尾、天头地角四面题写简札，朱迹淋漓，大有“泣血告白”之势：

孟实先生自眙[1]：

西洋人能健动，而不闻吾行“体天道以立人极”之大本大原处，故不知敦仁，不曾能爱而其流；至发展兽性，有毁人性，毁人道，毁文化代出。敦仁能爱而健动，是人类所以自救也！此篇非是做文章，幸勿轻之。

汉学、宋学同失孔子之真，吾新论示要所由作也，今人皆不了吾意。天命也，夫其亡，其亡！

孟实先生如代登，则必好好校正，勿错落半字。

朱光潜先生字孟实，与熊十力是交往多年的知交，曾先后在武汉大学哲学系任教。1939年朱光潜时任武汉大学文学系主任，邀请同在乐山的熊十力来做短期讲学，非常认可熊十力的学问。

图4 《学原》第二卷第一期至第七期。学原社编辑，商务印书馆总经销。

① 眙，音yí，用于地名，如盱（xū）眙；音chì，直视，注视，惊视。

熊十力在著文《漆园记》定稿后即与朱光潜字晤，于稿件四周落笔，满纸透露知交之情。他在简札中纵论中西之别、时政之危，倡导整理国故而结合西学之必要："敦仁能爱而健动，是人类所以自救也。"认为中体西用的思想是中国未来切实的发展之道，大有与知交述怀、使命同担的迫切心情。

熊十力用笔洒脱，殷殷思绪流露毫尖，思如泉涌，意进笔连，所谓字如其人，宁拙毋巧自天真。此稿由熊十力朱笔句读标示，朱光潜墨笔校正，发表于1948年10月《学原》第二卷第六期。但原稿由朱光潜先生一直保留在身边。

一面黄宣纸，翩翩千字文。累累朱笔落，谆谆知交情。

（作者陈胜利，笔名竹厂。从事古籍书画艺术品行业30年，现为孔夫子旧书网古籍书画墨迹审核顾问）

藏在《纪念册》里的故事

池子华

《中国红十字会常熟分会民国廿一年纪念册》（以下简称“《纪念册》”），1933年由中国红十字会常熟分会编印。这份难得的红十字会抗战救护文献蕴含着丰富的历史信息，而《纪念册》里的题词“墨宝”，更是令人震撼。

得来全不费工夫

2005年12月7日，由苏州大学社会学院、苏州市红十字会联合发起的“红十字运动研究中心”（以下简称“研究中心”）正式在苏州大学挂牌成立，这是全国第一家以红十字运动为专门研究对象的学术机构。出于合作关系，时任苏州市红十字会专职副会长的郝如一先生，把该会1983年复印收藏存档的《红十字会史料》赠与研究中心。打开包装精美的“外套”，《纪念册》呈现出来，让观者眼睛一亮。此前，笔者听说过有此资料，惜其不是公开出版物，不知“藏”在何处。如今“踏破铁鞋无觅处，得来全不费工夫”，真是让人大喜过望。

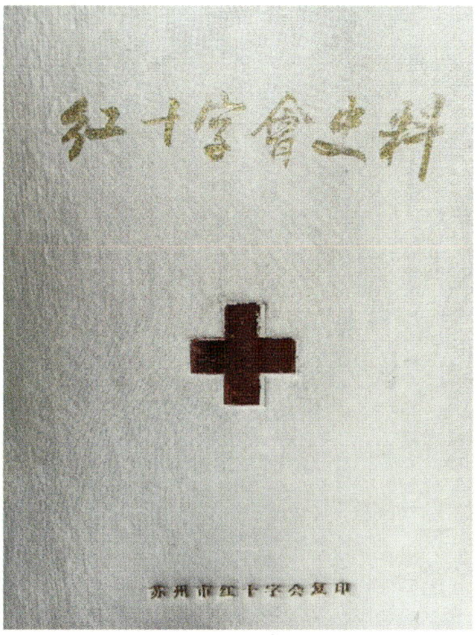

图1　苏州市红十字会复印《红十字会史料》封面

关于复印《纪念册》初衷及过程，《红十字会史料》特别作了“说明”：

“为纪念中国红十字会成立八十周年，市红十字会和常熟市卫生局主持复印了《中国红十字会常熟分会民国廿一年纪念册》。”“本纪念册的复印是根据常熟市卫生局编史组提供线索，并访问了当地七十五岁红十字会老会员朱炳文等老人，后于常熟市古籍图书馆（现常熟市图书馆——引者）获得。”由此看来，他们为把此书“挖”出来，还费了一番周折。从“说明”中，笔者又获取了原件之所在的线索——常熟市图书馆，因此后来去找原件自然不费吹灰之力。

中国红十字会常熟分会（现常熟市红十字会）所以要编印民国廿一年即1932年《纪念册》，并非专供他人收藏，而是因为该分会在这一年投身于抗战救护的伟大事业，有足资彪炳红十字会史册的骄人业绩，值得垂后世而昭永远。毫无疑问，这是一份红十字会抗战救护的稀有资料，弥足珍贵。

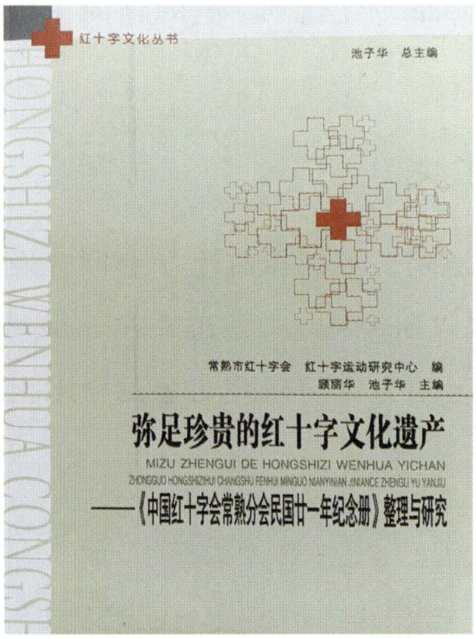

图2 《弥足珍贵的红十字文化遗产——〈中国红十字会常熟分会民国廿一年纪念册〉整理与研究》课题书稿封面

鉴于这份抗战救护文献有着极高的历史价值，揭开其神秘面纱，对其进行系统整理与研究，公之于世而不限于“风景这边独好”的孤芳自赏，笔者以为是必要的。2015年，在与苏州市红十字会合作完成了几个项目之后，笔者与常熟市红十字会几经磋商，达成合作意向，双方组成联合课题组，共同开展“弥足珍贵的红十字文化遗产——《中国红十字会常熟分会民国廿一年纪念册》整理与研究”课题研究，常熟市图书馆大力支持，提供了翻拍图片的便利。2016年该课题完成后并由合肥工业大学出版社出版发行。至此，这份沉睡80余年的珍贵史料，终于重见天日。

令人震撼的“墨宝”

《纪念册》共20目，分别为《序》《题词》《职员照相》《摄影》《创始红十字会南丁女士传》《红十字会十大利益说》《红十字会白话浅说》

《中国红十字会分会通则》《取缔违用红十字会旗帜袖章条例》《会员录》《职员录》《工作日记片断》《灾区观察记》《收支报告》《治疗所门诊人数表》《难民收容所一览表》《施送时疫药水一览表》《时疫医院比较表》《掩埋队收殓兵民姓名表》《注射防疫针人数表》。正文凡73页，插页28页。其中，带给人们强烈视觉冲击的是19幅题词，而题词之人多位是非同凡响的军政界大员：书名，由国民党元老于右任题写；国民政府主席林森的题词为“同心急难”，十九路军总指挥蒋光鼐的题词是“贤能多劳”，第五军军长张治中的题词是“救国之道各尽所能，勇猛行动博爱精神”，十九路军军长蔡廷锴的题词是“惠及军民”，

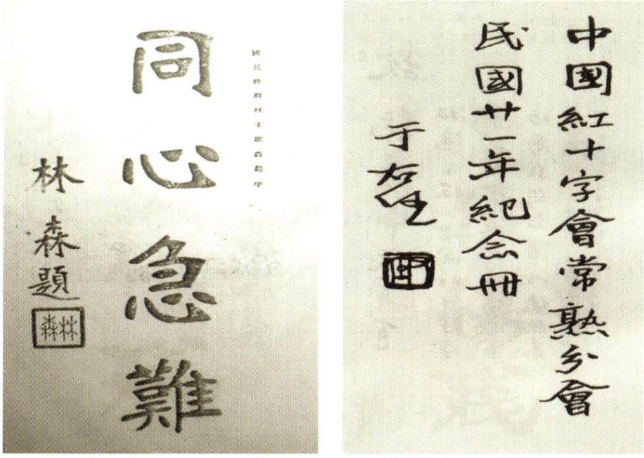

图3　林森、于右任的题词

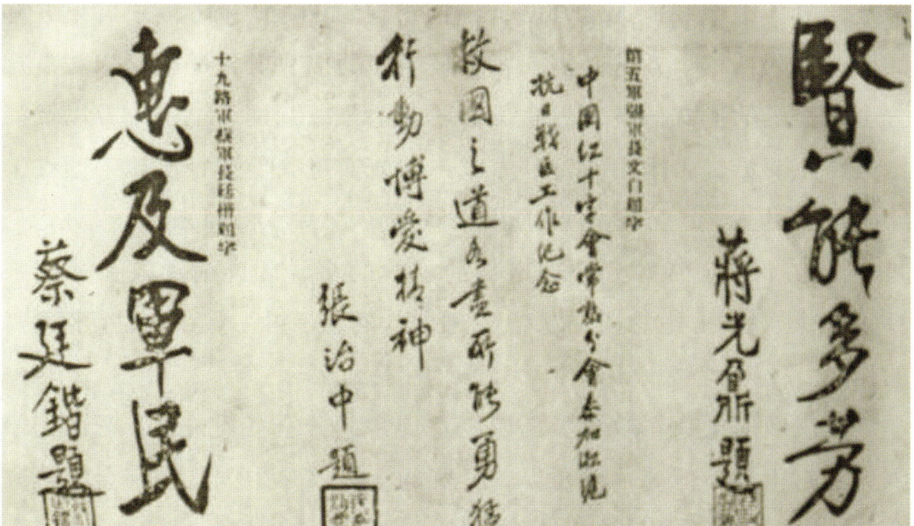

图4　蔡廷锴、张治中、蒋光鼐的题词

第五军参谋长祝绍周题词为“仁慈”，第五军参谋处长张觉吾题词为“民族之光”，第五军参谋科长陈公哲题词为“博爱”，第五军参谋科长卢少谷题词为“一视同仁”，第五军文书科长林森木题词是“生死人而肉白骨”，第四十七师师长上官纪青、副师长裴同野题词是“慈航普济，博爱为仁”，第八十八师师长俞济时题词是“惠被军民”，第八十七师参谋科长黄勉民题词是“博爱济众”，第八十八师参谋长宣铁吾题词是“救国之道不一，要在人尽所能，各为国家民族而努力”，第八十八师参谋处长马君彦题词为“共纾国难”，江苏省政府主席顾祝同题词为“恤难宣勤”，第十九路军一五二旅旅长翁照垣题词是“为国医伤”。

如此众多的国民政府中央军政大员为一地方红十字会题词，这在中国红十字运动史上绝无仅有。常熟分会不过是中国红十字会的一个地方分会，其编印的《纪念册》居然能请到林森、蒋介石这样的大人物题词，不能不让人感到震撼，不能不说是一个传奇。常熟分会何以有“通天”之能耐？国民政府中央军政大员何以乐于为这样一个地方分会题词？题词一事背后蕴含着什么信息？

为了不能忘却的纪念

常熟分会如何得到国民政府中央军政大员的“墨宝”，由于时过境迁，具体细节我们无从知晓，但值得注意的是，有6幅来自第五军的题词均附言“九思先生”。九思是函件的接收人，那就意味着常熟分会用公函的形式诚邀军界官员为《纪念册》题词。至于政界以及第十九路军要员是否采用同一种方式，抑或通过其他途径比如中国红十字会总会的人脉、江苏省政府出面疏通等，就不得而知了。“九思”是中国红十字会常熟分会理事长俞承枚的字，因此俞承枚在邀请中央军政大员为《纪念册》题赠“墨宝”的过程中，无疑发挥了重要的作用。

国民政府中央军政大员何以愿意为常熟分会《纪念册》题词？原因可能有很多，但有一点是毋庸置疑的，那就是中国红十字会常熟分会在淞沪抗战中劳苦功高，业绩突出。

1932年1月28日，日本海军陆战队向上海发起大规模的军事进攻，一·二八事变爆发。蔡廷锴所部十九路军决死抵抗，誓与上海共存亡。张治中所部第五军与第十九路军并肩作战。从1932年1月28日到3月2日，这两个军与敌激战数十次，战事惨烈。沪战突起，中国红十字会迅速做出反应，组织救护队，冒着枪林弹雨，救护伤兵难民，直到5月5日中日达成《淞沪停战协定》。在长达3个多月的救护行动中，中国红十字会共组织了21支救护队，设临时伤兵医院43所、难民收容所5处，共救护伤兵8600多人，收容难民53100多人。这是抗战初期中国红十字会组织的一次大规模的人道救护活动，其行动之迅捷、成效之显著，可圈可点，受到社会各界的关注与赞许。而在这次救护活动中，常熟分会像一匹“黑马”脱颖而出，为淞沪抗战救护史增添了浓墨重彩的一笔。根据《纪念册》的记述，常熟分会的业绩主要表现在四个方面：一是组织两支救护队和一支掩埋队，开赴太仓、昆山等地，救护伤兵伤民，掩埋死者尸骸；二是开办伤兵医院救治伤员，仅4月1日至5月15日一个半月的时间，就收治伤员1641名；三是设立6处难民收容所，为难民提供临时的“家”，收容难民534人；四是防治疫病，施送时疫药水28175瓶，免费注射霍乱预防针6106人次。

作为一家地方分会，常熟分会不分畛域，走出县域，主动配合总会的救护行动，其行为也得到了中国红十字会总会的高度评价。据《纪念册》有关“中国红十字会总办事处奖赠本分会义务职员”的记载，常熟分会计有35名工作人员受到嘉奖，其数量之多，引人瞩目。他们成为常熟分会的骄傲。淞沪抗战中常熟分会的人道之举，足以彪炳史册。

“惟望同志继起，绵延光大”红十字事业

中国红十字会常熟分会之所以要编印《纪念册》，是因为常熟分会在这一年义无反顾地投身于抗战救护的伟大事业并取得骄人业绩，值得纪念。正如著名文人、《续孽海花》的作者、时任常熟分会会长“燕谷老人”张鸿在《纪念册》“序”中所说：“暴日构兵，大祸将至，邑中人士逃避一空，理事会诸君及热心救济同志，奔走急难，俾红十字之旗帜不至闻军笳而消散。大兵之后继以大疫，又假孝友校舍设立医院，救济兵民，不辞劳瘁，可为尽力于社会者矣。爰集成绩编葺纪

图5　时任常熟分会会长“燕谷老人”张鸿肖像照

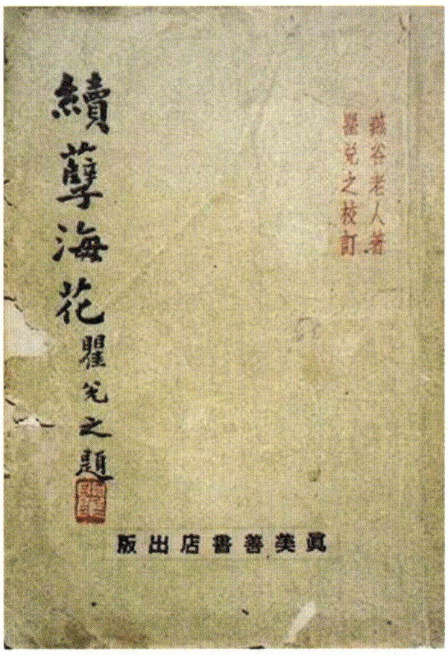

图6　张鸿著、真美善书店出版的《续孽海花》书影

念册，命余序之，自愧衰老不克随诸君子少尽心力，援笔之际，惟望同志继起，绵延光大，非特地方之福，抑亦斯会之幸也。”

显然，编印《纪念册》，不是为了自我陶醉，不是专门为了“收藏”，而是“继起”传承“尽力于社会”的红十字精神，并使之“绵延光大”。这是“纪念”的真正意蕴。而国民政府军政大员为常熟分会《纪念册》题词所蕴涵的意义，不仅是对常熟分会的褒奖，而且表明官方对红十字人道救护事业的重视和肯定，激励更多的人参与红十字会的人道救护活动，同时希望红十字会自身继续发扬“博爱恤兵”宗旨，在抗战救护中做出更加卓越的贡献。

（作者池子华，浙江大学城市学院讲座教授，苏州大学红十字国际学院教授、博士生导师）

我的“珍品”藏书

颜吾芟

一直以为我的藏书有好几万册，因为每次搬家总要装“无数”个纸箱。搬家时装书的纸箱不能太大，太大了搬不动；若大纸箱坏了，书掉出来，损坏了或丢失了，会让我心疼。所以，搬家前找纸箱就是一个费神的事儿——纸箱必须得不大不小，至少我自己能搬得动。往纸箱里装书打包的事情都是我自己干，别人干，我不放心，怕搞混乱了，或窝折了。每次搬新家，书柜总不够用，又得新添一个两个的，都是“顶天立地”的那种，因此老被老婆抱怨，说家里的地方都被我的书占了。但至今还有不少书仍堆在柜子外面，或还在纸箱里未拆包。搬家时还总能感觉到搬家师傅既敬佩又不情愿的眼神。毕竟搬冰箱、彩电、洗衣机、席梦思床垫等大件，走一趟有一趟的“成就”，搬一箱又一箱的书，一趟搬不了多少不说，还总没完没了似的，而且书的重量还不轻。书其实就是“木头”。1985年在北京师范大学历史系毕业时，帮助外地同学成箱地搬书到校门口，要走二三里地的样子，着实累得不轻，那时我就深刻明白了这一“道理”。

为写此文，我生平第一次对家里的藏书进行了大致的统计，发现总共才一万多册，差点不好意思写了。也不知道现在藏书界的“行情”怎样，因为从来也没关注过，不知道就这点藏书量是不是在“圈里”连“发言权”都没有。

数字优势肯定是没有了，但仔细想来，我的藏书还是有些独到之处的。有的独到之处或许还会让人羡慕不已。

我的藏书包括两大部分：一是家父的藏书，二是我自己的藏书。

家父去世后，他的藏书全部被我继承。

家父于20世纪50年代初毕业于哈尔滨外国语专科学校，主攻俄语。该校成立于1946年，前身是延安外国语学校，由当时的东北民主联军参谋长刘亚楼力主设立，并由其兼任校长。后改称哈尔滨外国语专门学校，再改称哈尔滨外国语专科学校，1956年改为哈尔滨外国语学院，1958年在其基础上建立了黑龙江大学。

毕业后，家父被分配到北京大学哲学系工作。20世纪五六十年代，他翻译出版或参与翻译出版了不少俄文书籍，如《美国实用主义》（林哈尔特著，人民出版社1956年3月出版），《报纸是教育军人的强有力武器》（萨奇洛夫等著，时代出版社1956年10月出版），《哲学史》（格·米·萨坡什尼柯夫著，北京大学哲学系1957年印），《现代唯心主义哲学的主要流派》（别·贝霍夫斯基著，上海人民出版社1958年5月出版），《论辩证法、逻辑与认识论的统一》（《哲学研究丛刊》第二辑，上海人民出版社1959年1月出版），《辩证唯物主义的若干问题》（菲·依·格奥尔吉也夫著，上海人民出版社1961年6月出版），《康德哲学的批判分析》（A.A.卡拉毕契扬著，商务印书馆1963年4月出版），等等。除了政治性和学术性的工作任务，家父还根据自己的兴趣爱好翻译了一些文化书籍，如《苏联邮票的故事》（戴海斯著，人民邮电出版社1957年2月出版）等。

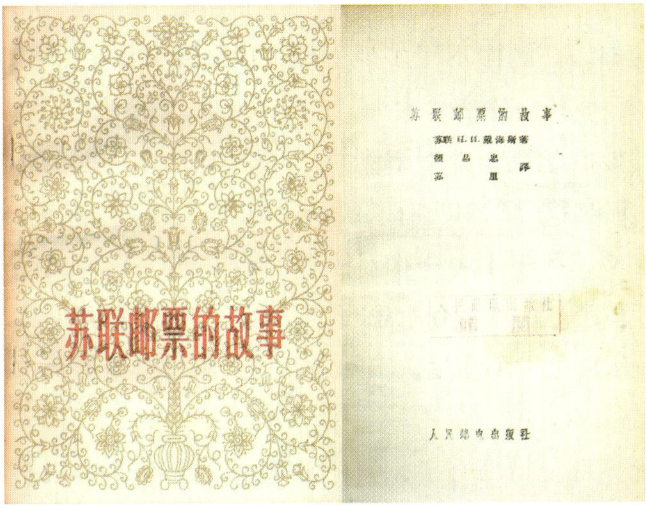

图1　家父收藏的人民邮电出版社赠送译者的带有赠送图章的样书

1959年前，家里只家父、家母和家姐三人，家兄和我当时还未出生，因此工资加稿费收入曾使他们仨过上了“小康生活”，时不时地周末还去“东来顺”“全聚德”等名店改善一下伙食——我好像到30岁左右才第一次“下馆子”，所以一度很羡慕我家没我时的生活。由于专业的缘故，家父的藏书中俄文书籍不少。当然对我而言，只能看看其中的插图，以及根据头像能知道是马克思、恩格斯、列宁、斯大林以及高尔基等的著作，仅此而已。虽然主攻俄语，后被授予“资深翻译家”荣誉称号，但家父喜好文学，所以他的藏书中最多的是文学书籍；又由于身处哲学系，因此哲学书籍也不少。我认为，家父藏书中比较珍贵的是新中国成立前出版的书籍，不少书页都已很薄脆，每次翻阅都得小心翼翼。还有就是“文革”时期出版的书籍，其中不少是很薄的小册子。经常翻阅这些带有强烈“革命性”语言的小书，感受一下那个“激情燃烧”的时代，会更加珍惜我们今天的生活——“文革”结束时，我已经13岁了，正在北大附小读“带帽”初一（北大附中容纳不下了，只得让我们在附小读初中一年级）。

我的藏书主要是历史书，都是1981年上大学后积累起来的，核心是中华书局于20世纪五六七十年代出版的《二十四史》《清史稿》《资治通鉴》《续资治通鉴》等。记得刚上大学时，有同学到北京琉璃厂买回《史记》，10册，9.1元。我迟了几个月去买，已涨价到10.1元。后来又涨价到一百多元。幸好早买了！那时我的助学金是每月18元，家母再给12元，一个月30元，在同学中似为中上水平。大学毕业后不久，《二十四史》就被我买齐了，都已经是涨了些价格的，但没有《史记》涨得那么邪乎。其中，我觉得最值的是《明史》，28册，才26.6元，1986年3月购于北京海淀区魏公村新华书店，合1册不到1元。当时我就像淘到宝物一样，立即掏钱将其买下，绑在自行车后座上面，乐呵呵地载回家，然后赶紧包书皮。当时的喜悦心情，至今还能回想起来。而当时我还是个助教，一个月的工资才七八十元。

我也有不少文学书籍，但多为小说类。家父的文学书籍中理论性的偏多，包括《鲁迅全集》——我小时候怎么读也读不下去或读不懂的书。

另外，家里藏书还有两大块。一大块是领袖书籍，如《马克思恩格斯选集》《列宁选集》《斯大林选集》《毛泽东选集》《刘少奇选集》《周恩来选集》《邓小平文选》《江泽民文选》《胡锦涛文选》《习近平谈治国理政》等，还有各种单行本及研究领袖的书籍。其中，《毛泽东选集》（第5卷，人民出版社1977年4月出版）是我们一家人当年的奖品，有五六本之多。比如我和家兄的，就是“三好学生”的奖品。还有一大块是家父和我写作出版的书籍，有专著，有辞书，有古籍点校等，其中一些是家父退休和我共同参与出版的。这一大块书籍，一柜子装不下。

这样，我的藏书主要就是六大块：“领袖书籍”“自己出版书籍”、俄文书籍、哲学书籍、文学书籍和历史书籍。其实，还有第七大块，即无法归类的书籍，数目也不在少数。

在所有藏书中，被我视为“珍品”的是北大一些名家大师赠送给家父家母的大作，书的扉页上都有他们的签赠寄语。这些名家大师多已仙逝。他们的赠书被我专门摆放在书柜的一层，视为“珍品”，舍不得翻阅。我的这部分图书应该是许多藏书者所没有的。

家父名颜品忠，浙江温州人，生于1927年，属兔，大我36岁。我也属兔。他一直是北京大学的普通教师，由于文人的性格和脾气，因此历次运动都受点冲击，以“文革”时所受冲击最大。当时，家父反对的是北大哲学系党总支书记、“文革”初期的风云人物聂元梓，结果被搞得差点家破人亡，家母也被关押和“批判”。家父的牙齿几乎被打光，到20世纪80年代初装了一嘴假牙后，才终于能正常吃饭。他的腰也被打坏，腰椎处向左突出一块。晚年家父得了肺癌，在北京肿瘤医院照了“彩超”后，大夫看了片子大吃一惊，以为是骨转移造成的，听我解释之后，顿生敬佩。以后每次去医院，大夫对家父都照顾有加。家父生前，经常让我给他揉腰——那会儿要是有“筋膜枪”就好了，但其实再怎么揉，都是治标不治本。

虽然多次受冲击，且“下毒手”的人几乎都是同事，但家父没有忌恨他们。在家里，他很少提及这些人的名字。在单位，依旧像什么事情都没有发生一样，继续与这些人正常交往，甚至还去参加他们的追悼会。我问家父为什么要去参加这些人的追悼会，他说：我给他们三鞠躬，意思是你们的这一生就这样了，还是安心走吧！由于能够宽宏大量，因此他在哲学系被戏称为“德高望重”。家父退休后还经常到哲学系取报纸、信件，不少人见到他就喊：“德高望重来了！”由于此，跟家父熟识的几位名家大师都愿意与他交往，出版书籍后就签名题赠家父留作纪念。

还有些签名书是名家大师送给家母的。家母名姜鹣鹣[1]，也是浙江温州人，出生于1931年，属羊。家父应该是1952年来北大的，1956年他受到冲击，但后来北大哲学系发现搞错了，一方面赶紧赔礼道歉，另一方面主动帮助把家母从温州老家调来北大与家父结婚。于是，家姐于1957年5月1日出生，起名颜吾绮（在我家读“一”），而家兄和我就只能“倒霉”地被起名为颜吾佴（在我家读“二”）和颜吾芟（在我家读“三”）了。

家母一直在北大西语系工作，负责教务等，对前外交部长李肇星他们在学校上学的事情记得清清楚楚。她一辈子勤勤恳恳，任劳任怨，每天早出晚归，工作认真负责，办公室打扫得干干净净，收拾得井井有条。每个文件资料盒子外面都是家父给写的字，字迹工工整整，盒子摆放得整整齐齐，谁见了都夸赞几句。家母是北大多年的优秀工作者。据说北大曾欲调家母任学校教务总长，但被一辈子只会起模范带头作用而不会领导别人的家母拒绝。20世纪80年代初，北大哲学系发展家父入党，家母紧随其后也入了党。我于1984年入党，从此我们全家都是中共党员了。

家母后来被提拔为副处。由于工作兢兢业业，所以她受到西语系“大腕”们格外的尊重。鼎鼎大名的李赋宁（1917—2004，著名教育家、翻译家），对家母从来都是用极客气的语气语调说话，而且离开家母办公室时都是倒退着出去的，一边退一边微微鞠躬，并连称谢谢。这个场面我曾见过多次，留下非常深刻的印象，尽管当时还不知道李赋宁先生的成就。由于此，所以家母也收到过一些名家大师赠送的签名书籍。

另外，由于家父的字迹总出现在家母的办公室里，所以家父在西

---

① 鹣鹣，音jiān jiān，鸟名，古代传说中的比翼鸟。此处用作人名。

语系也“很有名气”。有些西语系的“大腕”出书后，或赠予家父或同时赠予家父家母二人。

这些书主要有：

萧殷赠给家父的《论文学与现实》（新文艺出版社1951年11月出版）——萧殷（1915—1983），新中国成立初期全国文艺批评战线重要的评论家，曾为中国文学界领风气之先的代表之一，为《文艺报》创刊初期的三位主编之一，是暨南大学中文系的创建者。

朱光潜先生赠给家父的《西方美学史》（上下卷，人民文学出版社1964年8月出版）——朱光潜（1897—1986），著名美学家、文艺理论家、教育家，北京大学西语系一级教授，中国社会科学院学部委员。

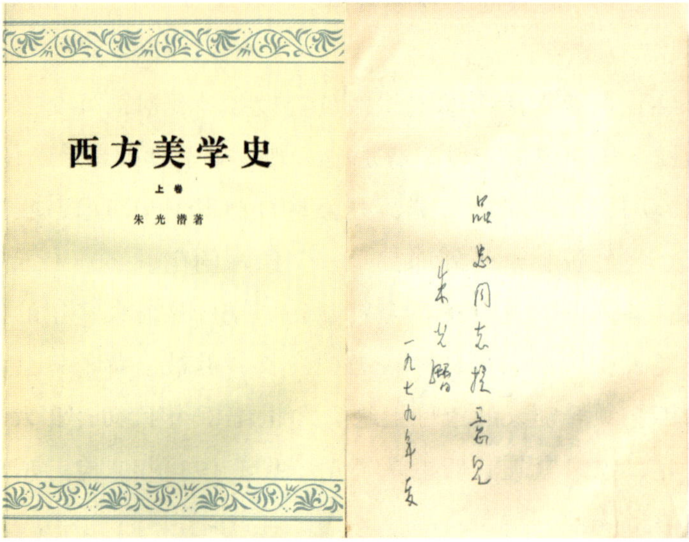

图2　1979年，作者朱光潜送给家父题签“品忠同志提意见”的《西方美学史》

冯至先生赠给家父的《德国，一个冬天的童话》（冯至译，人民文学出版社1978年1月出版）——冯至（1905—1993），著名文学家、诗人、翻译家、教育家，中国科学院学部委员，曾任中国科学院哲学社会科学部外国文学研究所所长。

叶朗先生赠给家父的《中国小说美学》（北京大学出版社1982年12月出版）——叶朗（1938—　），北京大学哲学系教授，著名美学家、哲学家，曾任北京大学哲学系主任兼宗教系、艺术学系主任，北京市哲学会会长。

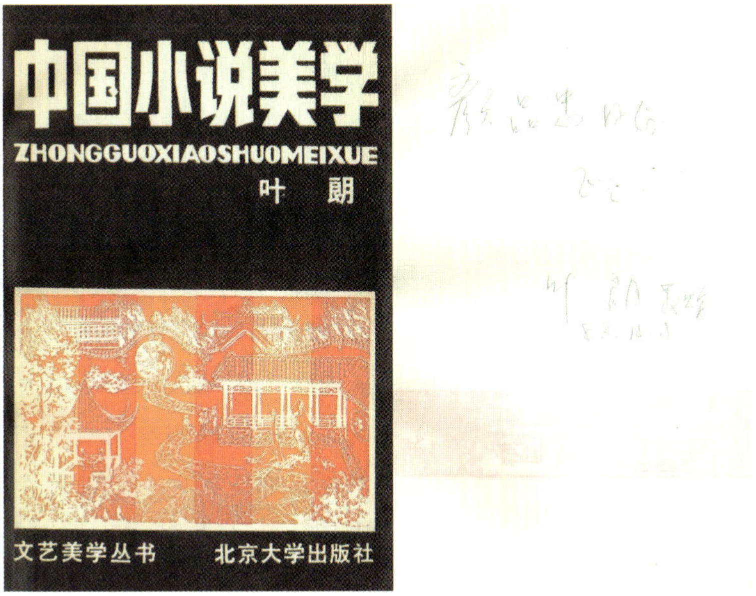

图3 作者叶朗先生赠给家父的《中国小说美学》签名本

朱德生先生赠给家父的《西方认识论史纲》（江苏人民出版社1983年10月出版）、《西方哲学名著菁华》（朱德生主编，中国青年出版社1991年12月出版）——朱德生（1931—2019），北京大学哲学系教授，著名哲学家，曾任北京大学哲学系主任。

图4 作者朱德生赠送家父的《西方哲学名著菁华》签名本

孙坤荣赠给家父的《丧失了名誉的卡塔琳娜·勃罗姆》(孙凤成、孙坤荣译，人民文学出版社1977年6月出版)——孙坤荣(1932—2015)，北京大学原西语系教授，曾任北京大学西语系主任，退休前为北京大学外国语学院德语系教授。

张芝联先生赠给家父家母的《人生·友谊·爱情：郭蕊诗文集》(群言出版社1995年11月出版)——张芝联(1918—2008)，北京大学历史学系教授，著名的法国史专家，曾被法国政府授予“法兰西共和国荣誉军团骑士勋章”，郭蕊是张芝联先生的夫人郭心晖(1916—1995)的笔名，他夫妻二人一直是家父家母的好朋友。由于家母经常在家里提起张老，似乎更熟悉些，因此我怀疑张先生以前曾在北大西语系工作过。

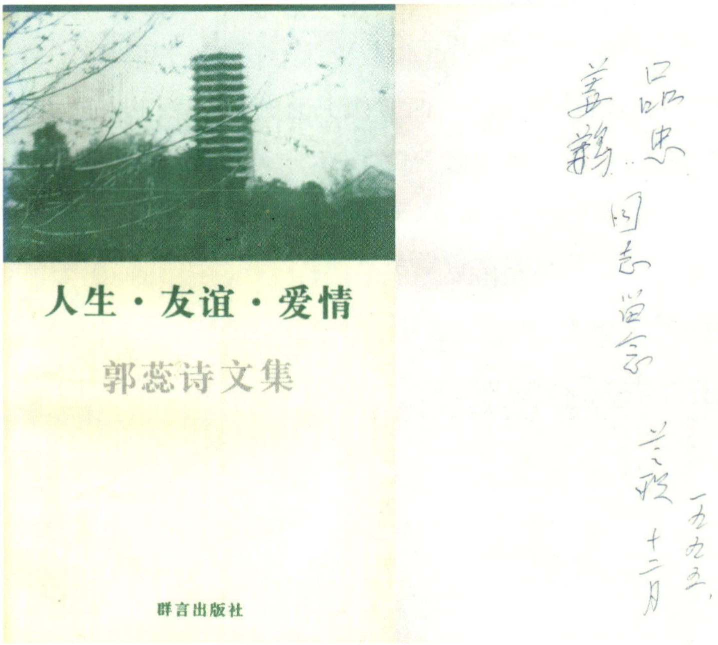

图5　张芝联先生赠给家父家母的《人生·友谊·爱情：郭蕊诗文集》签名本

朱光潜先生赠给家父家母的《谈美书简》(上海文艺出版社1980年5月出版)。赠给家母的《歌德谈话录》(朱光潜译，人民文学出版社1978年9月出版)，《拉孔奥》(朱光潜译，人民文学出版社1979年8月出版)，《朱光潜美学文集》(第一卷，上海文艺出版社1982年2月出版)，《朱光潜美学文集》(第二卷，上海文艺出版社1982年9月出版)，等等。

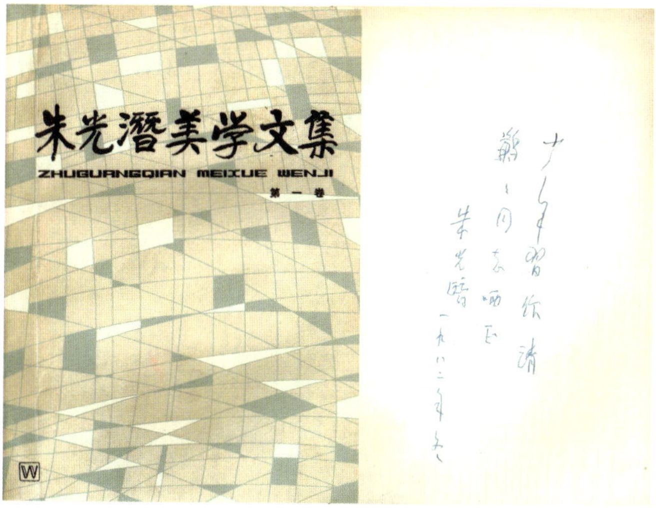

图6　作者朱光潜题赠家母自谦“少年习作”的《朱光潜美学文集》第一卷

朱光潜夫人奚今吾在朱先生去世后，赠给家母的有：朱光潜著《谈美·谈文学》（人民文学出版社1988年2月出版），《谈美》（安徽教育出版社1989年3月出版），《悲剧心理学》（中英文合本，安徽教育出版社1989年4月出版），《朱光潜美学文集》（第五卷，上海文艺出版社1989年4月出版），《我与文学及其他》（安徽教育出版社1989年5月出版），还有《朱光潜先生纪念集》（安徽教育出版社1987年4月出版）等。

图7　在朱先生去世后，朱光潜夫人奚今吾赠给家母朱光潜所著的《谈美·谈文学》

杨周翰先生赠给家母的《攻玉集》(国外文学研究丛书。北京大学出版社1983年3月出版)——杨周翰(1915—1989),北京大学西语系教授,以能讲一口地道的牛津腔英语而著称,曾任中国比较文学学会会长。

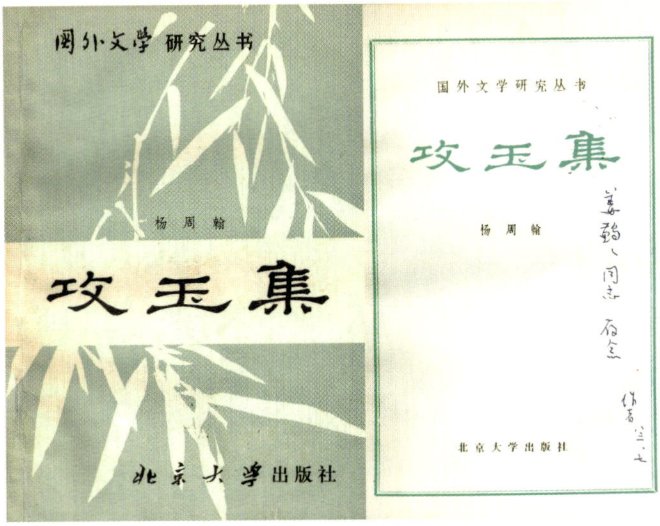

图8 作者杨周翰题赠家母的《攻玉集》

这些书都被家父认真地包上书皮珍藏起来,现在都由我收藏着。

由于家住北大中关园,因此我大学毕业以后经常晚上到北大“蹭课”。我曾蹭过叶朗先生的一次课,好像是讲小说美学的。大师就是大师,大师讲课就是不同一般。他讲的一次课,胜过我讲一辈子的课,不服不行。

其实,我们北师大历史系也有大师,如白寿彝、何兹全等。但当年上学时,自己太年幼太浅薄,未能深刻理解他们的“伟大”。不过,大学毕业若干年后,我有幸在白寿彝先生主编的《中国通史》(14000千字,总12卷;上海人民出版社1999年3月出版)中撰写了好几万字。

家父不仅喜欢藏书,也非常喜好读书。他每天上午起床后就坐在书桌前工作,翻译俄文稿。由于腰疼,坐不长久,于是坐不住了就靠在沙发上,一边休息一边读书,感觉腰好一点,就又去伏案工作。给我印象最深的是,每天晚上家父就着从床头上方沿着墙吊下来一个老式灯泡读书的景象。灯泡发着昏黄的光,为不影响家母休息,他用报纸遮住散光,头枕着老式硬板床的高床帮读书,经常读到下半夜。这样几十年下来，在床帮侧面他头枕位置两边就积攒了一层黑乎乎的头油污垢，差不多有一元硬币那么厚。我曾试图将这些黑渍清洗干净，但费了九牛二虎之力，甚至用小刀刮削都难以去除，最后只好不了了之。家父爱读书的故事，现在经常被我用来教育我的儿子，我让他向爷爷学习，多多读书。

（作者颜吾芟，北京交通大学文化教育中心原主任、特聘教授，文化学者）

新书快讯

《王阳明四书心解》
〔明〕王阳明 著 文东茅 张可可 编
平装 16开 齐鲁书社2024年2月出版
ISBN 978-7-5333-4783-3
定价：86.00元

朱熹《四书章句集注》可谓基于理学对“四书”的“理”解，王阳明为心学之集大成者，尽管他没有对“四书”逐章逐句进行注解，但其思想、著述均在解读以“四书”为代表的儒家经典。《传习录》内容十之七八与“四书”相关，故此也可视为王阳明基于心学思想对“四书”的独到“心”解。本书打破《传习录》的篇章和对话体例，以“四书”篇章为成书结构，汇集王阳明散落于各篇章的论述，对“四书”核心概念、观点予以解读。王阳明四书“心”解直接而亲切、简易而广大，不仅是深入理解“四书”文字的有益工具，更是为体悟孔门心传、践行修己安人之道指明了一条捷径。

作者文东茅，北京大学教育学院教授，兼任北京大学社会科学学部副主任。长期从事基于中华优秀传统文化的幸福教育理论研究与实践探索，主张基于心安的幸福观和修己安人的教育观。张可可，广东金融学院教师，长期致力于中华优秀传统文化的教学与推广，主要从事阳明心学和《论语》研究。

民初淮盐史料二种

韦明铧

两淮盐业的史料，明清时期的容易找到，民国时期的反而很少。2014年7月19日上午，扬州收藏爱好者朱志勇君冒着酷暑来海德寓所，带来他新得到的稀见手稿《淮南盐法现行事实说明书》等两种和残稿《淮北盐商讼事文钞》一种，请我过目并加以鉴定。三种手稿纸张相同，笔迹一样，显系同一人书写，事实上也出自同一卖家之手，可惜前后均无款识印章。志勇说，据卖家称，这些稿本都是从镇江丹徒陈庆年后人手中得到的，因此他认为这些手稿的作者就是陈庆年。我也基本同意他们的判断，认为这些手稿的作者可能就是陈庆年本人。

陈庆年，字善余，号石城乡人，晚号横山，江苏丹徒人。一生潜心著述，经史无所不窥。张之洞的《洋务辑要》、端方的《列国政要》，相传皆出自其手。他的著述除部分得到刊刻出版，很大一部分未曾面世。有人辑其遗作数十篇，编为《陈庆年文集》，于1996年由南海出版公司出版。但在后人编撰的陈庆年著作目录中，未见到这三种稿本。

这些稿本的内容，都与两淮盐业有关。现知，陈庆年在光绪年间曾经参与过《两淮盐法志》的编写，后来光绪《两淮盐法志》得到了清廷的嘉奖。光绪十九年（1893）三月二十一日皇帝朱批云："著照所请吏部知道，单并发，钦此。叙遵抄出到部，今该督保奏重修《两淮盐法志》出力各员请奖单开之分纂：举人朱孔彰、优贡陈庆年均请以教谕归部，不论双单月尽先选用，总校赏还原衔。"陈庆年因此被盐法志编撰局聘为文案。

光绪《两淮盐法志》尽管获得了朝廷的好评，但是陈庆年似乎并不满意。后来，他在《与凤阳道王鼎丞书》中说：

> 新修《两淮盐法志》大致翔实，惟因迫促成书，颇多失编之处。如旧志经费一门最详票法，新章各局皆有额定经费，理应赓续。今因恐干部诘，遂并旧志刊落，颇不惬心。其实外销之款，大部岂能尽问。如缉私一费，未尝不附其中，何如详载一门之为愈也。两淮所办贡物，皆有程品，前经咨询内务府，已将成案抄出，理应编载。复谋获谙练贡务之人，始得蒇[1]事。今以贡捐已载入捐输，遂不复编录。将来两淮如需办贡，品物程式何所依据？必有翻阅新志而议其漏略者。此两层，晚生手中皆编有端绪，忽令中止，至今疚心。淮北中富新摊，业经报部升科。我公为仲我董理场务一门，晚检出卷宗二册，谓宜摘要编入。今又以科额课银已载由单，未一审录，抑何漏略之甚。此等部中或未及察，而寸心自知者也。此次部驳之由，缘进呈时，军机处未具咨文，枢臣诟病，拟旨从严，而部中覆勘，例应有费，卷帙之烦，有丘山之累，两淮之大，无毫毛之获，人情何以能平？以致此次既累于重改，复累于重誊，将来仍须部费，始能了此公案。天下事，为小失大，往往如此。幸部中驳册，多毛举细故，改定尚不甚难。晚等经手之事，断无推委。无如秋闱甫出，敌警频闻，近者倭舰游弋南洋各处，一夕数惊，老亲恇惧，不能以空言解释，计一时尚难成行也。

这表明陈庆年认为《两淮盐法志》的编撰存在种种缺憾，也有志于他日弥补。

光绪十八年（1892），陈庆年独自撰写了《两淮盐法撰要》，有刻本。计二卷十八章，目录为：场灶产盐第一，南北各场盐色第二，南北引界第三，南北科则第四，票引总数第五，场商运盐储栈第六，场盐递送挨售第七，四岸搭销盐色第八，运商请引开江第九，挨次过掣第十，淮北场盐运坝第十一，淮北栈盐出湖第十二，南北运本第十三，

---

① 蒇，音chǎn，完成。

南北局店栈卡第十四，南北异同第十五，纲食异同第十六，运库支款第十七，课厘收解各款第十八。如今获见的手稿，是否就是陈庆年平时积累的著作材料，尚不得而知。

陈庆年的主要著作，有《知亡录》《五代史略》《辽史讲义》《明史详节》《两淮盐法志》《兵法史略学》《京口掌故丛编》《古香研经室笔记》《中国历史教科书》《横山乡人类稿》等。如果新发现的手稿果真出自陈庆年之手，则不但为陈庆年的著作增加了新书目，也为研究两淮盐业史增添了新史料。

现将所见手稿述评如下。

第一种：《淮南盐法现行事实说明书》

《淮南盐法现行事实说明书》原稿十页，笔迹清秀，语言简洁。全稿数千字，共设八章节，内容叙述民国初年淮南盐务的行销管理办法，对于了解近代扬州盐务具有一定价值。具体内容是：

第一节为《设立经历场运局之原起及现状》。本节谈到"淮南鹾[①]务从前本行纲盐，自前清中叶两淮盐政陆建瀛任内，始改纲为票"，又说"光复之际，盐务停顿，秩序紊乱，卷宗遗失"，"共和以来，复设运使"。可见撰写时间已是民国时代。

第二节为《产盐之类别及产额》。本节谈到淮盐的主要产地为通州、泰州。大致说来，通州盐质量好但缺柴草，泰州柴草足但多水患。

第三节为《收重之法》。所谓"收重"，实为从盐场购买盐斤之意。当时在盐场收盐，以桶计数："场商收灶户之盐，数以桶计，定制每桶装盐二百斤，不容参差。大则病灶，小则病商。"所用的桶，需要到管理机关监测核准。

第四节为《运盐之法及沿途掣验》。盐从盐场运出以后，便以引计："每引八包，每包正盐七十五斤，外加卤耗十三斤半。包索三斤半，共重九十二斤。"这些载满食盐的船，"行抵扬州之缺口门外，由南盐厅委员查验放行。船抵扬子总栈挂号后，挨次上堆，以到栈之先后为挨售之次序，不得争先恐后，有紊定章。此运盐过掣之大略情形也。"

① 鹾，音cuó，盐的别名。

第五节为《配销之法》。民国时，扬州的盐仍销往四岸："淮南场盐行销湖南者，谓之'湘岸'；行销湖北者，谓之'鄂岸'；行销江西者，谓之'西岸'；行销安徽者，谓之'皖岸'。"

第六节为《投咨环运之法》。书稿强调了扬州十二圩作为淮盐集散地的重要和各个口岸销售淮盐的环节："四岸运商，由十二圩总栈运盐上驶。到岸后，先赴各岸榷运局投挂，由局察看各分局存盐多寡，分别环运，先行储仓，售与水贩。凡进仓出仓，售价全归榷运局主持。"等各岸藏储的食盐售完后，再限期到扬州经理场运，先缴盐价，每引五千文，再取食盐。

第七节为《正课收入之科则及现状》。在清代，淮南盐税在扬州核收的，只有正课、新课两项。但是"光复后，均为各处截留，抵支军饷"。扬州仍是淮盐中心，但本地常常并不能收到盐税，这或可解释民初扬州的市面为何陷于萧条之原因。

第八节为《场商食商缴捐异同》。主要说明南京、扬州盐商缴纳捐税的不同途径。

《淮南盐法现行事实说明书》不知道出于何种目的而作，揣测应为作者的备忘录性质的存稿。

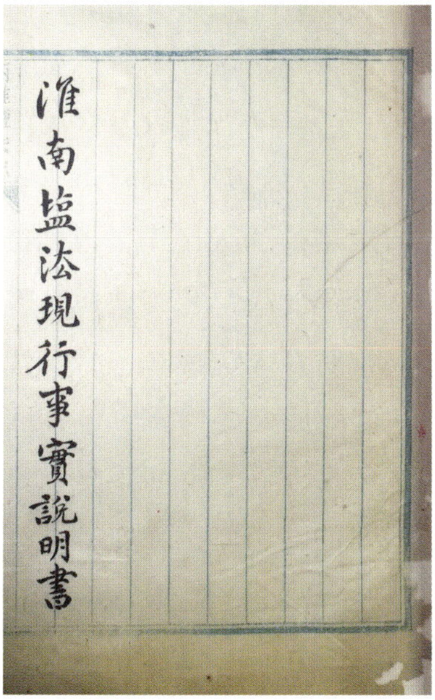

图 1　旧版《淮南盐法现行事实说明书》标题页

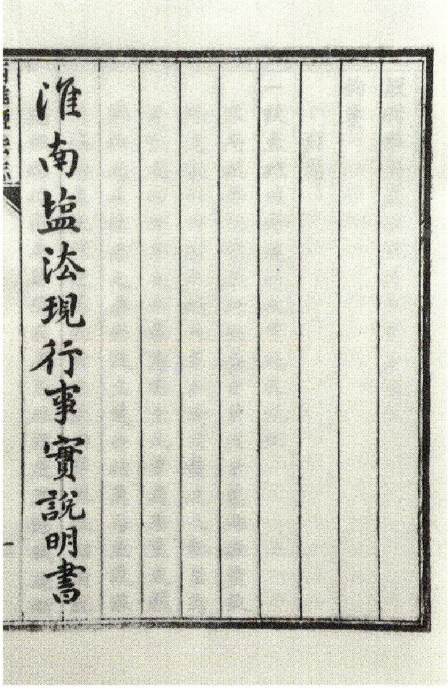

图 2　新版《淮南盐法现行事实说明书》标题页

第二种：《淮北盐商讼事文抄》（拟名）

本册稿本无封面，也是十页。实际包括三个文件，反映了民国初年两淮盐商之间的利益冲突与深刻矛盾，尤其是淮北盐商对于淮南盐商的强烈不满。淮南盐商的主要代表人物是汪鲁门，有关他的资料一向不多，但在这些文件中他成了矛盾的焦点。我将其拟名为《淮北盐商讼事文抄》。

汪鲁门，名詠沂，晚号玄元老人，祖籍安徽歙县。祖父任职于两淮盐运司署，父亲曾担任淮安知府、江苏候补道。汪鲁门历任运河、里河两河同知，代理海州直隶州事，山阴知县兼淮安、大河两卫，并代行淮安知府事。后弃官经商，在淮北开建盐场，先后创建大德、大阜、大源等盐业公司，成为晚清两淮盐业巨擘[①]。稿本所录三份文件，矛头都指向汪鲁门。

第一份文件是《灌云县密陈巡按详文（乙卯）》。这是淮北场商乔荩臣等人控告“势商”垄断食盐销路一事的呈文，集中反映了淮南、淮北盐商之间的尖锐矛盾。矛盾的焦点是“南岸有销而无产，北商有产而无销”。换句话说，就是淮南盐商拥有食盐的销路却来不及产盐，淮北盐商产盐堆积如山却没有销路。呈文极言这种矛盾现象的严重，并将此形成的原因归咎于汪鲁门。淮北盐商认为，这种矛盾现象将导致灌南“丁逃产废，典卖无门，市面危险”，不仅当地数万盐民面临失业，而且其中的壮丁必将铤而走险，酿成地方之患，因为“生业系为汪詠沂等公司扼绝”。呈文提出：“今官厅不能为人民秉公以判决，是使人民与汪詠沂等公司激成最烈风潮。彼有金钱，此有铁血；彼有势力，此有性命。一人未死，一财未尽，断不容公司存在！必主使公司新滩与北商新滩同归于尽而后已！果一旦演成此等惨剧，不知戕害若干性命，破坏若干财产。此在淮运使，远驻维扬，不闻不睹，难保不藉词诿卸。”呈文甚至将怨气发向驻扎扬州的盐运使，强烈要求“饬提汪詠沂等质讯”。

---

① 擘，音bò，本义大拇指。巨擘，比喻在某方面居首位的人物。

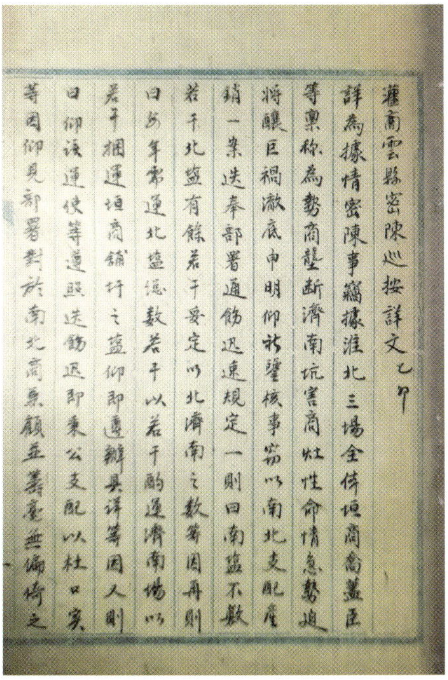
灌南雲縣密陳巡按詳文 乙卯
詳為據情密陳事竊據淮北三場全体垣商喬蓋臣
等稟称為勢商壟斷濟南坑害商灶性命情急勢迫
將釀巨禍澈底申明仰祈鑒核事竊以南北支配産
銷一案迭奉部署通飭迅速規定一則曰南塩不敷
若干北塩有餘若干妥定以北濟南之數等因再則
曰每年需運北塩總數若干以若干酌運濟南場以
若干捆運垣商鋪圩之塩仰即遵辦具詳等因又則
曰仰該運使等遵照迭飭迅即秉公支配以杜口实
等因仰見部署對於南北商稟顧並籌毫無偏倚之

图3　旧版《灌云县密陈巡按详文（乙卯）》内文首页

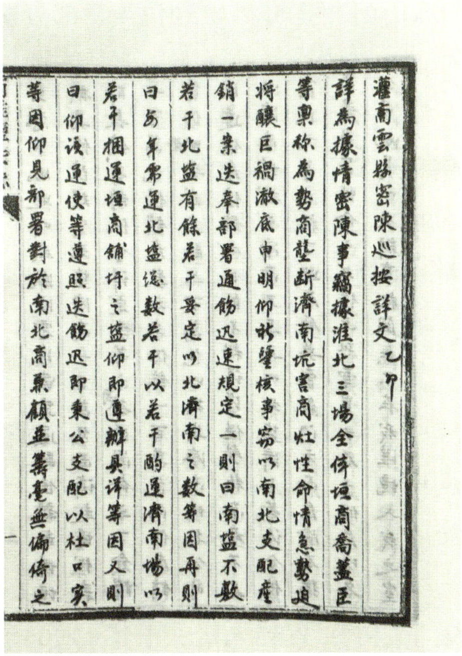
灌南雲縣密陳巡按詳文 乙卯
詳為據情密陳事竊據淮北三場全体垣商喬蓋臣
等稟称為勢商壟斷濟南坑害商灶性命情急勢迫
將釀巨禍澈底申明仰祈鑒核事竊以南北支配産
銷一案迭奉部署通飭迅速規定一則曰南塩不敷
若干北塩有餘若干妥定以北濟南之數等因再則
曰每年需運北塩總數若干以若干酌運濟南場以
若干捆運垣商鋪圩之塩仰即遵辦具詳等因又則
曰仰該運使等遵照迭飭迅即秉公支配以杜口实
等因仰見部署對於南北商稟顧並籌毫無偏倚之

图4　新版《灌云县密陈巡按详文（乙卯）》内文首页

第二份文件是《详江苏巡按使》。这是对灌云县知事密陈江苏巡按使公文的回复，所言还是“淮北三场全体垣商乔荩臣等”所述之事。上司提出要“切实开导，勿酿事端”，基本上是官样文章，没有任何解决问题的具体措施。

第三份文件是《盐务署饬知（乙卯，洪宪元年一月二十日）》。这是一篇两淮盐务署下颁的文书，文中洋洋洒洒历数南北盐商的产销情形，既批评了淮南盐商汪鲁门，更警告了淮北盐商。为了息事宁人以示公平，文书称“本署对于南北场商初无歧视”，最后希望“各安生业，恪守定章，倘再得寸进尺，意存阻扰，则咎有攸归”。这份文件看似公允，其实对淮南盐商有所偏袒，对淮北盐商意含训斥。

除此之外，还有《整理汝岸》残本一种，顺便介绍如下。

《整理汝岸》残本，用毛笔书写于十行纸上，稿纸中缝有宋体“两淮盐法志”字样，全稿四十余页。封面左书“整理汝岸”四字，下注“卷上”小字，右书“运销门”三字。另外，右上方有“重录”二个小字。中缝皆有“运销门·整理汝岸”字样，可知这应是某一专著中

“运销门”里的“整理汝岸”部分。既标为“上卷”，当有“下卷”，但此为残卷，不见下卷，甚为可惜。

《整理汝岸》是整顿河南汝宁府盐务市场之意。盐斤销售的码头例称“岸”，如“湘岸”“鄂岸”之类。按汝宁府，位于河南省南部，包括今河南驻马店大部分及信阳部分地区。元中期以前，此地有汝南郡、蔡州、溱[①]州之称，后因汝河水患不已，人民期盼安宁，故改名汝宁府。明清均沿旧制。府治在汝阳，今河南省汝南县，辖汝阳、正阳、上蔡、新蔡、西平、遂平、确山、罗山八县，以及散州信阳。1913年废府。在历史上，河南汝宁的食盐销售法定属于两淮盐业的范围。长期以来，两淮盐业研究者关注较多的是皖、鄂、湘、赣四岸，对于豫岸关注很少，因此该文稿的发现，具有特殊的史料价值。

《整理汝岸》原稿的前半已残，内容自光绪二十年（1894）四月起，逐年记事，直到光绪三十年（1904）截止。其中，最重要的内容是披露了“汝宁一带多食卫盐，有妨淮课”的事实。所谓“卫盐”，是指天津长芦的盐。天津旧称“天津卫”，故长芦所产的盐称“卫盐”。书稿抄录汝宁地方官的摺子说：“查河南之汝宁府属，向系淮盐引地，兵燹后久被芦卫私盐侵占，二十余年淮盐片引不至。”自太平天国运动爆发之后，南北运河断航，“淮盐”无法安全运到汝宁，汝宁的食盐市场就被产地较近的“卫盐”侵占了。“淮盐”的销路受到“卫盐”排挤，对于两淮盐业来说自然是利益的巨大损失，所以要加以“整理”。“整理”就是整顿、整治，理顺、理清。

卫盐之所以长期“非法”销售于汝宁一带，一因太平天国和捻军战事使得淮盐不能北运，二因天津长芦比扬州两淮距离汝宁更近。除此之外，还有第三个原因，即当地权贵基于利益而对于“卫盐”进行庇护。文稿中写道：“访闻西平汎[②]把总汪某，专收卫盐，每车数百文，倘改行淮盐，彼必百方阻抑。”贪官污吏从卫盐中中饱私囊，遂使得官方规定的“淮盐”无法行销于汝宁。书稿还提到日本倭寇对于中国海盐

---

① 溱，音zhēn，古水名，溱头河，在河南驻马店，今作”臻头河”。溱州，隋代地名，辖境相当今河南省淮河以北及汝河、洪河中下游地区。

② 汎，音fàn，通“汛”，清代兵制，凡千总、把总、外委所统率绿营兵驻防巡逻的地区称为“汛地”。

的骚扰："现在各场积盐甚多，切近海滨，而倭寇猖狂，尤宜思患预防。"实际上，甲午战争就发生在手稿产生的这个期间。

查光绪《两淮盐法志》卷九十《督销门·整理汝岸》，其开篇有云："淮北引盐，行销豫省十四州县。自捻匪扰乱，废弃已久。至光绪五年（1879），两江咨请河南巡抚查禁邻私，守令视为具文，卫盐侵占如故。迨光绪十一年（1885），盐政曾国荃始创自运、公运之法，加筹津贴，新蔡、汝南埠、翰栋等处畅销十之七八，而成效可睹。盖数十年之废岸，整理若斯之难也。"

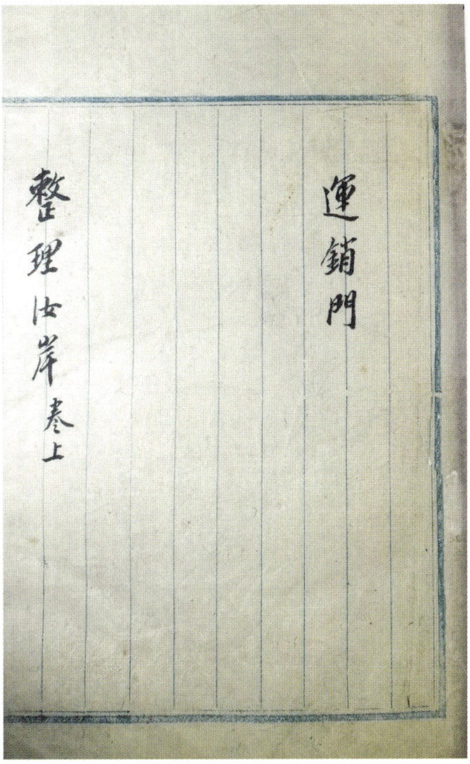

图5　旧版《运销门·整理汝岸》上卷扉页

可见残稿所述与此一致。但是，《两淮盐法志》卷九十所载内容自光绪五年（1879）至光绪十四年（1888）止，而残稿所叙内容自光绪二十年（1894）至光绪三十年（1904）止，可知残本当为《两淮盐法志》卷九十《督销门·整理汝岸》之续稿，其意义与价值不言而喻。至于为什么残稿将"督销门"易为"运销门"，似乎说明后来汝岸的淮盐销路已渐趋正常。证之以《两淮盐法志》卷九十文末所说，"汝宁一岸，于光绪十三年（1887）经直隶总督李鸿章、两江总督曾国荃、河南巡抚边宝泉委员会勘淮芦两岸引界，议定陈州境内不准淮商开设子店，汝宁境内不准芦商开设子店，永远遵守"，则此说可以成立。

鉴于民国时期扬州盐商史料稀缺，这批手稿也就显得十分珍贵。尤其是对于民初淮盐产运销的基本流程、淮北淮南盐商利益的矛盾冲突，它提供了许多罕见的有用的研究素材。关于所谓河南"汝岸"的历史问题，研究两淮盐业的专家平时也关注不多，所以此稿虽是残本，也弥足珍贵，足资珍藏。

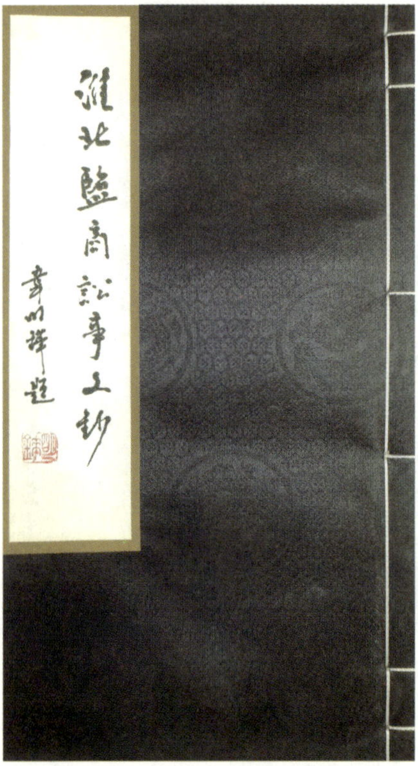

图6　作者题写书名的新版线装书《淮北盐商讼事文钞》书影

图7　线装书《民初淮盐史料二种》封面

今朱志勇君将《淮南盐法现行事实说明书》《淮北盐商讼事文钞》手稿影印成书，公之于世，此举必将丰富盐史资料，嘉惠学林。

（作者韦明铧，一级作家，扬州大学美术与设计学院、鉴真佛教学院特聘教授。出版著作70余种，所著图书荣获国家级图书奖等）

关于《亭林周氏后来雨楼劫余书目》

吴 格

《亭林周氏后来雨楼劫余书目》（以下简称“《劫余书目》”），系最新完成整理之近代学者周大烈先生（1901—1976）所编家藏书目，此前迄未面世。书名题“华亭周氏后来雨楼劫余书目”，既遵先生哲嗣东壁老人之嘱，又追溯先生之夙志也。先生为上海金山亭林人（亭林旧属松江府华亭县），家聚图籍万卷，有志上继族祖华亭周厚堉来雨楼藏书之余绪（厚堉即清乾隆间助编《四库全书》。乾隆三十九年五月十四日谕旨“又如进呈一百种以上之江苏周厚堉……等，亦俱藏书旧家，并着每人赏给内府初印《佩文韵府》各一部，俾亦珍为世宝，以示嘉奖”者）。《劫余书目》之孑遗图书千余种（6700册），近年已悉数捐赠公共图书馆。

图1　苏局仙题写的《后来雨楼》藏书斋名

《劫余书目》为先生所编系列书目之总汇，内含《小书种堂劫后重编书目》《七录居所藏校雠学书目》《后来雨楼所藏乡邦文献目录》

《五际宧所藏清诗目录》四种，其中《小书种堂劫后重编书目》又包括书目多种。“七录居”“后来雨楼”“五际宧”“小书种堂”等，皆为先生藏书室名，以冠“校雠学”“乡邦文献”“清诗”诸题，分别为先生据后来雨楼藏书所编之专题书目。循名责实，先生藏书与治学之旨趣可窥。后来雨楼藏书积累始于民国初，至20世纪30年代已略具规模，原拟用于故乡亭林镇创办图书馆。1937年遭遇日军金山卫登陆战祸，生民涂炭，藏书受损，举家迁沪，《小书种堂劫后重编书目》乃先生20世纪40年代清点藏书之重编目录。以上四种书目，著录图书近5000部（计4848部，合并重复约3800余部），已反映先生藏书之大概，兹略述各目内容。

第一，《小书种堂劫后重编书目》不分卷，黑格稿本，一册（计173页）。版心署“小书种堂书目”五字，卷端钤“松江周氏”“小书种堂”白文方印。此为周氏自亭林迁沪后（抗战中至抗战后）清点家藏图书之重编书目，著录藏书共计2891种。《重编书目》内含四目：一为《目录专藏》（599部），二为《乡邦文献专藏》（187部），三为《乾嘉诗坛点将录别集专藏》（99部）、《光宣诗坛点将录别集专藏》（52部），四为《小书种堂劫后重编书目》（1954部），各著录书名、版本类别（并标注精、善、罕等）、册数、存佚、附注等款目。《重编书目》之特点，一在重编，二在清点，周氏所藏校雠学书目、乡邦文献及清人别集类等专题书，具体条目随之增减，反映后来雨楼藏书经历战乱之消长。此目实为民国间上海地区私家藏书之可靠记录之一，足称今人研究民国藏书史之珍贵样本。

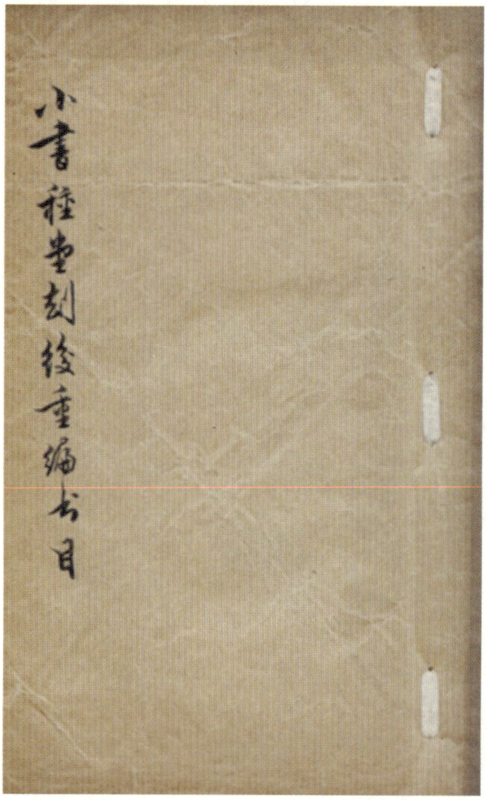

图2 《小书种堂劫后重编书目》书影

第二，《七录居所藏校雠学书目》不分卷，红格手稿本，一册（计76页）。卷端钤“松江周氏”白文方印、“遏翁手泽”朱文方印。此目编纂缘由，夫人姚修竹女史《述庐周先生集纪》云：“初，先生以为治学聚书，皆当先识学术流别，故其聚书首及诸家簿录。既以所得录为《七录居书目》，又即所知所见别撰《书目综录》。”[①]此目著录先生所藏历代目录（校雠）学著述计561部（内著录类44部，传本类367部，附坊肆目类50部），诸书详列书名卷次、著者、版本、册数、附注等款目，丛书则附列子目。林林总总，堪称近于完备之目录学专书，而主人身居林下、寝馈流略，有心编纂《书目综录》之志（先生《述庐自叙》语），亦可由此证实（《书目综录》未见传本）。此目创编较早，随得随补，所著录书目最晚者，已至民国三十三年（1944）常州旅沪同乡会铅印本《清代毗陵书目》。

图3 《七录居所藏校雠学书目》书影

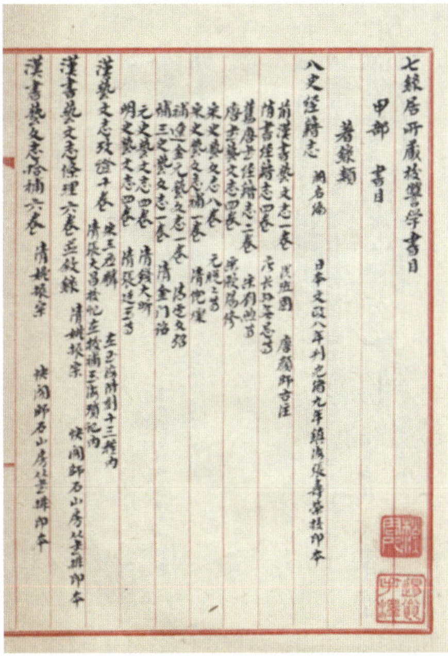
七録居所藏校讐學書目

甲部 書目

著録類

八史經籍志 日本文政八年刊光緒九年鎮海張壽榮校印本

前漢書藝文志一卷 漢班固 唐顏師古注

隋書經籍志四卷 唐長孫無忌等

舊唐書經籍志二卷

唐書藝文志四卷 宋歐陽修

宋史藝文志八卷 元脱脱等

宋史藝文志補一卷 清倪燦

補遼金元藝文志一卷 清盧文弨

補三史藝文志一卷 清金門詔

元史藝文志四卷 清錢大昕

明史藝文志四卷 清張廷玉等

漢藝文志考證十卷 宋王應麟

漢書藝文志條理六卷並敍録 清姚振宗 快閣師石山房叢書排印本

漢書藝文志拾補六卷 清姚振宗 快閣師石山房叢書排印本

图4 《七录居所藏校雠学书目》甲部著录类书目首页。光绪九年（1883）镇海张寿荣校印本。

---

① 《述庐文录·惠风簃剩稿》，周大烈、姚竹修著，张青云点校，上海：上海锦绣文章出版社，2017年，第5页。

第三，《后来雨楼所藏乡邦文献目录》不分卷，红格稿本，一册（计116页）。卷端钤“华亭周氏图书”朱文方印。此目之编纂缘起，姚夫人《述庐周先生集纪》亦曾记云：“伯兄（姚光）性喜聚书，尤留意乡邦文献，先生笙磬同音，虽力薄未克骖靳，然其所得亦数万卷，其涉郡中掌故者，别编为《后来雨楼书目》焉。”①此目依《四库全书总目》分类，著录后来雨楼所藏松江府属乡邦文献计573部（其中经部26部，史部131部，子部83部，集部333部）。入录诸书，各列书名卷次、著者里籍姓名、版本、册数、附注等款目，至今仍可为上海地方文献搜讨之助。此目编纂截止于20世纪40年代末，所著录刊行最晚者，有民国三十八年（1949）刊行之《潜庐文稿》《药轩漫稿》《叶漱润先生遗稿》《云间两征君集》等书。

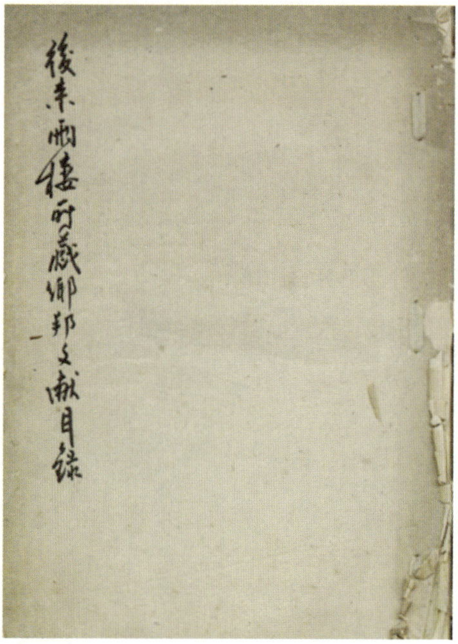

图5 《后来雨楼所藏乡邦文献目录》书影

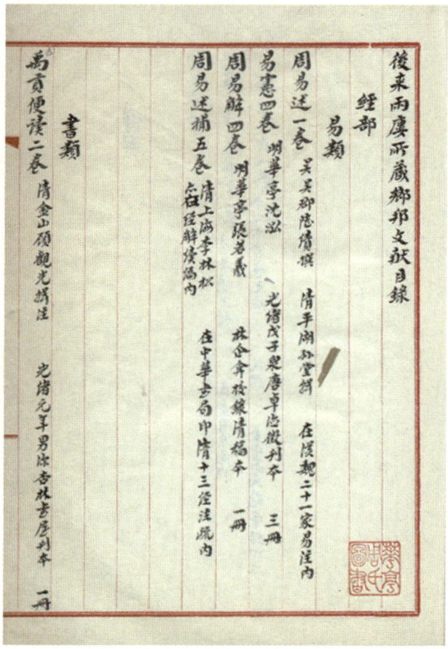
後来雨樓所藏鄉邦文獻目録
經部
易類
周易述一卷　吴吴郡陸績撰　清平湖孫堂輯　在漢魏二十一家易注內
易憲四卷　明華亭沈泓　光緒戊子泉唐阜應徵刊本　三册
周易解四卷　明華亭張君巖　林企舍校錄清稿本　一册
周易述補五卷　清上海李林松　在經解續編內　在中華書局印清十三經注疏內
書類
禹貢便讀二卷　清金山顧觀光撰注　光緒元年男深杏林書屋刊本　一册

图6 《后来雨楼所藏乡邦文献目录》经部易类目录首页

第四，《五际宧所藏清诗目录》四卷，红格稿本（“上海工务局”稿纸），一册（计115页）。卷端钤“华亭周氏图书”朱文方印。姚夫

① 《述庐文录·惠风簃剩稿》，周大烈、姚竹修著，张青云点校，上海：上海锦绣文章出版社，2017年，第4页。

人《述庐周先生集纪》云："先是，长沙叶奂彬收乾嘉诗集最富，大抵为舒铁云《点将录》中人物，其书散出，先生得其数种，乃按录搜求，数年之间，十得八九。后近人汪辟疆戏作《光宣诗坛点将录》，又据录索之。方将渐及于顺康、道咸诸朝，而丁丑变作，亦遂中止。今所录存五际宧，盖皆清代诗人别集也。"[①]此目著录周氏所藏清代诗集计632种，其中卷一（顺康诗坛点将录之部）119种，卷二（乾嘉诗坛点将录之部）216种，卷三（道咸诗坛点将录之部）127种，卷四（光宣诗坛点将录之部）170种。此目编排，系据舒铁云《乾嘉诗坛点将录》、汪辟疆《光宣诗坛点将录》所录，以人为纲，于各家名号之下，著录其诗集之题名卷次、版本、册数、附注等款目。书末又附"清代诗坛别集未备目"54种，以备访求增补，而先生集部收藏之重点，借此全盘展现（其中松属诗人之作尤可为地方文献增重）。

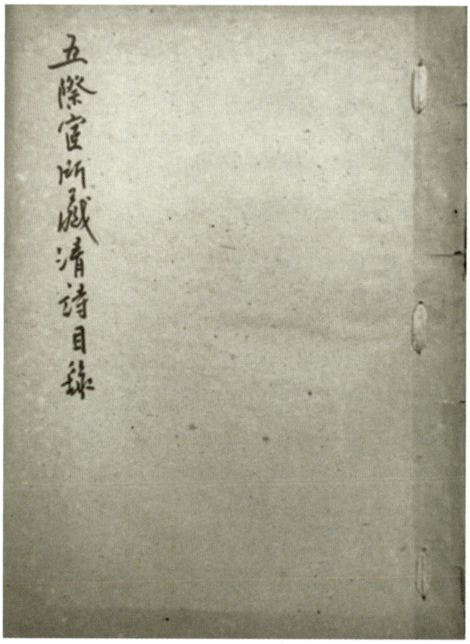

图7 《五际宧所藏清诗目录》封面书影

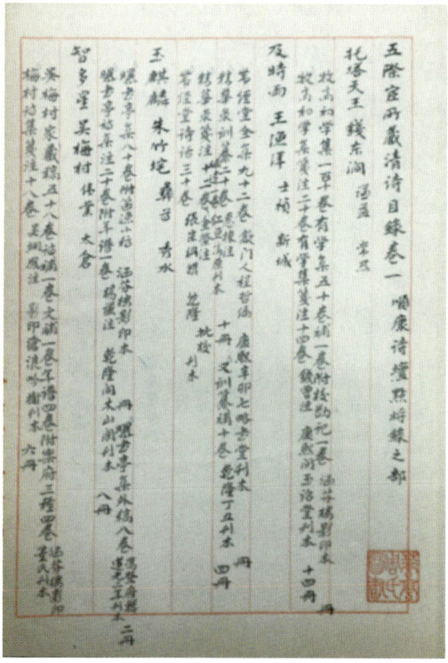
五際宧所藏清詩目錄卷一 順康詩壇點將錄之部

图8 《五际宧所藏清诗目录》卷一顺康诗坛点将录之部

① 《述庐文录·惠风簃剩稿》，周大烈、姚竹修著，张青云点校，上海：上海锦绣文章出版社，2017年，第4页。

先生名大烈，字迪前，号述庐。人品高洁，克己劬学，隐居里巷，迄未用世。中岁以前，蛰居金山亭林镇，读书自修，不求闻达，而有志乡邦文教事业，曾参加中华图书馆协会，为个人会员，并筹办亭林图书馆。中年身经世乱，流寓沪上，“颠沛之余，佣书为活，啜菽饮水，免于污染”，而藏书校读不辍，家居著述以终。据先生《述庐自叙》：“学术宗仰王而农氏，近儒则瑞安孙氏、余杭章氏。论文语取仁和谭氏复堂。文笔嗜宋齐人，不甚爱浩瀚之篇。所作平实，略近东京，上规中垒，时复沾沾自喜。说诗亦主夕堂。”[①]先生撰著，自述有《书目考》《知见辑佚书目》《补南史艺文志》《清代校勘学书目》《南齐书校注》《清代词人征略》《松江文钞》《松江诗钞》《云间词征》《述庐文编》诸稿。先生抱朴存真，虽未大用于世，遗著有关乡邦文史者，已陆续刊布于身后，而楹书万卷，穷毕生心力以集聚者，经东壁老人主持，又先后捐赠上海图书馆（1991年）、静安区图书馆（1995年）、金山区图书馆（2016年）及复旦大学图书馆（2020年），遂令遗泽播惠于今世。

2019年岁末，金山区张堰古镇举行南社纪念馆新馆落成仪式，笔者有幸获识东壁老人。九十健翁，精光矍铄，孜孜以光大先人潜德为念，而新馆所在，正南社名人、周老母舅姚石子（光）先生之旧宅。未几，晋谒周老夫妇于沪寓，白发翁媪，软语相亲，四壁萧然，图书无存。承周老不弃，慨然以箧藏南社名贤诗笺稿、《亭林周迪前先生纪念册》等赠归复旦图书馆收藏。检点之际，又蒙以汇编周氏后来雨楼捐赠上海图书馆、静安区图书馆、金山区图书馆之藏书目录见嘱。受命之下，深感荣幸。

后来雨楼捐赠书目汇编，由许丽莉博士承担，因其2019年参与静安区图书馆海关楼藏古籍编目及书志撰写工作，于后来雨楼藏书之流传饶有兴趣。嗣以核查各家所存周氏藏书，发现金山区图书馆所藏后来雨楼主人据家藏所编之书目稿本多种，较诸捐赠书目范围既广，内容更富，遂改变计划，决意汇编后来雨楼主人生前所编各种书目，而以捐赠书目作为附录，定名为《亭林周氏后来雨楼劫余书目》，以示先河后海、穷原而竟委之意。《劫余书目》整理，即取今藏金山区图

---

① 《述庐自叙》，见《亭林周迪前先生纪念册》稿本，复旦大学图书馆藏。

书馆之周氏原稿为底本，逐种迻录为汇编本。继因后来雨楼所编各书目，互著别裁，分合歧出，书名著者，著录不一，乃利用数据库，统加梳理，循环查证，互见异同，迻录校勘，益求精准，裘葛再易，终于成稿。

《劫余书目》整理本之问世，为上海地方文献增加一新品种，并将学问优长、藏书美富之近代学人周大烈及其后来雨楼藏书引入学术界视野。先生为生于斯、长于斯之上海近代本地藏书家，《劫余书目》为上海近代学人纯正之目录学专著，周氏后来雨楼藏书中流传有绪之稀见文献，更将为上海地方文献开发建设添砖加瓦。

（吴格，复旦大学古籍保护研究院特聘教授，中国古典文献学博士生导师，全国古籍整理出版规划领导小组成员）

新书快讯

《简明潍坊通史》
任怀国　杜传深　主编
精装　16开　齐鲁书社2024年1月出版
ISBN　978-7-5333-4781-9
定价：260.00元

《简明潍坊通史》是在已撰成的先秦至民国及附卷《潍坊通史》的基础上编纂而成的一部简明版的潍坊地区通史。《简明潍坊通史》对《潍坊通史》的章节目进行了调整，内容删繁就简，全书共分先秦秦汉时期、魏晋至宋元时期、明清时期、民国时期及附录五部分，概述了潍坊从后李文化至1948年长达8000余年的历史。《简明潍坊通史》是山东省社科规划优势学科项目（19BYSJ59）阶段性成果。第一主编任怀国，教授，山东省历史学会常务理事，潍坊市专业技术拔尖人才，主要研究方向为中国古代史。

南星三题

陈子善

未刊之书和集外文《丁香雨》

现代散文家、诗人、翻译家南星（1910—1996）的《寂寞的灵魂：南星作品全集》，由花城出版社于2023年7月出版了。这是南星1949年以后出版的第二部著作集，第一部是拙编散文集《甘雨胡同六号》（2010年8月海豚出版社初版），距今已十三年矣。不消说，这两本书作者本人都不可能看到了。

图1 《寂寞的灵魂：南星作品全集》封面

《寂寞的灵魂》“附录”中收入现代另一位散文家纪果庵1944年所作两文，一为《诗人之贫困》，文中透露南星的新诗集《山蛾集》，经其“介绍到上海出版社且要作一篇序的”；另一为《跋〈寄花溪〉》，又透露南星的“《寄花溪》诗一册，不久可以出版”。可惜的是，这两部新诗集“不久”均未能问世。

不仅如此，南星还有一部散文集《菩提树》，当时也未面世，仅留下一则出版广告，刊于1945年8月上海《文帖》月刊第1卷第5期封底：

南星先生的散文，清柔而朴素，向为全国读者所重视。这集子收散文二十篇，全书分为四辑，篇篇精彩，句句可诵。其中除一部分已在国内各大刊物登载者外，尚有一部分未曾发表的新作，尤为难得。全书原稿，业已由平寄沪，即将付排。现已开始预约，暂以百册为限，额满即截止，欲则从速。

从中可知，即便《菩提树》顺利出版，也只印行区区“百册”，至今也是凤毛麟角了。《菩提树》列为上海知行出版社版“文学丛书”第七种，前六种依次为：张资平长篇《新红A字》、杨桦散文集《浮浪绘》、路易士散文集《柠檬黄之月》、南星新诗集《山蛾集》、周越然散文集《版本与书籍》和予且小说《心底曲》。这在当时的“沦陷区文学”中是较为显眼的。可惜，只有张资平、杨桦、周越然三种出了书，其他四种都胎死腹中了。

杨桦应是这套“文学丛书”的主持人，他也是《文帖》的编辑。《文帖》第1卷第5期刊有知堂的《再谈禽言》、张资平的《以色列文学》、周越然的《白雪遗音》、施蛰存的《致望舒》等名家之作。还有一篇南星的《丁香雨》，也颇引人注目。此文不短，文末注“（下期续完）”。然而《文帖》出到第5期就戛然而止，没有下册了，《丁香雨》也只剩了上半篇，这又是一件憾事。且录开头几段：

我的朋友Y住在一座多花木的古庙里。他的窗前有两棵丁香，丛杂的枝柯已经生了长芽，因为这是四月了。它们就是他在给我的信中常常提到的，他唯恐它们偷偷地发芽偷偷地开花，从二月初起他已经每天在窗外久立，对那些淡黑色的花枝一一审视了。

“它们究竟是哪一天发的芽呢？”我说。

“四月三日。”

我笑了一笑，说我也很想在他的丁香花枝下坐一坐，不过天阴着，院里有些寒意，我宁愿在他屋里的躺椅上吸一支烟等候阳光透出来。他的屋子照常收拾得整整齐齐，书架上许多行列的书没有一毫尘土，同时每一册都有温暖舒适之意，显然是每天受主人的手的抚爱的。

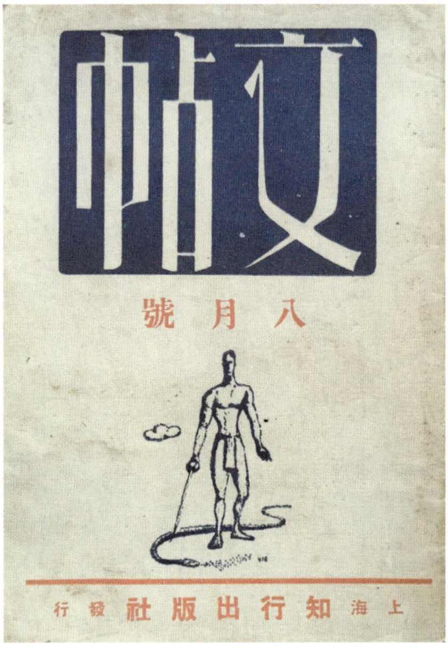

图2　上海知行出版社发行的《文帖》月刊8月号封一

“丁香”是南星散文中一再出现的意象，既写实又富寓意。北京甘雨胡同六号原先是座古庙，现代诗人辛笛、沈启无（开元）和南星先后在此租住，留下了不少动人的诗文。就南星而言，院里的丁香树不但出现在这篇《丁香雨》中，也出现在他后来写的《甘雨胡同六号》中，而《丁香雨》中所写的“Y”，应是“CY”，即“开元”英文名字的缩写。

我怀疑《丁香雨》应是《菩提树》书稿中的一篇，杨桦选出先在《文帖》上发表的。虽只留下了上半篇，却已十分难得。有必要补充一句，《寂寞的灵魂》失收《丁香雨》。

南星未刊之书，还有一部，也是新诗集，书名《响尾蛇集》。1937年1月《新诗》第1卷第4期刊有“新诗社拟刊诗书预告”，其中就有“响尾蛇集　南星”这一部。到了同年4月《新诗》第2卷第1期中附赠的“新诗社丛书目录”广告页中，南星的《响尾蛇集》已在“编辑中”。但《响尾蛇集》最终也未能出版，只剩下题为《响尾蛇》的这首诗收入了《寂寞的灵魂》“诗·集外”。

南星大概是我国现代文学史上只留下书名而未能出书最多的作家之一。

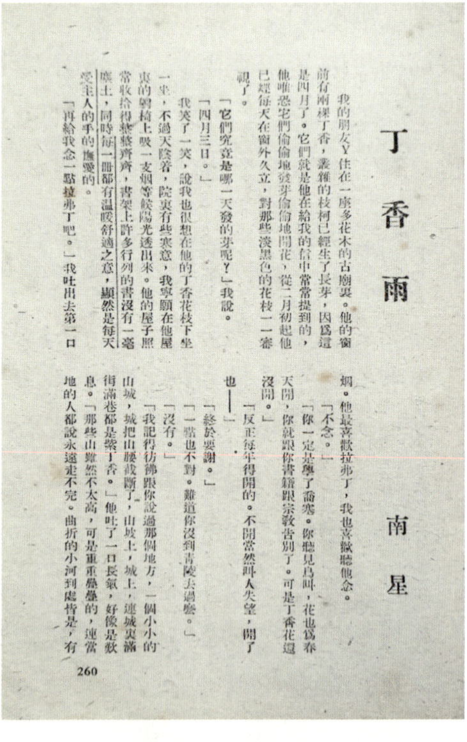
丁香雨

南星

我的朋友Y住在一座多花木的古廟裏。他的窗前有兩棵丁香，叢雜的枝柯已經生了長芽，因爲這是四月了。它們就是他在給我的信中常常提到的，他唯恐它們偷偷地發芽偷偷地開花，從二月初起他已經每天在窗外久立，對那些淺黑色的花枝一一審視了。

「它們究竟是哪一天發的芽呢？」我說。

「四月三日。」

我笑了一笑，說我也很想在他的丁香花枝下坐一坐，不過天陰着，院裏有些寒意，我寧願在他屋裏的圈椅上吸一支烟等候陽光透出來。他的屋子照常收拾得整整齊齊，書架上許多行列的書沒有一毫塵土，同時每一冊都有溫暖舒適之意，顯然是每天受主人的手的撫愛的。

「再給我念一點拉弗丁吧。」我吐出去第一口烟。他最喜歡拉弗丁，我也喜歡聽他念。

「不念。」

「你一定是學了齋戒。你聽見鳥叫，花也爲春天開，你就跟你書籍跟宗教告別了。可是丁香花還沒開。」

「反正每年得開的。不開當然叫人失望，開了也——」

「終於要謝。」

「一點也不對。難道你沒到青陵去過麼。」

「沒有。」

「我記得彷彿跟你說過那個地方，一個小小的山城，城把山腰截斷了，山坡上，城上，連城裏滿街滿巷都是紫丁香。」他吐了一口長氣，好像是歎息。「那些山雖然不太高，可是重重叠叠的，連當地的人都說永遠走不完。曲折的小河到處皆是，有

260

图3　南星刊登在《文帖》第1卷第5期的《丁香雨》

《新诗》中的集外诗

《寂寞的灵魂：南星作品全集》所收南星的诗，包括“石像辞”“月圆集”“山灵集”“三月·四月·五月”四辑，再加一组“诗·集外”。“石像辞”系据1937年6月上海新诗社初版《石像辞》编入；“月圆集”和“山灵集”系据1940年6月上海中国图书杂志公司初版《离失集》编入，是《离失集》中的两个部分；而“三月·四月·五月”则是1946年8月北平《文艺时代》第1卷第3期发表的一组“柳丝辑”诗；之后是一组未注明出处的集外诗。这种编法比较特别姑且不论，重要的是，还有许多南星的集外诗散落在《寂寞的灵魂》之外，有待发掘。编集现代作家的作品集，所谓“全集”往往不全，《寂寞的灵魂》就是一个最新的例子。

1936—1937年，是南星新诗创作的一个喷发期。1936年10月创刊的上海《新诗》月刊，就是南星当时发表诗作的一个极为重要的阵地。创刊号上就发表了南星的《春晚三章》，即《城中》《遗忘》《河上》三首，《城中》《河上》已编入《石像辞》而收入《寂寞的灵魂》；《遗忘》也已收入《寂寞的灵魂》“诗·集外”，虽然未注明出处。接着从同年11月第1卷第2期起，《新诗》每期都刊出南星的新作，从而使他成为在《新诗》上发表诗作最多的二位诗人之一（另一位是路易士）。能在名家云集的《新诗》作者群中有如此出色的表现，南星是了不起的。不妨列出他自《新诗》第1卷第2期至最后一期即第2卷第3、4期合刊发表的诗作：

薄怨四章　1936年11月第1卷第2期

九歌（组诗九首）　1936年12月第1卷第3期

远别离（《木马》《壁虎》《响尾蛇》三首）　1937年1月第1卷第4期

信念　1937年2月第1卷第5期

第二个冬天（《雇客》《读者》二首）　1937年3月第1卷第6期

黎明　1937年4月第2卷第1期

三月（长诗）　1937年5月第2卷第2期

留别正定　1937年7月第2卷第3、4期合刊

图4　1936年10月创刊，由卞之琳等任编委的上海《新诗》月刊第一期封面。

这些诗作中，除了《壁虎》《响尾蛇》两首已被收入《寂寞的灵魂》“诗·集外”，其他诸首均未编集，均是集外诗，也均未能收入《寂寞的灵魂》，这真是一件遗憾的事。限于篇幅，只能转录一首《黎明》：

隔壁的人，/雪天的报告者。/你的隔壁有甚么声音呢？/你在北方，/我也在北方，/而你会做一个南方的孩子，/让我在这儿感受南方的天气，/于是雪的早晨的情调被遗失了。

三个音符的鹧（zhè）鸪叫，/梦寐的，欢快的，跳动的。/鹧鸪会叫雪么，/我不相信。/随之而来的是早晨的叫卖，/那声音中有负着水珠的菜蔬，/暖湿的带着薄泥的街道。/谁想到雪呢？没有人。

你笑我早晨的听觉么，/我醒了，你来。/鹧鸪是你，叫卖是你，/你这双重的声音占据了我，/而我说我的隔壁人说谎了。/你走近了么，/我要起身，我要起身，/你的春天的衣襟之飘动是静静的。

南星的《石像辞》出版时，《新诗》第2卷第1期上的广告这样写：“崭新的诗人南星的第一个诗集《石像辞》，可以说是一部现代的牧歌。细腻的情绪，敏感的心灵，秀丽的文体，微微哀怨的调子：这便是我们的这位崭新的诗人特长之处。”拿这段话来评价《黎明》，也是恰切的。

失散的《石像辞》后记

《石像辞》是南星的首部新诗集，1937年6月由上海新诗社初版，被列为艺术水准颇高的“新诗社丛书”第二种，其第一种是赵萝蕤（ruí）翻译的英国大诗人艾略特名著《荒原》，第三种是玲君的新诗集《绿》，第四种是路易士的新诗集《火灾的城》。由于全面抗战爆发，已列入出版计划的李白凤、陈江帆、徐迟、金克木等的新诗集，戴望舒、周煦良等的译诗集，都未能问世，只留下了一个个书名，十分可惜。

一般而言，作者出版自己的处女作，往往会写序或作跋，交待缘由，抒发感想。但《石像辞》单行本并无序跋，只收入了三辑十八首诗。难道《石像辞》真的无序跋么？答案是否定的。我以前撰文介绍过罗念生散文集《芙蓉城》的短序与单行本“身首异处”，南星的《石像辞》又出现了相同的情形，真是无独有偶。也就是说，南星曾为《石像辞》写了后记，然而，这篇后记未能编入《石像辞》书中，而是单独发表，即刊于1937年1月《新诗》第1卷第4期的《〈石像辞〉后记》。有必要指出的是，南星在这期《新诗》上一口气发表了四篇作品，除了这篇后记，还有新诗《远别离》三首，和翻译的《AE诗选》及温源宁的评论《AE的诗》。这在《新诗》上是独无仅有的。

南星这篇《〈石像辞〉后记》写得很长，对《石像辞》的成书过程作了详细而又动人的描述：

> 这一些零碎的诗篇能给我甚么呢？两个月以前我想把它们扔掉或长久地搁置起来，现在又珍重地收集在一起了。可怜的小东西们，无定的命运。可怜的它们的作者，无定的命运。当我抄着它们的时候，才觉得从前对它们太冷漠了，我们直到今天才能开始亲近，想来令人安慰而又悲伤。现在我才发现了人群中的自己，广大的世界上的自己，我应当隐瞒这事实吗：我所亲近的都向我没有原因地告别了，不，有我不知道的原因。……只有这些诗篇仍在身旁，我珍视它们，不因为它们的内容，只因为它们的本身。卧在陈旧纸页上的我的憔悴的朋友们。但它们的声音清楚，记忆也健全，引我到遥远的“我的”庭院里去。丰富的庭院。两株丁香，一株榆叶梅，一株单薄的桃花，两株槐树，下面有鸽子和兔子的住处。平安！就在那庭院里我开始练习写诗……

然后，南星把收入《石像辞》的《石像辞》《巡游人》《忧虑》《访寻》《别意》，直到《五月》《静思》《一念》《蛰居》《寄远》等诗写作时的生活、心绪和思考，尤其是与几位“诗中的友人”的友情和心灵交流，都娓娓道来，文中出现了恋人PH即唐宝心、友人王辛笛即HT，还不时穿插一段新作的可爱的诗句，如作者写“庭院”即甘雨胡同六号的庭院：

这庭院仿佛是我的旧相识，/对我现出极谙熟的神色，/弯腰的老树日日夜夜在那儿/看守着下面的阴湿的土地，/没有戚容也没有一声诉语。

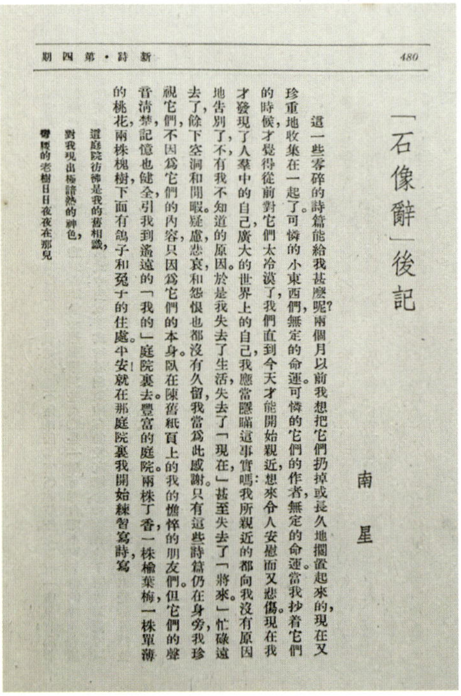
480 新詩·第四期

「石像辭」後記

南星

這一些零碎的詩篇能給我甚麼呢？兩個月以前我想把它們扔掉或長久地擱置起來的，現在又珍重地收集在一起了。可憐的小東西們，無定的命運。可憐的它們的作者，無定的命運。當我抄着它們的時候，才覺得從前對它們太冷淡了，我們直到今天才能開始親近，想來令人安慰而又悲傷。現在我才發現了人羣中的自己，廣大的世界上的自己，我應當隱瞞這事實嗎：我所親近的都向我沒有原因地告別了，不有我不知道的原因。於是我失去了生活，失去了「現在，」甚至失去了「將來。」忙碌遠去了，餘下空洞和閒暇。疑慮，悲哀，和怨恨也都沒有久留，我常爲此感謝。只有這些詩篇仍在身旁，我珍視它們，不因爲它們的內容只因爲它們的本身。臥在陳舊紙頁上的我的憔悴的朋友們。但它們的聲音清楚，記憶也健全，引我到遙遠的「我的」庭院裏去。豐富的庭院。兩株丁香，一株榆葉梅，一株單薄的桃花，兩株槐樹，下面有鴿子和兔子的住處。平安！就在那庭院裏我開始練習寫詩，寫

這庭院彷彿是我的舊相識，
對我現出極諳熟的神色，
彎腰的老樹日日夜夜在那兒

图5　刊于1937年1月《新诗》第1卷第4期的《〈石像辞〉后记》首页

于是我们知道了《石像辞》收入南星1936年从暮春到寒冬一年里所作的诗，也知道了作者“集这几篇诗来的时候，心里空漠，只有一些淡影，一些回忆”。这篇《〈石像辞〉后记》是如此重要，不啻一把解读《石像辞》的钥匙。

奇怪的是，这篇后记竟未能编入《石像辞》。后记落款“一九三六年十二月”，这个写作时间比《石像辞》出版早了整整半年。后记既然1937年1月已在《新诗》上先行发表，按理，新诗社有足够的时间将其编入《石像辞》，却不知何故未能编入，以致与《石像辞》失散达八十六年之久。要不是由于《寂寞的灵魂》问世而触发，这篇后记恐怕还得在《新诗》中沉睡。收入《寂寞的灵魂》的《石像辞》仍然缺了后记，固然令人遗憾，而后记终于“出土”，还是值得庆幸的。

（作者陈子善，华东师范大学中文系教授，上海市文史研究馆馆员。长期从事中国现代文学史研究，著有《中国现代文学文献学十讲》《从鲁迅到张爱玲：文学史内外》《签名本丛考》等）

《中国木刻集》的故事

薛　冰

《中国木刻集》，菊地三郎编集，东京中日文化研究所1949年12月20日印刷，1950年1月7日发行，16开本，收入28位中国版画家的43幅作品，后附美术理论家土方定一长文《中国的木刻（解说）》及《作者铭鉴》共15页。此书因是日文版，版权页标明“非卖品”，在国内流传不多，介绍更少。三年之前，我在南京萃文书局见到此册，因版权页缺失，一直未买。直到2003年10月，手边在写的《木刻新兴》已成大半，未见别本，遂斥资将此册买回。因此书虽在日本出版，却是中国木刻界宣传抗日奋斗精神的一种成果。好在这书只此一版，版权信息明确，各册版权页书名下方有号码机打印三位数编号，但总印数未见说明。

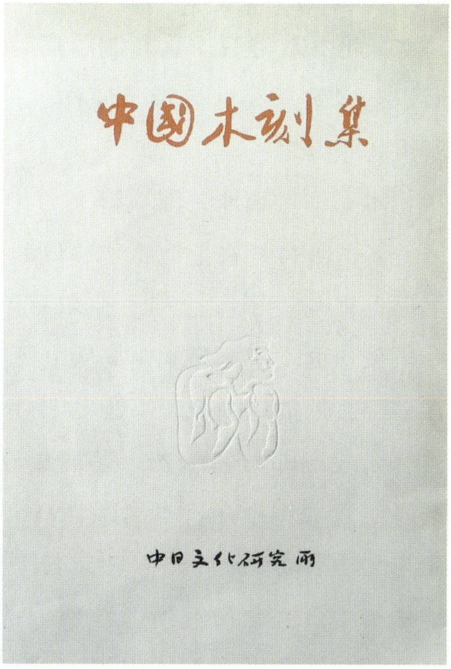

图1　东京中日文化研究所印刷《中国木刻集》封面。书名为郭沫若手书，封面压印人物图案为麦杆作品。

抗战胜利后，中国木刻运动的中心回到上海。1946年6月在沪木刻家集会，决议将抗战期间组织的中国木刻研究会改组为中华全国木刻协会（简称“全木协”），并着手筹备“抗战八年木刻展览会”。同年9月18日，为纪念“九一八”事变15周年，全木协主办的“抗战八年木刻展览会”在上海大新公司画廊开幕，展出了113位作者的897件作品，同时陈列15年来的木刻运动史料，并选编75位木刻家100幅作品，由上海开明书店出版了《抗战八年木刻选集》。展览期间，京、沪、杭、渝等地各大报刊为此出版特刊约20种。

汪刃锋参与组建“全木协”，筹备“抗战八年木刻展览会”，担任总务组成员及展览作品审查委员会委员。10月3日上海展览结束，恰日本中日文化研究所理事岛田政雄与汪刃锋联系，请他协助向日本读者介绍中国木刻。“全木协”遂从展品中选出228件代表作送日本展出。1947年2月19日至28日，中日文化研究所在东京银座三越百货店画廊举办首次“中国新木刻展览会”，受到日本人民热烈欢迎，观众达一万多人次。至1948年2月，这批作品先后在东京、茨城、枥木、神奈川、静冈、青森、岩手、北海道、冈山、福冈等地巡回展出，一年内共举办了76次展览活动。

与“抗战八年木刻展览会”同期编印《抗战八年木刻选》一样，中日文化研究所也请土方定一从展品中精选43幅，编成这本《中国木刻集》。此书是将原作重新制版后，用手工纸以木刻刷印方式单面印制，所以艺术效果高度接近于原作。这是此书历来为木刻爱好者、收藏者所重的原因之一。

本书编者菊地三郎算得上“中国通”，他曾任日本《朝日新闻》特派记者，1944年在上海工作，同时研究中国现代文学。1946年5月回日本后，他与妻子渡边和子在东京创立中日文化研究所，自任所长，创办机关刊物《中国资料》，从事民间层面的中日文化交流。这个研究所在多种文献资料中被误写为“日中文化研究所”。

菊地三郎与郭沫若、茅盾、赵树理、康濯等中国作家有交往，曾选译他们的作品在日本出版，1953年出版专著《中国现代文学史·革命与文学活动》。1955年郭沫若将其留在日本的旅日期间文献资料全部赠送给中日文化研究所，该所以此为基础创立亚非图书馆，菊地三郎任馆长。亚非图书馆中专设以沫若文库为中心的中国馆。新中国成立后，菊地三郎曾多次访问中国。

本书卷首刊载菊地三郎1949年6月写成的《刊行辞》，刊行辞说：八年来日本帝国主义的侵略战争，给中日两国人民造成了巨大灾难。希望从此灾难中接受教训，“转祸为福”，寻求中日两个民族的民主、统一、团结，这是发自内心深处的表达。我们出版这本《中国木刻集》，向日本读者介绍中国新木刻在抗战八年中的成绩，以形成有助于中日文化交流的新动力。

作为“鲁迅遗风”的继承者，中国新木刻无论是在题材、技法还是在品位上，都达到了超越欧洲的水平，而且许多作品都是劳动人民自己创作的。相比于战时日本文化停滞不前的悲哀，这是一个非常有意味的事实。我们殷切希望，人民艺术的清新之风，能够在文化锁国的日本打开一扇窗，让曾经以浮世绘享有世界声誉的日本版画，重新唤起人们对美好未来的憧憬。希望大家欣赏这本画册。

文章最后，菊地三郎为这本画册能够顺利出版，代表中日文化研究所全体同仁向郭沫若、茅盾、汪刃锋、李嘉、陆久之、筒井信介、古川荣、高久广诸先生的大力支持表示衷心感谢。

上面提到的陆久之也是一位传奇人物。他1927年加入中共地下组织，1930—1933年赴日本早稻田大学留学，抗战期间在上海《华美晨报》工作，利用公开身份搜集日伪情报。抗战胜利后，他被汤恩伯委任为少将参议，1945年10月在上海创办日文报纸《改造日报》，主要面向日本战俘，宣传《波茨坦公告》，帮他们了解时事、稳定情绪，以利于对战俘的改造管理。陆久之接受地下党指示，报纸以改造日本帝国主义侵略思想为主旨，经常刊载郭沫若、茅盾、夏衍、田汉、翦伯赞、于伶等左翼文化人的作品及日本进步人士内山完造、山林秀雄等的政论文章，很快在日俘、日侨中产生了广泛影响，受到周恩来的肯定。报社还邀约进步人士举办“日本问题座谈会”等活动。1946年秋，陆久之与蒋介石和陈洁如的养女蒋瑶光结婚，其中共秘密党员身份得到更好的掩护。1948年，陆久之利用特殊身份取得上海防御工事图。1949年5月上海解放前夕，他试图策反汤恩伯，但被汤恩伯礼送出境。1950年4月，陆久之又受中共地下党派遣，只身东渡日本，策反国民政府驻日军事代表团。

与汪刃锋联系的岛田政雄，1937年到上海研究中国现代文学，1944年被日本宪兵逮捕，遭到严刑拷打，直到日本投降后才获释，此后担任《改造日报》编委。在参观“抗战八年木刻展览会”时，他与汪刃锋结识，相约共同致力于两国木刻交流。1946年11月，岛田政雄被遣返日本，随即加入中日文化研究所，与汪刃锋一起，促成了这次中日木刻交流。岛田政雄毕生致力于日中友好事业，历任日本中国友好协会中央总部常务理事、顾问等，多次来华访问，受到中国历任领导人的接见。我在萃文书局还买到过一批岛田政雄的相关资料，有他与章克标对话录《民族作家“鲁迅”》(原载昭和十九年一月二十八日《大陆新报》)的手抄稿，日文《毛泽东的〈实践论〉与文学》(1951年《人民文学》5月号译载)的复印件，1972年他与实藤惠秀翻译出版的李云德《沸腾的群山》，次年3月在鸟取市举行出版纪念会时出席者的签名册和现场照片，1980年5月他随日中友好净土宗之翼访华团赴西安参加善导大师圆寂1300周年纪念活动时的照片，1990年5月所作《我与日中友好运动》的手稿和整理打印稿，以及同年9月担任“林焕平教授文学生涯60周年祝贺代表团”名誉团长来华活动的照片和《祝辞》手稿等。

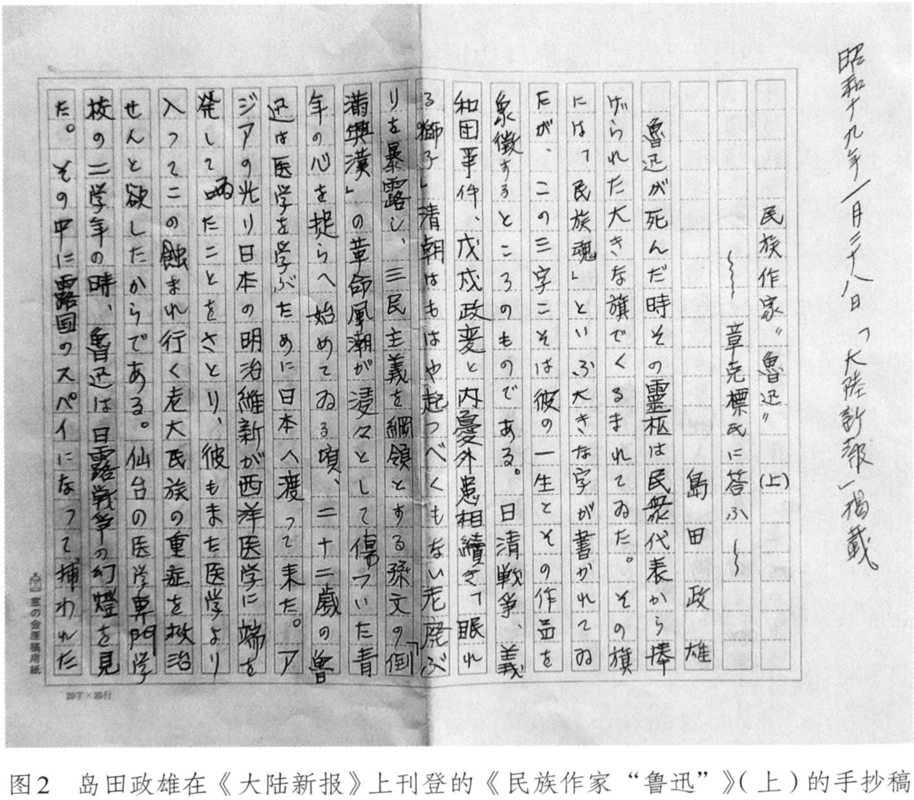

昭和十九年一月二十八日「大陸新報」掲載

民族作家"魯迅"（上）

〜章克標氏に答ふ〜

島田政雄

魯迅が死んだ時その霊柩は民衆代表から捧げられた大きな旗でくるまれてゐた。その旗には「民族魂」といふ大きな字が書かれてゐたが、この三字こそは彼の一生とその作品を象徴するところのものである。日清戦争、義和団事件、戊戌政変と内憂外患相續いて眠れる獅子「清朝」はもはや起つべくもない老廃ぶりを暴露し、三民主義を綱領とする孫文の「倒満興漢」の革命風潮が漫々として傷ついた青年の心を捉らへ始めてゐる頃、二十二歳の魯迅は医学を学ぶために日本へ渡って来た。アジアの光り日本の明治維新が西洋医学に端を発してゐたことをさとり、彼もまた医学より入ってこの蝕まれ行く老大民族の重症を救治せんと欲したからである。仙台の医学専門学校の二学年の時、魯迅は日露戦争の幻燈を見た。その中に露国のスパイになって捕われた

图2　岛田政雄在《大陆新报》上刊登的《民族作家“鲁迅”》(上)的手抄稿

图3 日文版《沸腾的群山》出版纪念会参会者名单

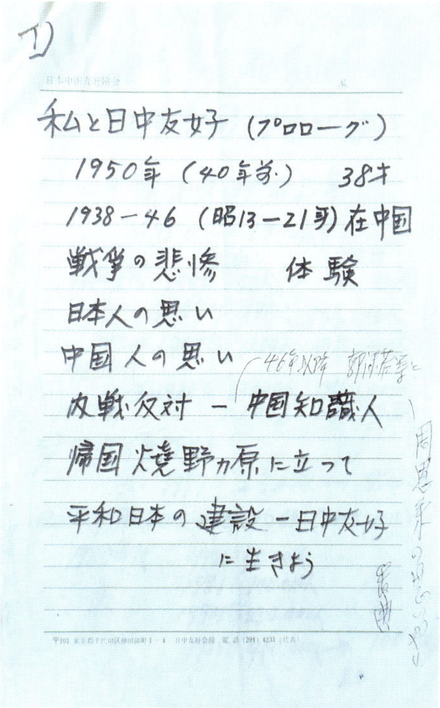

图4 《我与日中友好运动》目录手稿

本书《目录》后有《例言》六条。前三条说明本书选刊木刻作品与“抗战八年木刻展览会”的渊源，特别提到“中日文化研究所受中华全国木刻协会汪刃锋先生委托”。第四条说明《目录》编排方式，首列作品序号，然后是中文画题，括号中为日语译文。因为是重行制版，作品或有缩放，所以在画题下方用阿拉伯数字标示原作尺寸，以厘米为单位。第五条说明《作者铭鉴》即28位作者的简介，是以姓名的拼音首字为序。第六条说明封面、扉页书名及出版者名为郭沫若手书，封面压印人物图案为麦杆作品。

有趣的是，作品排序与《作者铭鉴》排序不同，《例言》中也未作说明。第一幅力群的《丰衣足食图》，因是唯一的多色套印版画，以道林纸机印，装订在扉页之前。另一幅双色套印作品是陆田的《绘画小组》，排在第18幅。李志耕《农村的孩子》、麦杆的《收麦》印成跨页大幅。28位作者，多数只有一幅作品入选，包括力群、王琦、古元、沃渣等新木刻运动先驱。李志耕、黄新波、陈烟桥、李桦等入选两幅，王树艺入选三幅。麦杆入选五幅，是因为一组四幅的《史记》组画：

《人民的受难》《人民的祈祷》《人民的力量》《人民的解放》，是全书中最为鲜明的反法西斯宣传画。而汪刃锋入选六幅，显然是由于其促成之功。总体而言，照顾到了作品的不同题材与风格。有些作品的题目与国内出版画集时的不同。

图5　力群的《丰衣足食图》

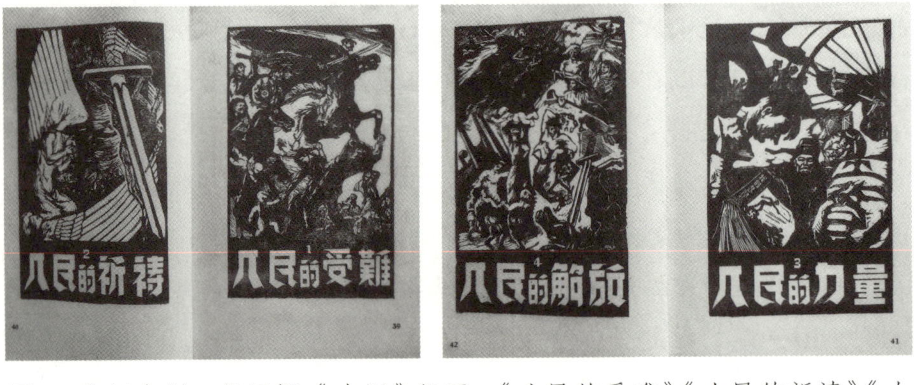

图6　麦杆木刻一组四幅《史记》组画：《人民的受难》《人民的祈祷》《人民的力量》《人民的解放》

图7　李志耕《农村的孩子》

土方定一《中国的木刻(解说)》长达11页，分为4节，同样以对全面抗战期间中国木刻的高度评价说起，前两节回溯鲁迅倡导新兴木刻运动的历程与经验，发起的木刻展览与主持出版的木版书籍，第三节介绍全面抗战期间中国新兴木刻的发展，选译了“抗战八年木刻展览会”上“全木协”题为《木刻工作者在今天的任务》的“告全国木刻同志书”。最后简述中日两国近代的文化交流，以及中日文化研究所在“全木协”支持下举办中国新木刻巡回展、出版《中国木刻集》的意义。

土方定一后任日本美术馆企划协议会会长、神奈川县立近代美术馆馆长。神奈川县立近代美术馆是日本第一个近代美术馆，1975年，内山嘉吉将鲁迅赠他的现代木刻作品300多件全部捐赠该馆。该馆在日本各地举行巡回展览时出版的《中国木版画展》一书中，也收入了土方定一《中国的木刻(解说)》这篇文章，作为中国现代木刻的权威性解说。

(薛冰，中国作家协会会员，江苏省作协原专业作家，著有书话集《旧书笔谭》《古稀集》《书事：近现代版本杂谈》，散文集《家住六朝烟水间》，以及专著《南京城市史》等)

稿本《深州风土记》之我见

彭震尧

图1　北京海王村拍卖公司装在新制楠木匣中，上题“吴汝纶撰并书深州风土记手稿”。

深州，即现在河北省深州市，位于河北平原中部，滹沱河、滏阳河在其南北流过。清雍正二年（1724），深州升为直隶州，并将原正定府下辖的武强、饶阳、安平三县并入，所辖面积相当于现在深州市及上述三县。儿时就听老人时常念叨深州盛产水蜜桃，故有印象。

近日，在北京海王村拍卖公司见到一书，它装在新制楠木匣中，上题“吴汝纶撰并书深州风土记手稿”（以下简称“稿本”，见图1）。笔者颇感兴趣，记述所见如下：

木匣内所装图书共计10册（见图2），上下木夹板为函。其中，7册书高23厘米，宽15.5厘米；2册书高25.8厘米，宽15.2厘米；另有薄薄一册，书高18厘米，宽12.7厘米。10册均四眼线装，其中9册内印有格式相同的红色版框，薄册无版框或行格。全书墨笔书写，批校、修订、增补极多（见图3、4），有的写于天头，有的书于文中，还有的书写在粘贴的签条上。从头至尾未见作者署名，但在书内写有“今上光绪二年”字样，可知修改增添文字应写于清光绪二年，即1876年。在第一册、

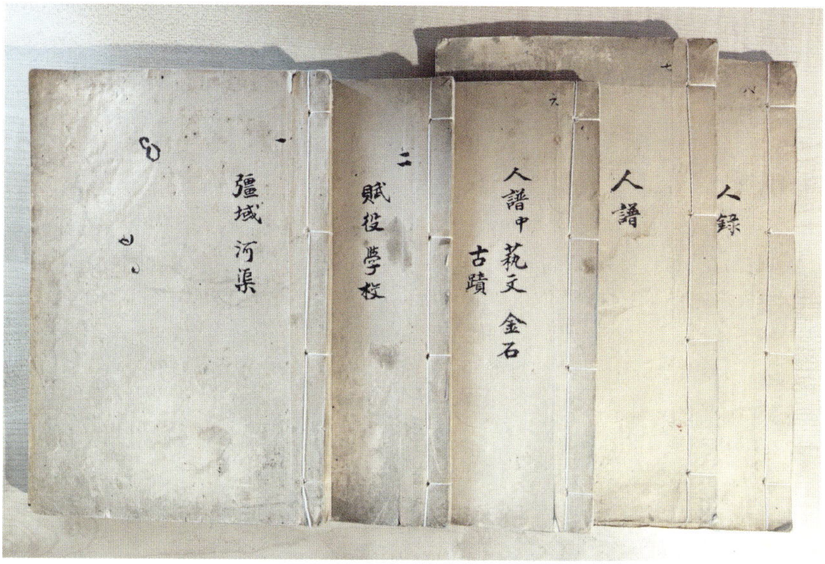

图2 《深州风土记》手稿10册书影

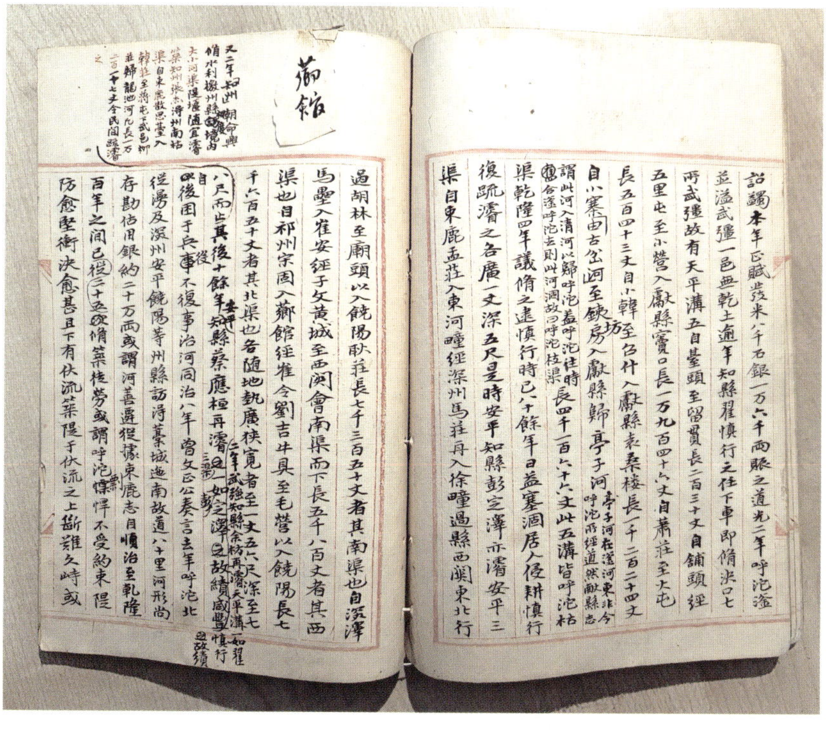

图3 墨笔批校、修订、增补，有的写在文中，有的写在天头，还有的写在粘贴的签条上。

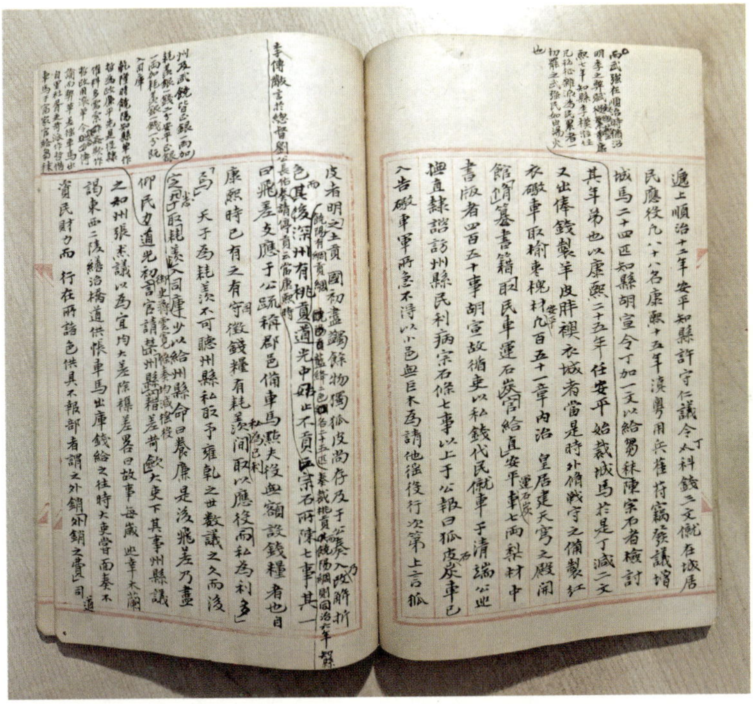

图4　墨笔书写在版面天头和内文中的文字

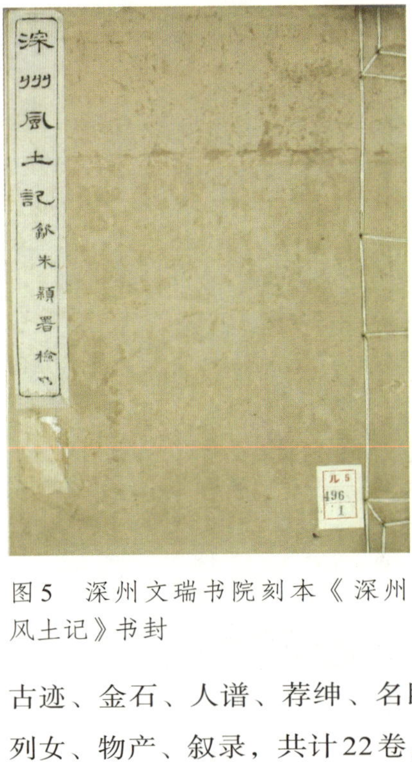

图5　深州文瑞书院刻本《深州风土记》书封

第二册首页首行，写有“深州志”三字。查看内容，确实为记述深州地理地貌、人文物产、金石古迹之书。依据书匣上所题书名，以清光绪二十六年（1900）深州文瑞书院刻本《深州风土记》（以下简称“刻本”，见图5）为底本相互对照，发现此书果然是《深州风土记》稿本。此稿本是一部什么书稿，价值几何？

第一，《深州风土记》是吴汝纶编纂的一部深州方志，全书分历代疆域、河渠、赋役、学校、历代兵事、历代官制、职官、名宦、艺文、古迹、金石、人谱、荐绅、名臣、文学、武节、吏绩、孝义、流寓、列女、物产、叙录，共计22卷，另附后序2篇。协助编纂者，有安平人弓汝恒、武强人贺铁君、深州人张廷桢、李薪棚等。

第二，《深州风土记》的编纂，源于清同治十年（1871）直隶总督李鸿章修《畿辅通志》，令各州县修志备览。此时，吴汝纶任深州知州，便奉檄修州志。但编修该志的过程并非一帆风顺，刚刚起步两年，吴汝纶便因丁忧离任。起复后转任天津、冀州、保定等地，故编修工作时断时续，直至光绪二十六年（1900）庚子事变发生，吴汝纶避居深州，才最终完成了这部志书的编纂。

第三，吴汝纶（1840—1903），字挚甫，安徽桐城县（今枞阳县）人。晚清时期文学家、教育家，曾先后任曾国藩、李鸿章幕僚及深州、冀州知州，后主讲保定莲池书院，晚年被任命为京师大学堂总教习。著有《吴挚甫文集》《吴挚甫尺牍》《东游丛录》等。

第四，稿本《深州风土记》每册封面目次题写如下：第一册为"疆域、河渠"，第二册为"赋役、学校"，第三册为"兵事、官制"，第四册为"人谱上"，第五册为"金石"，第六册为"人谱中、艺文、金石、古迹"，第七册为"人谱"，第八册为"人录"，第九册为"列女"；第十册未题写目次，书内首行写有"赋役下"三字。

第五，查中国国家博物馆图书馆藏有清光绪七年（1881）稿本《深州志二·河渠志》一册①，为编纂参与者弓汝恒②抄写本（见图6）。将其与此稿本细细比对，发现彼此内容完全一致，如稿本首页将滹沱河写为"呼沱"，弓汝恒抄写本初写"滹沲"，后依据稿本也改写为"呼沱"。再如稿本中"至乐乡合列葭水经言漳辄称衡水"句内"水经言漳辄称衡水"八字为后补入（见图7），而弓汝恒抄写本则将此八字完整抄写在文中。这说明此稿本书写在先，弓汝恒抄写本在后。由此可确

① 中国国家博物馆编：《中国国家博物馆藏稀见方志丛刊》第2册，书首墨笔书"光绪五年岁在（己）卯松坡贺涛订于迁轩""弓子贞同年代钞吴挚友刺史所撰深州郡志河渠志稿"，钤盖白文"贺涛"、朱文"松坡"印章各一方。贺涛（1849—1912），字松坡，参与《深州风土记》编纂者之一贺铁君侄，祖籍河北武强。光绪十二年（1886）进士，官刑部主事。其自幼在故城生活、读书，肄业于保定莲池书院。文宗桐城派，师承吴汝纶、张裕钊，所作散文在中国近代文学史上有很高的地位。藏书甚丰，名甲畿南，建有藏书室寿真堂。

② 弓汝恒（1842—1914），字子贞，号书隐，直隶州安平人。同治九年（1870）举人，候选州判。师吴汝纶，为晚期桐城派中考据训诂学中最优秀者之一。是参与、协助吴汝纶完成《深州风土记》的主要编纂者之一。

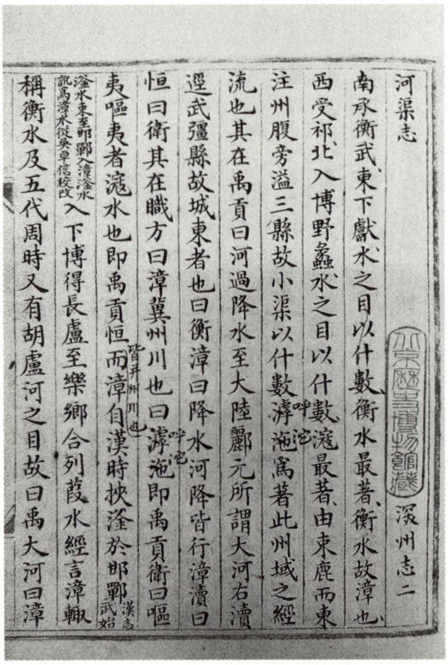

图6 中国国家博物馆图书馆（钤章是“北京历史博物馆藏”）藏《深州志二·河渠志》稿本

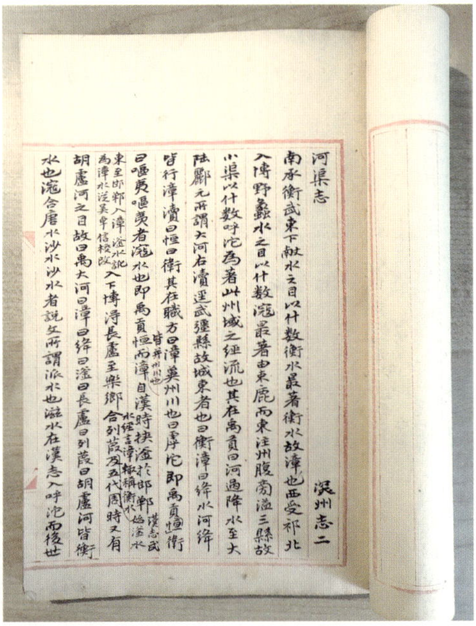

图7 补入的“水经言漳辄称衡水”八字

认，此稿本书写的时间应在清光绪五年（1879）前。

第六，将稿本与文瑞书院刻本相比对，发现稿本卷目中少“物产”“叙录”两卷，再详查内容，又发现稿本很多内容明显少于刻本。如稿本所记截止于“今上光绪二年（1876）”，而刻本所记则截止于光绪二十六年（1900）。由此可以看出，《深州风土记》一书在历经近三十年的编写过程中，是不断补写与修正的。

第七，从书写的字体可明显看出其笔迹不尽相同，故稿本应是经多人抄写而成。由此想到，其中是否有吴汝纶先生亲笔所书之处。细细查看，在第二册“学校”篇末写有：“豪民前私攘学田者皆不便，汝纶去，而桀黠者间入，京师交通御史劾奏汝纶破坏义学。事下，直隶总督遣官按治，凡汝纶所检田复还者太半，而州判张映棂始是核田也。”[①]（见图8）此段文字中三处写有“汝纶”二字，细看笔体，与吴汝纶其他处亲笔签名极为一致，故不排除为吴汝纶亲笔所书之可能。

① 此段文字见清光绪二十六年（1900）文瑞书院刻本《深州风土记》卷四“学校”第11页首行至第4行。

第八，纵观稿本批校，从头至尾，贯穿全书，且笔体亦不同，也应是数人所校所留。如第四册“人谱上”卷倒数第4页（见图9），书“张文规撰，云文规张荐之后，彦远之子……”句处，粘贴有白色、红色笺条各一，白色笺条上书“文规、彦远，见张嘉贞传/直斋书目疑误/汝恒记”；红色笺条上书“案：彦远见张嘉贞传/非荐，后宜删”。可以看出，白色笺条为吴汝纶弟子、参与编纂者弓汝恒所书；红色笺条上带有决定性批语，不排除为吴汝纶亲笔所书之可能。

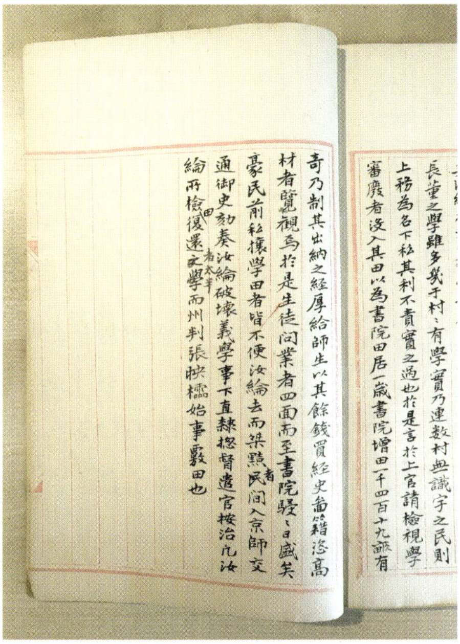

图8　此段文字中三处写有“汝纶”二字

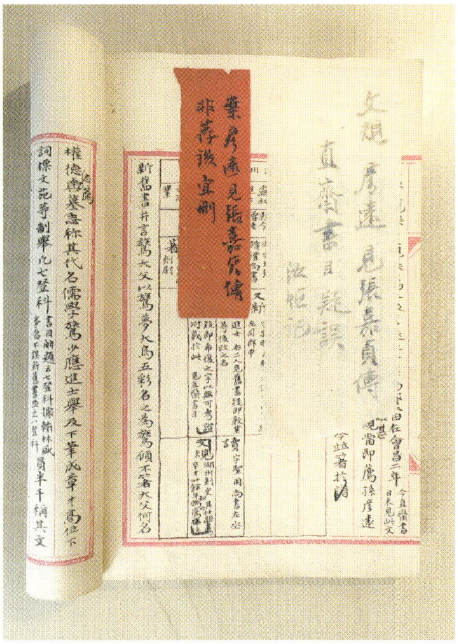

图9　第四册“人谱上”卷倒数第4页

《深州风土记》是吴汝纶呕心沥血，历经三十年完成的一部重要著作，也是深州地方志书中的一部重要著作。全书不仅条理清晰，门目分明，而且考证详博，文辞精美，可谓清代方志中的一部佳作。其中，最令人称道的是此书创立“人谱”一门，从此为修志者广征谱牒、梳理望族打下了基础。

此稿本《深州风土记》的再现，不仅是有关深州史方面的重大发现，也是有关吴汝纶生平研究方面的重大发现，因此具有十分重要的意义。

（彭震尧，馆员、经济师，国家注册拍卖师。曾任中国书店旗下北京海王村拍卖公司经理、顾问，著有《拍书偶谈》）

《古逸丛书》本《尔雅注》考论

瞿林江

今台北故宫博物院藏有清光绪间遵义黎氏刊《古逸丛书·尔雅》初印校样本两种及正式刊本一种，它们在版式上与南宋国子监本（以下简称“宋监本”）极为类似，但在字形以及内容上又有所不同。《古逸丛书》本因被认为完整地保留了底本，即“蜀大字本”原貌而备受晚清以来中、日学者的珍视。但当宋监本和日本室町时代翻刻的宋本被发现之后，《古逸丛书》本的价值又何在呢？本文结合前人相关论述，细述其来龙去脉，以期厘清《古逸丛书》本的版源问题和校勘价值。

《古逸丛书》初印校样本

杨守敬在日访书的同时，也协助清朝驻日本大使黎庶昌（1837—1898）编印《古逸丛书》。获得影抄室町氏覆宋本后，杨氏即将其编入《古逸丛书》，并定名为“影宋蜀大字本尔雅”。今北京大学图书馆藏有封面盖“单行本”朱色墨迹、美浓纸印的《古逸丛书》本《尔雅》（LX/5358），是为日本早期刊刻的单行本，但其具体情况尚待进一步考察。光绪十年（1884），《古逸丛书》所有单行本在日本东京使署完成汇印。今台北故宫博物院所藏《古逸丛书·尔雅》初印校样本两种，其中编号“故观009404”（见图1）者当是汇印后的一个版次，因为如果是单行本的话，其封面题签“古逸丛书之一”下当有“单行本”字样。

此校样本钤有“杨守敬印”（白方）、“飞青阁藏书印”（白方）、“遵义黎氏庶昌印”（白长）、“向黄邨珍藏印”（白长）、“中华民国

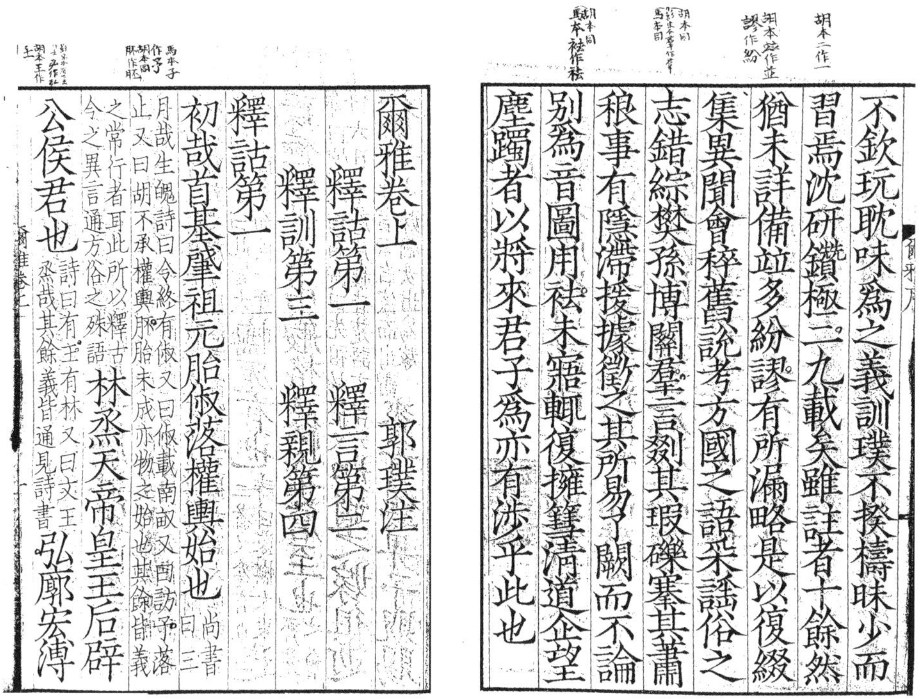
不欽玩耽味爲之義訓璞不揆檮昧少而習焉沈研鑽極二九載矣雖註者十餘然猶未詳備竝多紛謬有所漏略是以復綴集異聞會稡舊說考方國之語采謠俗之志錯綜樊孫博關羣言剟其瑕礫搴其蕭稂事有隱滯援據徵之其所易了闕而不論别爲音圖用袪未寤輒復擁篲清道企望塵躅者以將來君子爲亦有涉乎此也

爾雅卷上　郭璞注

釋詁第一　釋言第二

釋訓第三　釋親第四

釋詁第一

初哉首基肇祖元胎俶落權輿始也尚書曰三月哉生魄詩曰令終有俶又曰俶載南畝又曰訪予落止又曰胡不承權輿胎未成亦物之始也其餘皆義之常行者耳此所以釋古今之異言通方俗之殊語林烝天帝皇王后辟公侯君也詩曰有王有林又曰文王烝哉其餘義皆通見詩書弘廓宏溥

图1 《古逸丛书·尔雅》初印校样本（台北故宫博物院图书馆藏）

七十九年度点验之章”（朱长）等印，与笔者所见正式刊本迥异。校样本文字内容与影抄室町氏覆宋本高度一致，比如影抄本、校样本的上一A8“有王”“弘”，正式刊本剜改为“有壬”“弘”，上三A6“宁”剜改后缺末笔等，可见它是影抄本直接上板后的首次刻本。同时，我们也发现此校样本与影抄本也存在一些差距：上三A6“慎”，影抄本原缺末笔；下二七A1“白”，影抄本原误作“曰”等。从中可见影抄本在上板时就有一些改动，只是相对于正式刊本来说，这些改动是细微的。

当然，此校样本最显著的特征是几乎每页均有眉批或脚批，其体例为于文中相应字右旁画圈，然后在页眉或页脚处指出。比勘的版本主要有下面三种。

（一）影宋本：日本学者松崎复（1771—1844）刻印于天保甲辰（1844）的《景宋本尔雅》，因源于南宋刊十行本，与宋监本属两个体系，故异文较多。如序A“殊号”云“影宋本号作號”，“豹鼠既辨”云“影宋本辩作辨，胡本同”；序B“博关羣言”云“胡本同，影宋本羣作羣，马本同”；上一A注“有王有林”、经“弘廓”云“影宋本有下王作壬，弘作弘”，上一B经“冢簡裔”云“影宋本冢下簡作簡，胡本同”，注“先祖於摧”云“影宋本祖下於作于”；上二五B“尔雅卷上”下云“影宋本有经四千一百三十二字注五千四百一十六字十八字”；中二四B“尔雅卷中”下云“影宋本卷中下有经三千五百六十四字注四千三百二十二字之十八字”；下二七B注“渔阳呼豬”“谓之獒”“雞名”云“影宋本呼下豬作猪，胡本同，同本獒下有也尚书孔氏传曰犬高四尺曰獒即此义十八字，同本鶏名作名雞”；下二八A“经凡一万八百九言”“注凡一万七千六百二十八言”上云“马本同，胡本同，影宋本经凡以下八字，注凡以无十二字”“马本同，胡本同，同本有经三千一百一十三字八字，有注七千八百九十字八字”等。

（二）胡本：明天顺八年（1464）胡深刊刻的《尔雅注疏》。如序A“尔雅序”下云“胡本有晋郭璞撰四字”，“揔绝代”“殊号”云“胡本揔作總，号作號”；序B“二九载”云“胡本二作一”，“竝多纷谬”云“胡本竝作並，谬作纷”；上一A注“肧胎未成”云“胡本肧作胚”；上一B经“濯吁宇”云“胡本吁作訏”，注“诗曰我受”云“胡本诗上有席将二字”，注“乱如此幠，为下国骏厖”云“胡本幠作抚，厖作尾”，注“有壬有林”云“胡本林作休”，经“来吊艘格”云“胡本艘作艐”，注“方言云”云“胡本云作去”；下二七B注“公羊传”云“胡本公羊作公阳”等。

（三）马本：明景泰间马谅刊刻的《尔雅注》。如序A“豹鼠既辩”云“辩作辨”；序B“用袪未寤”云“胡本同，马本袪作祛”；上一A注“访子落止”云“马本子作予，胡本同”；上一B经“夏幠厖”云“胡本同，马本幠作怃，下效此”，经“蓆大也”云“胡本同，马本蓆作席，同本蓆作席，注同”，注“衣之蓆兮”云“马本蓆作席，胡本同”，经“幠厖有也”云“胡本同，马本幠作怃”，注“先祖於摧”云“马本於作于”；下二七B注“渔阳呼豬”云“马本豬作猪”；下二八A注“谓之獒”云“胡本同，马本獒下有也尚书孔氏传曰犬高四尺曰獒即此义十六字”，注“雞名”云“胡本同，马本雞名作名鶏”等。

通读这些眉批或脚批以及与定本的对校，我们可以发现其墨迹非同时写就，有着明显的先后誊写痕迹，刊刻者也并未凭据这些异文而去轻易改动底本的文字，最多只是作为校正文字的一种临时参考而已，对定本文字的最终敲定所发挥的作用有限。至于这些眉批或脚批的作者，书中并无记载。长泽规矩也说：

> 我得到的校样本是森立之手校本，框廓上有森立之的按语，有可能是森立之受杨守敬委托用十行本进行比校时所记。南北朝覆宋刊本已经由汲古书院以胶印方式影印出版，影印时未加描润和修补。《古逸丛书》底本的影写技术缺乏中国人所有的那种巧妙，影抄本文字较圆润，笔划较细。……校样本与定本（通行本）之间也有如下差异，也就是说校样本……应当是杨守敬在进行校订之前，用来请森立之用十行本等本比校的本子……由此可见，有可能是杨守敬委托森立之用十行本进行对校，森立之在对校之外，将自己的见解也一起报告给杨氏。杨氏用其修改校样之后，或许是为了做纪念，将森立之手校本回赠给森氏。

由此可知，这些批注多半是森立之所留，杨氏参阅后，返还给森氏。其中所谓“十行本”即松崎复刊刻之本。

《古逸丛书》正式刊本

校样本经杨氏校正后，正式刊刻定本。笔者所见为光绪十年（1884）日本东京使署汇刻本，其书前有黎庶昌《叙目》云：

> 影宋蜀大字本《尔雅》三卷。此书末有“将仕郎守国子四门博士臣李鹗书”一行，为蜀本真面目，最可贵。宋讳阙“慎”字，其为孝宗后翻刻无疑。日本再翻之，今又从再翻本影雕，展转抚摩，仅存郛廓而已。按后唐平蜀，明宗命太学博士李鹗书《五经》，刊板国子监中，见王清明《挥麈余录》。《尔雅》在《五经》外，岂明清家有《五经》，仅举见本而言与？“锷”“鹗”不同，据此可以订误。

此《叙目》又见黎庶昌《拙尊园丛稿》卷六，可见黎氏已意识到底本为南宋刊本。书后附有森立之的《跋》和杨守敬的《跋》，杨氏跋云：

右大字本《尔雅》，末有“博士李鹗书”一行。森立之《访古志》据王明清《挥麈录》定以后唐蜀本重雕，当得其实。唯《释诂》注云“伦理事务以相约敕”，阮氏《校刊记》谓“事务以相”四字系因疏语窜入，其说似精，若此果为蜀本，则在邢疏未作之先，而注中亦同他本，然则此四字本郭氏原文欤？又《释畜》“狗四尺为獒”注，各本有“尚书孔氏曰”云云十五字，此本独无，段茂堂云“此非郭注，后人所附益”。按单疏本标起止云“注公羊至之獒”，是邢氏所据郭注无此十五字，今以此本证段说，若合符契，则此洵为蜀本矣。或谓孔传伪书，为郭氏所不取，此则非事实。按《释鸟》“鼠同穴明”引孔氏《尚书传》云“共为雄雌”，足见郭氏时孔传通行于世矣。按《尔雅》宋刻唯见于邵氏《正义》，阮文达作校刊，第引吴元恭仿宋本及元雪窗书院本，至曾宾谷所刊绘图本，名曰宋刻，实未足据。马谅本以下更无讥焉。此间别有松崎复重刊北宋明道小字本，又有明天顺胡深等刊《注疏》本，皆足以互相证验，而此本尤为祖祢，因刊之，以昭(贻)习《苍》《雅》者。光绪癸未春正月杨守敬记。

此跋作于光绪癸未(1883)，亦即《日本访书志·影抄蜀大字本》中所谓“此本后为黎公刊入《古逸丛书》中，余别有札记，未刊”者，当在《古逸丛书》本板成后不久。跋中，杨氏首先肯定森立之定此本底本为“覆刻后唐蜀本”的说法，是时存众多《尔雅》版本之“祖祢”，但是未言及为何时覆刻，因森立之《跋》在前，故北宋覆刻的可能性较大。盖此时杨氏对此本的认识还停留在森立之的阶段，与《日本访书志》定本中的“南宋刊本”新观点尚有距离。

《古逸丛书》本不但已非室町覆刻本原貌，而且也非影抄本原貌了。对于这一点，长泽规矩也早有论断：

本書の同種本に據つたものが古逸叢書中に收入せられてゐるので、本書の面目は容易に窺へるものであると考へられてゐたが、叢書本の底本は、同種本の影鈔本であり、字畫あ長短曲撥に差があるのみならず、摹刻に際して、必ずしも底本に據らず、臆改を加へてゐる。又、この舊刊本の底本となつた南宋刊本は、傳本は唯一であるとはいえ、影印本が流布してゐるが、影印の際の加墨がかなり多いばかりでなく、南宋刊本そのものに加筆があるので、單に本書が舊刊本として孤本であるといふ理由以外に、之を研究資料として影印する價値を認める。この本と他の宋刊本などとの校勘は、已に、江戸時代に、松崎慊堂が別の宋刊本の覆刻本の巻末に載せてゐるから、今回は、この系統の各テキストについて對校を試み、この影印本の巻末に、手抄の稿本を影印して附することにした。

他认为《古逸丛书》本不但在字画上笔画瘦细，与神宫文库本差别巨大，而且在文字上也有所摹改，失去了旧刊本的面貌。北京故宫博物院于1931年影印的《天禄琳琅丛书·宋监本尔雅郭注》末尾，影印了神宫文库本的影抄本的最后两页。由于后来刻印的《古逸丛书·影宋蜀大字本尔雅》又据该影抄本刻印，故今方便对照，一并粘贴于此。

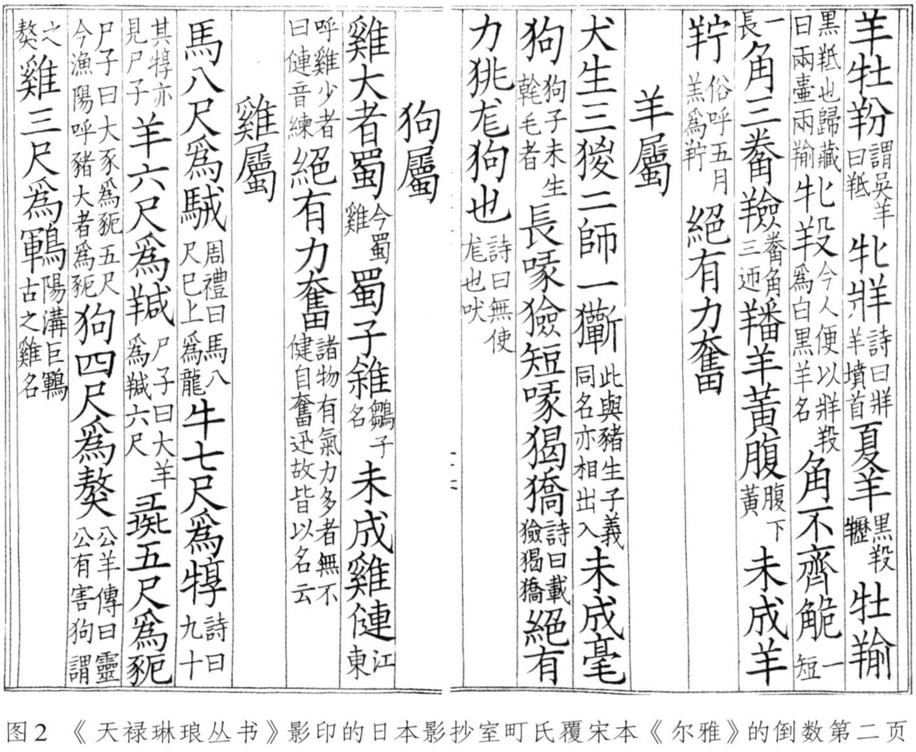
羊牡羒謂吳羊白羝牝牂詩曰牂羊墳首夏羊黑羖䍽牡羭
黑羝也歸藏曰兩壺兩羭牝羖今人便以牂羖爲白黑羊名角不齊觤一短
一長角三觠羷觠角三匝播羊黃腹腹下黃未成羊
羜俗呼五月羔爲羜絕有力奮
羊屬
犬生三猣二師一玂此與豬生子義同名亦相出入未成毫
狗狗子未生𩌏毛者長喙獫短喙猲獢詩曰載獫猲獢絕有
力狣尨狗也詩曰無使尨也吠
狗屬
雞大者蜀今蜀雞蜀子雓鶵子名未成雞僆江東
呼雞少者曰僆音練絕有力奮諸物有氣力多者無不健自奮迅故皆以名云
雞屬
馬八尺爲駥周禮曰馬八尺已上爲龍牛七尺爲犉詩曰九十
其犉亦見尸子羊六尺爲羬尸子曰大羊爲羬六尺彘五尺爲豝
尸子曰大豕爲豝五尺今漁陽呼豬大者爲豝狗四尺爲獒公羊傳曰靈公有害狗謂
之獒雞三尺爲鶤陽溝巨鶤古之雞名

图2 《天禄琳琅丛书》影印的日本影抄室町氏覆宋本《尔雅》的倒数第二页

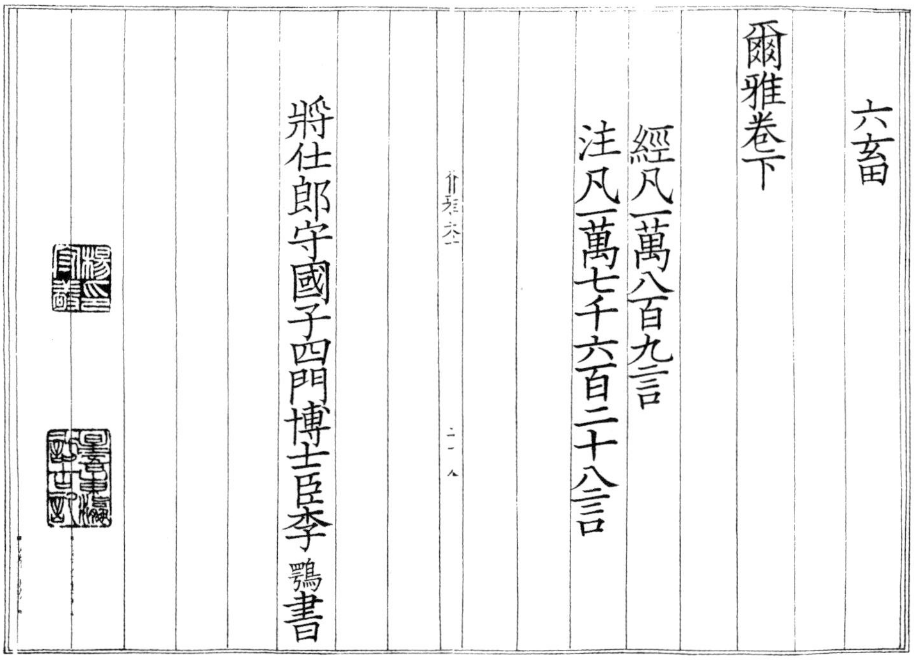

图3 《天禄琳琅丛书》影印的日本影抄室町氏覆宋本《尔雅》的倒数第一页

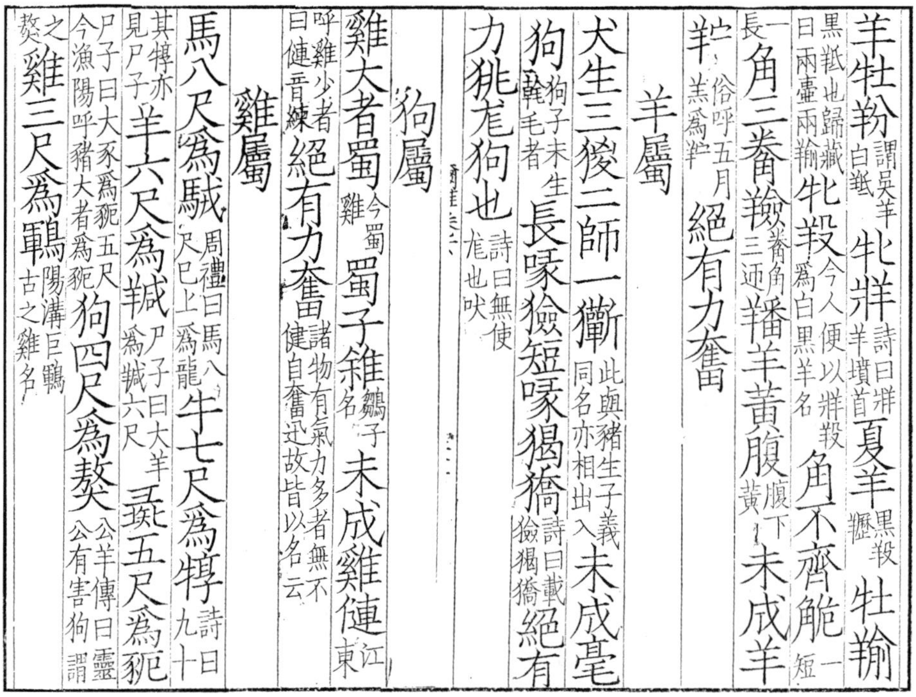

图4 据室町氏覆宋本《尔雅》刻印的《古逸丛书》本的倒数第二页

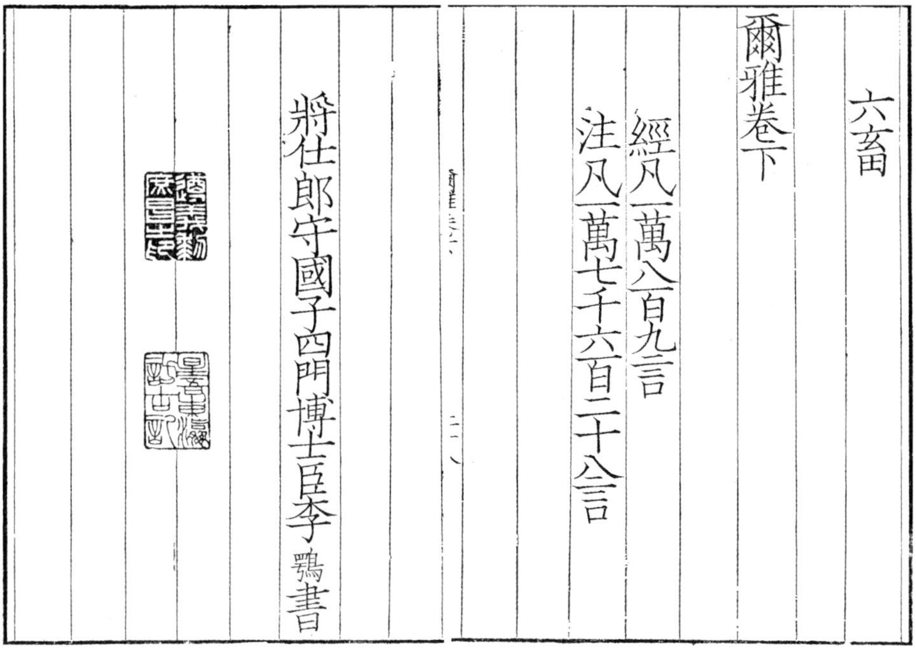
六畜
爾雅卷下
經凡一萬八百九言
注凡一萬七千六百二十八言
將仕郎守國子四門博士臣李鶚書

图5　据室町氏覆宋本《尔雅》刻印的《古逸丛书》本的倒数第一页

通过对比这两页，我们发现此影抄本与《古逸丛书》本二者并非完全一致。如二者的板框，影抄本左右三栏，上下双栏，均是细框；而《古逸丛书》本则左右双栏，外粗里细。前者钤有“星吾东瀛访古记”和“杨守敬印”两方，而后者则是“星吾东瀛访古记”和“遵义黎庶昌之印”两方；且两者所钤的位置也不相同，这说明影抄本是杨守敬一人所为，而《古逸丛书》本则是黎、杨二氏共同合作的成果。此外，两者的文字也有出入，如《丛书》本将“曰”字重新修正为“白”，却转而因避讳，将两“羜”字缺末笔。通过《尔雅各本文字比较对照表》，我们就可以发现影抄本与《古逸丛书》定本之间的文字差异。

《古逸丛书》本与宋监本的区别

《古逸丛书》本与宋监本关系之密切，不仅体现在两者板式完全相同，都是半页八行，行大字十六，双行夹注行二十一字，而且它们每页每行起讫、文字形体、讹脱也大都相同。贾二强先生说“室町氏本（高阶氏藏本）即据南宋监本翻雕，二者有明显递嬗关系”，而“南宋监本，即《古逸丛书》本之祖本”。蒋鹏翔先生将二者文字上的相似点归纳为三点：（一）同一字在书中，不同位置有不同写法，宋监本与

《古逸丛书》本在各个位置的写法均相同；（二）宋监本与《古逸丛书》本在相同的位置出现相同的异体字；（三）宋监本不误，《古逸丛书》本误，但误字显然是由正字变化而来，足见宋监本与《古逸丛书》本祖本确实属于同一版本系统。尽管如此，《古逸丛书》本的字形要比宋监本纤瘦得多，二者的文字内容亦非完全没有区别。为了更好地说明这一问题，我们对两本进行比勘，再将比勘后的异文核之室町氏覆刻本（神宫文库藏），从而展示出《古逸丛书》本的文本剜改的痕迹。结果我们发现二者在避讳字方面，凡宋监本避讳之字，《古逸丛书》本多数情况下也加以避讳，但二者亦有相左者。具体如下：

序	卷/页/行	宋监本	室町氏覆刻本	《古逸丛书》本
1	上/一/八	弘廓宏溥	同	弘缺末笔
2	上/二/六	遵率循由	同	率中玄缺末笔
3	上/三/六	慎（缺末笔）貉谧顗	同	慎不缺
4	上/三/六	密宁静也	同	宁缺末笔
5	上/四/十四	熲光也	同	熲作頴
6	上/六/四	莫知我勩	勩作勚	同
7	上/七/一	慎（缺末笔）尔出话	慎不缺	同
8	上/七/十二	豫宁绥康	同	宁缺末笔
9	上/八/七	兹斯咨呰	同	兹缺两点
10	上/八/九	曩尘伫淹	同	伫缺末笔
11	上/九/十三	毖神溢慎（缺末笔）	慎不缺	同
12	上/十三/十	明朗（缺末两笔）也	朗不缺	同
13	上/十七/十四	皆戒慎（缺末笔）	慎不缺	同
14	上/十九/一	颙颙卬卬	同	颙颙皆缺末笔
15	中/二/十三	闲谓之宁/宁立处	同	宁缺末笔
16	中/七/十	染谓之䞓（缺末笔）	䞓不缺	同
17	中/八/二	徵谓之迭	同	徵缺末笔
18	中/九/八	秋为旻天/旻犹愍也	同	旻缺末笔
19	中/十一/五	贞（缺末笔）于孟陬	贞不缺	同

续表

序	卷/页/行	宋监本	室町氏覆刻本	《古逸丛书》本
20	中/十二/十四	牵牛也	同	牵中玄缺末笔
21	中/十六/三	南陵息慎（缺末笔）	慎不缺	同
22	中/十九/一	释丘/（下文中丘字）	同	丘缺第四划
23	下/八/四	乌蘆音丘	同	丘缺第四划
24	下/十八/十四	鹚鷧/即鸬鹚也	同	鹚中玄缺末笔
25	下/二十/十二	鸡駕子鶉	同	鶉缺末笔
26	下/二七/四	未成羊羜/羔为羜	同	羜缺末笔

从表中可以看出，《古逸丛书》本新增的避讳字以孔子、清帝名号者居多，如“丘”“率”“牵”“玆”“鹚”“弘”“颙”“旻”“宁”“鶉”“宁”“伫”“羜”等，而剩下的大部分是承袭底本室町氏覆刻本而来，非《古逸丛书》本妄改。可见《古逸丛书》本的避讳情况虽繁杂，但基本体现出清人在覆刻旧本时态度之谨慎。蒋鹏翔对比三个本子的避讳字情况，从而判定其各自所据祖本，说：“宋刻八行本至少曾经存在三种印本，松崎复所见室町本的祖本刷印时间最早，《古逸》本祖本次之，《天禄》本最晚。”然而，除了《天禄》本（即宋监本），另外两本俱是明显的翻刻之本，其避讳字的改动存在随意性，不足为判断底本之根据。除了避讳字，宋监本与《古逸丛书》本的异文大致可分三类。

第一类，相对于宋监本，《古逸丛书》本对某些字形进行了修改，但不影响文意，基本上属于异体、异形的范畴。如上五A7“隰”作“隰”，上八A2“翰”作“翰”，上十B7“就”作“就”，上二十A5“陋”作“陋”；中二二A5“井”作“井”；下四A4“斷”作“断”，下十“棗”均作“棗”。而凡宋监本“卝”头者，《古逸丛书》本多补全作“艹”头。此类皆沿袭室町覆刻本且未作改动之情况，占绝大多数。上十六B8“襴”作“襴”，上十七B7“恐”作“恐”；下十五B3“蜃”作“蜃”，下十八B8“鵃”作“鵃”。而凡宋监本“庢”，《古逸丛书》本均添作“底”等。此类均对室町氏覆刻本进行了剜改，但数量相对较少。《古逸丛书》本这类文字剜改的成因，蒋鹏翔先生不得而知，故推断为日本手民之误，其实是不见室町氏覆宋本之故。

第二类，是宋监本不误，而《古逸丛书》本改错的文字。此类情况列表如下：

序	卷/页/行	宋监本	室町氏覆刻本	《古逸丛书》本
1	上/二/十二	齿隋更生	隋作堕	同
2	上/四/十六	畴离祉	同	祉作社
3	上/五/八	今言拘楼	同	拘作枸
4	上/七/十一	穀梁传曰	穀作縠	同
5	上/十四/九	止寇贼□	□作[illegible]	□作[illegible]
6	上/十七/四	狃复也	狃作扭	同
7	上/二二/一	凡以薄	同	薄作簿
8	中/一/十二	窔亦隐闇	同	闇作阇
9	中/二/十四	祝祭于祊	祝作稅	同
10	中/四/八	谓以薄	同	薄作簿
11	中/八/十二	长尺二寸	二作一	同
12	中/十六/十四	璆琳琅玕	同	玕作玗
13	中/十八/十三	即蒙汜也	汜作泛	同
14	中/二十/六	但未详	但作伹	同
15	中/二十/九	厓上平坦	坦作坥	同
16	下/十/六	晢无实枣	晢作皙	同
17	下/十一/十四	莍荽子聚	同	荽作萸
18	下/十二/五	谓之蝽	蝽左边残损	蝽作臻
19	下/十三/十四	鼠蝜别名	同	蝜作妇
20	下/十六/二	但有头尾	同	但作伹
21	下/二一/六	兔子娩	同	娩作嬔
22	下/二二/十一	狻猊日走	狻作後	同
23	下/二四/五	食之已久	同	久作夂

所谓“智者千虑，必有一失”。这类讹误，一部分是室町覆刻本与宋监本不同，而《古逸丛书》本比较忠实地反映室町覆刻本情况的，如“隋作堕”“穀作縠”“狃作扭”“祝作稅”“二作一”“汜作泛”“但作

伹”“坦作坥”“晢作晳”“狻作後”等，特别是“□作[illegible]”“螓作臻”，摹印痕迹十分明显，共12例；另一部分是宋监本与室町氏覆刻本一致，而杨氏等人疏于校勘而误改造成的，如“社作社”“拘作枸”“薄作簿”“閣作阁”“玕作玗”“萸作荑”“婦作妇”“但作伹”“嬔作嬔”“久作夂”等，共11例。

《古逸丛书》本的校勘价值

将宋监本与《古逸丛书》本进行校勘，除了以上两种情形外，尚有宋监本已误，而《古逸丛书》本改正的文字，可视为《古逸丛书》本的校勘价值。列表如下：

序	卷页行	宋监本	室町氏覆刻本	《古逸丛书》本
1	上/一/八	有王有林	同	王作壬
2	上/一/十三	遂怃大东	同	怃作憮
3	上/二/八	咨于二虢	虢作號	同
4	上/二/八	度于闳夭	同	夭作天
5	上/六/三	云何旰矣	同	旰作盱
6	上/六/八	禋祀祠蒸	祠作祠	同
7	上/九/一	⿰土妻遟游息	同	⿰土妻作棲
8	上/十/三	亨祀孝道	亨作享	同
9	上/十五/六	宴饮之私	宴作宴	同
10	上/十五/十四	祈叫也	同	叫作叫
11	上/十六/四	谓曰神罔	同	谓作诗
12	上/二二/四	篬颉篇曰	同	篬作苍
13	中/二/一	樴谓之栈	同	栈作杙
14	中/五/四	佩衿	同	衿作衿
15	中/六/四	既之釜鬵	同	既作溉
16	中/六/八	白茅苦也	同	苦作苫
17	中/十三/十四	俗当火道	同	火作大
18	中/十六/十五	琅玗树	同	玗作玕
19	中/十七/十六	假令百里	同	令作令

续表

序	卷页行	宋监本	室町氏覆刻本	《古逸丛书》本
20	下/四/三	女术也	同	术作木
21	下/四/十二	蕵芜似羊	同	蕵作薞
22	下/五/十	苗蓨	苗作苗	同
23	下/十一/六	木自獘神	同	神作柛
24	下/十五/十二	大若山	若作苦	同
25	下/十七/五	佳其鳺鴀	佳作隹	同
26	下/十七/七	名为乌鸣	同	鸣作鴡
27	下/十八/二	鶅其雌鴆	同	鴆作鳩
28	下/十九/三	亦名抟黍	同	抟作摶
29	下/十九/十四	鳪雉	同	鳪作鳪
30	下/二三/二	有毛及踵	同	及作反
31	下/二六/九	合浦徐闲	同	闲作闻
32	下/二六/十四	体长犻	同	犻作犻

与改错的文字类似，改正的也有类似的情况：一部分是宋监本与室町氏覆刻本不同，而《古逸丛书》本比较忠实地反映室町氏覆刻本情况的，如"虢作虢""祠作祠""亨作享""宴作宴""苗作苗""若作苦""佳作隹"等，只有7例；另一部分是宋监本与室町氏覆刻本一致，而杨氏等人通过校勘后调整的，如"王作壬""怃作幠""夭作天""盰作盱""堜作楱""叫作叫""谓作诗""篬作苍""栈作杙""衿作衿""苦作苦""火作大""玗作玕""今作令""术作木""蕵作薞""神作柛""鸣作鴡""鴆作鳩""抟作摶""鳪作鳪""及作反""犻作犻"等，占绝大多数，特别是"溉"水旁、"闻"末笔添加的痕迹非常明显。至于《古逸丛书》本此类校正、剜改的依据，我们不得而知，毕竟在其刊刻的时代，《尔雅》刻本众多繁杂，蒋鹏翔先生认为是"参照天保本系统的文本（即《日本访书志》所称'重翻北宋本'）进行了相当数量的校改"，尚有一些可靠性，毕竟在宋监本、《古逸丛书》本尚未公之于众的时代，世人能看到的基本为十行本这一系统的文本。

以上所列种种例子，均可以说明室町氏覆刻本已不能和宋监本完全一致，而黎庶昌、杨守敬等人据室町氏覆刻本影抄本刻印时，更是下过一番校勘的功夫，对于底本的明显错误做了径改。反过来，这也足以说明《古逸丛书》本依据之底本为室町氏覆刻本。贾二强先生说其祖本为宋监本，已稍显牵强，因为二者共同的祖本为后唐监本，很难说室町氏覆宋本的底本就是宋监本或是在宋监本之后的某一宋刊本；又说“有影印南宋监本《尔雅注》,《古逸丛书》本自失其价值”，如今看来，事实亦非如此,《古逸丛书》本自有其与宋监本不同的校勘价值。

结　论

长泽规矩也在神宫文库发现了室町氏覆宋本《尔雅注》，其卷末“将仕郎守国子四门博士臣李鹗书”题记，是目前最早的反映五代国子监经书版本面貌的实物资料，故其在宋监本和《古逸丛书》本的版本鉴定和研究方面，有着承上启下的重要作用。尽管它在版式上与台北故宫博物院所藏宋监本《尔雅注》极为类似，但不论在字形上，还是在具体文本内容上，二者均存在不少差异。此类差异是手民之误，还是室町氏覆宋本所据之底本另有别本，迄今我们不得而知。但可以肯定的是：在没有发现新的材料之前，我们只能将《古逸丛书》本之底本推到室町氏覆宋本，而前人将其推到宋监本可能有些草率。而森立之、杨守敬等人将其版源向前推到了五代王蜀时期的刊本，并堂而皇之地冠以“蜀大字本”，则难免有哗众取宠之嫌。据室町氏覆宋本之影抄本刻印的《古逸丛书》本具有自身的独特性，这主要体现在其瘦细的笔画、清帝的避讳、某些文字的剜改，以及独有的校勘价值上，可以说它完全是清代翻刻本。我们在利用此本资料时必须注意到这一点。周祖谟先生《尔雅校笺》选用宋监本作底本，而朱祖延先生编纂《尔雅诂林》时利用“影覆宋蜀大字本”——《古逸丛书》本，两相比较，高下立现。

（瞿林江，南京师范大学副教授、硕士生导师。主要研究方向是训诂学及先秦两汉文献。主持国家社科项目《尔雅北宋前音注汇辑汇校汇考》等2项，在《文献》等刊物发表论文30余篇）

谈谈汪喜孙《孤儿编》的校样、试印及其他

宗 旨

喜欢收藏古籍的人固然会有不同的专藏偏好，比如喜欢闺秀、喜欢词集、喜欢清三代写刻、喜欢明英烈遗民乃至名妓，等等，不过从总体上来说，大致可以分为喜欢“鉴赏”和喜欢“学术”两派。就清代古籍鉴藏而言，黄裳和黄永年二位先生通常会被认作是两派的典型代表，他们各自的藏书目、选书目自然也是大相径庭。但有这么一套丛书，它的不同子目书居然同时受到“两黄”的喜爱，这在历代书目中是非常少见的。这部丛书就是道光年间汪喜孙汇印的《汪氏遗书》。

一

由于战乱的关系，流传下来的整套《汪氏遗书》极其罕见。民国间李审言、尹石公、陈乃乾、秦曼青影印《江都汪氏丛书》时，经多方寻觅，最后也只是在徐乃昌那里找到了完整的一部。而按照秦曼青等人的说法，《汪氏遗书》只包括汪喜孙生前所编印的七部家刻本：《述学》《容甫先生遗诗》《广陵通典》《容甫先生年谱》《汪氏学行记》《孤儿编》《从政录》。其中，前三部是汪中的著述，后四部为汪喜孙所编撰。需要说明的是，依据这种划分，汪中在世时刊印的四卷本《述学》、汪喜孙影刻的《春秋公羊经传解诂》，以及几家公共图书馆内经常和《汪氏遗书》各子目书编在一起的《孟慈府君行述》，都不能算作《汪氏遗书》的组成部分。这里面的道理大概是：四卷本《述学》虽然是汪中自刊本，但其内容比起六卷本来缺失了太多；《春秋公羊经传解

诂》当然是名刻，深受后来黄永年等先生的偏爱，但它毕竟是比照着宋本影刊的，不是汪氏父子的著作；《孟慈府君行述》是在汪喜孙过世后，由其子汪保和等人所刻印。

而在“两黄”各自编著的《清代版刻一隅》和《清代版本图录》里，分别选录了《汪氏遗书》的四部子目书：《孤儿编》《从政录》，《广陵通典》《述学》。尤其是《孤儿编》一书，黄裳先生在齐鲁书社出版的《清代版刻一隅》中解说道：“道光刻本。前有道光六年朱为弼书，许瀚书，道光二十年汪喜孙自序。凡三卷。是本继《汪氏学行记》、汪容甫《年谱》而成，与《述学》刊刻并同，皆狭行细字精写付刻者。版心下记字数。”其复旦大学出版社的增订本里进一步续写道：“卷一述祖德，卷二为容甫诸书跋文，卷三则辨昔人记载之诬。凌仲子撰容甫墓铭，云容甫好骂，‘所极骂者二人，皆负当世盛名。人或规之，则应曰，吾所骂皆非不知古今者，盖恶莠恐其乱苗也。若方苞、袁枚辈，岂屑屑骂之哉。’此佚事之见于篇中者，因辨诬而得存。”不仅如此，上海古籍出版社的《来燕榭书跋》还收录了黄裳先生为《孤儿编》撰写的两段题跋：“近来心境甚恶，几月余未过书肆。昨日春晴，东风作厉，偶至传薪，已改名为古籍店之廉价部。绍樵病废，卧于楼上，未之见也。偶于架上抽得此孤儿编三卷一册，绝初印，阔大，价八金，亦殊不廉，仍买之归，今后殆亦不复能购书矣。念之怅惘。与此编并行者尚有容甫先生年谱一卷，汪氏学行记六卷，皆喜孙撰。箧中俱无之。此编流传尤罕。旧曾数见述学之初印本，亦未之购，他日不知尚能一一得之否。容甫遗诗则仅有木活字本，惜未精刻传世。此编首有椒堂朱氏书一通，系小燕曾祖所作，益增爱惜之念。翌日晨兴作记。戊戌三月初一日。明日谷雨。黄裳记。”“得此书后近三年，乃更收从政录四卷于海上书林。写刻较此俊爽，亦罕传，取以并藏，信是佳事。辛丑春分前三日。”复旦版《清代版刻一隅》中，另附有这两段题跋的书影图片，其文字和《来燕榭书跋》所录写的稍有不同。

二

黄裳先生所说这种纸面“阔大”的《孤儿编》印本，寒斋有幸也藏得一部。这部书卷首钤“太平苏氏”印，系苏继卿先生旧藏；长28.8厘米，宽17.7厘米，长宽都比一般的《汪氏遗书》本多出一些；文本方面也如黄裳先生所讲的那样：卷一述祖德，卷二跋汪容甫所撰各书，卷三辨诬。市面上所能见到的其他本子，如泰和嘉成公司2021年度春拍拍品，与《述学》《容甫先生遗诗》《从政录》合在一起的那件，以及几个公家藏书机构，比如国家图书馆藏《甘泉汪氏遗书》(书号13472)、另一部与《述学》《容甫先生遗诗》的合编本(书号119821)，天津图书馆藏本(书号P1910)，复旦大学图书馆藏《江都汪氏丛书》(书号ra1041)，其《孤儿编》三卷的内容基本上也都是这个样子。

不过，从当事人留下的文献记载来看，《孤儿编》所含的内容和文本编排次序其实是经过再次调整的。在台湾经学文化事业有限公司2021年版《刘氏尺牍》中，第三十册《通义堂尺牍六》第七页，录有这样一通信：

> 前奉致《孤儿编》一册，又一校样本，兹又送上校样本，祈与介伯同校各本；各留一本，余七本付还，切祷切祷。有散叶可更换者，乞从其长者易之，如《射阳画象跋尾》少作不足据，拟删之，请即去籍。《五松园文稿先君子传正误》以二行为一行，当重刻，祈照校。匆匆不及细检。雪甚，一二日未出门，人事尚杂沓，对客作辍，恐有误字，是正为感。
>
> 即颂著安。孟谦有信否？
>
> 十一月四日　喜荀顿首

这封信是汪喜孙(又名喜荀)写给刘毓崧的。信中提到的“介伯”，指的是薛寿，他是刘毓崧的师兄弟。当时，以刘毓崧的父亲刘文淇为首，包括儿子刘毓崧、学生薛寿、女婿田普实、表弟凌镛等，组成了道光中后期至咸丰间扬州一带最重要的编刊团队。很多比较有名的书籍，比如薛传均的《说文答问疏证》、丁晏的《颐志斋四谱》、岑建功重刻《旧唐书》、道光《重修仪征县志》等，甚至大名鼎鼎的《史籍考》和《说文解字义证》，都是由这个团队的全部或部分成员参与编校的。至于这通信的撰作年代，则需要参考汪喜孙写给刘文淇的另一封信，载于《刘氏尺牍》第二册《青溪旧屋尺牍二》第三十八页。

孟詹先生足下：

……伯父大事，以文为敬，不在区区币帛。《行状》，除夕来，除夕作文；元旦来，元旦作文。弟除心悸出汗不作文外，无一日不握管，如蚕之吐丝，丝尽则已。《从政录》刻成三卷（百余篇，词不尽意，不敢为策士之谈），非信实人不能带南；《孤儿编》已刻成八九，皆一腔热血，或以为经生，或以为文章士，非知我者也……

长至前二日　弟喜孙顿首

根据刘文淇《青溪旧屋文集》卷十《先府君行略》的记载，刘文淇之父刘锡瑜卒于道光二十年（1840）八月，将于次年二月下葬。这篇《行略》的末尾，写作“伏惟当代立言君子，赐之传铭，以光窀穸，则世世子孙感且不朽。谨状。”应该就是上通信里汪喜孙所讲除夕来如何、元旦来如何的《行状》。由此可知，此信落款中的“长至”，不是指的夏至，而是指当年的冬至，也就是农历十一月二十九日。此时，《从政录》已刻成三卷，《孤儿编》也接近完工。再来看汪喜孙给刘毓崧的手札，《射阳画象跋尾》和《五松园文稿先君子传正误》都是《孤儿编》卷三里的文章，这样的在校样期间调整尾卷中的内容与文本编排方式，或许和“《孤儿编》已刻成八九”相差不太长时间。

再考虑到《从政录》卷一有道光二十年（1840）十月汪喜孙撰写的《文稿自序》，内称“谨以《孤儿编》刊布行世”；《从政录》自序又作于次年正月，作为《汪氏遗书》中刊刻最晚的两部子目书，《孤儿编》《从政录》在道光二十一年（1841）年底前刊成，似乎应当不成问题。至于《汪氏遗书》的汇印开始时间，汪喜孙《遗书跋》落款作“道光三年三月八日”；在之后的三四天里，他又连续替父亲的一批旧作，比如《尚书考异》《春秋述义》《仪礼经注订讹》《尔雅正误》《小学》《知新记》《旧学蓄疑》等，题写了跋文。这其中，《旧学蓄疑跋》里说到：“喜孙誓不就礼部试，闭门蛰居，掇拾遗书，写定成帙，就正于当代大儒，将以付诸剞劂。”另在《广陵通典》扉页上，还镌有“道光癸未开雕”的刊记。根据这些情况来看，以道光三年（1823）作为《汪氏遗书》的汇印起始年份，应该是没有疑义的。并且，汪喜孙最初汇印遗书的目标，显然只包括他父亲的个人撰述。其校刻工作则主要托付给了前期帮他刊印

《述学》的顾广圻。只不过按照《汪氏学行记》卷四的说法，顾广圻在校刊完《广陵通典》后，就以“精力就衰，无能为役”为由，把其余稿子都“总封缴还”了。而《孤儿编》《从政录》这两种汪喜孙自己的撰作，并不在一开始的汇刻计划里，不过是后人把它们统归在一起，将《汪氏遗书》的作者从汪中一人扩展到了父子二人而已。此外，《孤儿编》卷三《诗毛传疏跋》的署款在道光二十三年（1843）四月。虽然这篇文章的字体刻得比较纤细，看上去和其他各篇不同，像是后来补刊的，但所见诸本均有此篇，未必都是全书毕工后另行增入。由此看来，《汪氏遗书》子目书的汇刻结束时间，很可能在道光二十三年四月之后。

类似《孤儿编》这样的文字与编排更改，在《汪氏遗书》的汇印过程里还发生过不少。最著名的《述学》，郭立暄先生和笔者都曾撰有专文介绍。除此之外，如《青溪旧屋尺牍二》中，汪喜孙致刘文淇的另一封信里还提到：“近二年刻书多，而校手不精。《从政录》有一部在蕴生处，《禁止拐卖良家子女》内‘风化于以有关’，‘有’字误作‘攸’，亟宜改正；又《年谱》内‘北来寺后山’，脱去‘寺’字；《遗诗·馈山长》‘扁豆叶堕花开误’，颠倒一字；《孤儿编》脱漏未刻甚多，《学行记》亦然。”

三

在寒斋所藏的这部《孤儿编》里，《射阳画象跋尾》印在了卷三第八页，《五松园文稿先君子传正误》印在同卷第二十四页。粗看这两篇文章，并不明白刘毓崧他们是否按照汪喜孙的意见，对板片内容进行了完全的删改。再看前面提到的那几家公私藏本，跟笔者手中的这部也都一样。幸运的是，偶然间在南京图书馆发现了一部非常不错的《孤儿编》（共四册，书号2005202），其各卷篇目及编排次序与其他几部相比，有着很大的差异。

南图所藏《孤儿编》，卷首前三页刻的是汪喜孙的学生汪士铎撰写的《释汪》上中下。此文常见于光绪七年（1881）刻《汪梅村先生集》卷一，其内容跟南图本所载同篇比起来，增加了一些双行小注，文字上也略有不同。最有意思的是，光绪本《释汪》篇末跋谈到，“右《释汪》三篇，乱后已佚。同治四年十一月扬州同年刘伯山毓崧举以见视，因录存之，以记少作之概。士铎记。”这篇文章竟然是同治年间汪士铎从刘毓崧处转录的。而刘毓崧正是前文中所讲《孤儿编》的主要校勘者之一。

南图本《孤儿编》里，有不少篇含有其他各本文字中所没有的墨钉：比如《汪氏非长狄之后辨》第十六行“今曰大人者”的“者”；《先君家传》次页第十行“以次研贯”的“研”，同页第十六行“申其雅志”的“雅”，以及第四页第二十四行“公子彭生”的“公子”；《仪礼经注订讹跋》第十行“抉择既严”的“择”；《广陵通典跋》第二行“或在寿春”的“春”；《春融堂集王少寇撰墓碣正误》第三行“声望相上下”的“声”；《汉射阳石门孔子见老子画象跋尾》第八行“南宫敬叔”的“宫”；《书鲍封翁佚事》第二行“与先君子定交”的“定”，第三行“检理金山秘书”的“金山”；《古唐铜锣山先茔记》第七行“迁古唐”的“古”；《卢夫人佚事》第二行“年已六十矣”的“矣”；等等。

在这些墨钉的位置，其他各本都剜改成了对应的文字。由此可以推断，南图本的刷印时间比其他本子更早一些。此外，南图本《汉射阳石门孔子见老子画象跋尾》全篇俱在；《五松园文稿先君（子）传正误》第二行“朱光禄舅氏云此说误”下，直接就是“以撰述自见”；而其他诸本“此说误”后留五字空格，“以撰述自见”从第三行起另排。由这两篇的情形来看，与上文中汪喜孙手札所讲到的校样本完全一致。

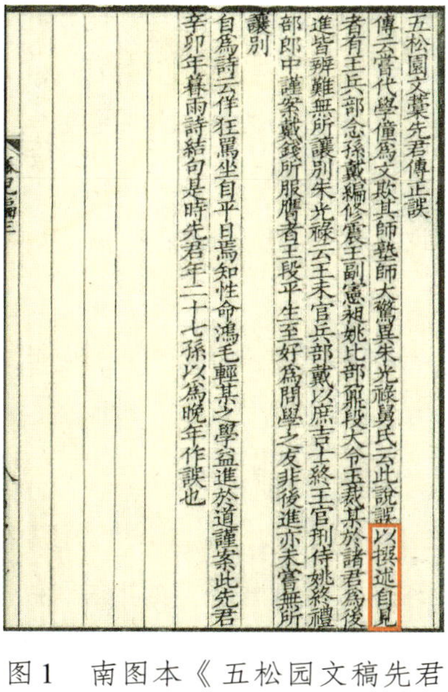
五松園文藁先君傳正誤
傳云嘗代學僮爲文欺其師塾師大驚異朱光祿舅氏云此說誤以撰述自見
者有王兵部念孫戴編修震王副憲昶姚比部鼐段大令玉裁某於諸君爲後
進皆辨難無所讓別朱光祿云王未官兵部戴以庶吉士終王官刑侍姚終禮
部郎中謹案戴錢所服膺者王段平生至好爲問學之友非後進亦未嘗無所
讓別
自爲詩云佯狂罵坐自平日焉知性命鴻毛輕某之學益進於道謹案此先君
辛卯年暮雨詩結句是時先君年二十七孫以爲晚年作誤也

图1　南图本《五松园文稿先君传正误》

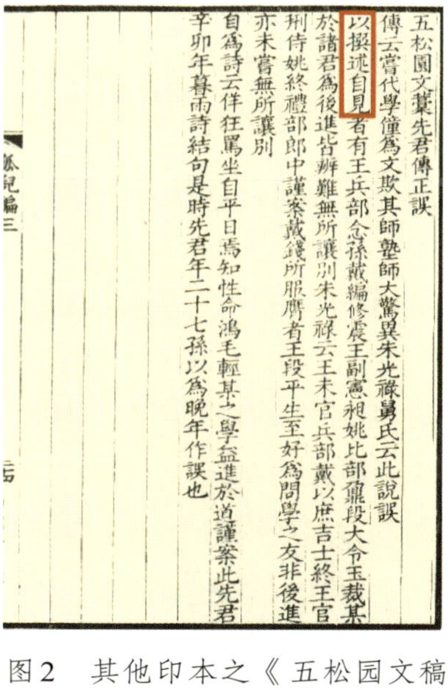
五松園文藁先君傳正誤
傳云嘗代學僮爲文欺其師塾師大驚異朱光祿舅氏云此說誤
以撰述自見者有王兵部念孫戴編修震王副憲昶姚比部鼐段大令玉裁某
於諸君爲後進皆辨難無所讓別朱光祿云王未官兵部戴以庶吉士終王官
刑侍姚終禮部郎中謹案戴錢所服膺者王段平生至好爲問學之友非後進
亦未嘗無所讓別
自爲詩云佯狂罵坐自平日焉知性命鴻毛輕某之學益進於道謹案此先君
辛卯年暮雨詩結句是時先君年二十七孫以爲晚年作誤也

图2　其他印本之《五松园文稿先君（子）传正误》

南图本其他各篇与诸本相比，也有很大的不同，具体来说：

第一，篇目文章差异。南图本有《释汪》《送伊少沂之官浙江诗序》二篇，诸本没有；诸本有《许印林瀚书》，南图本则没有。

第二，编排次序差异。南图本各篇与其他诸本的排序差异，主要表现在以下两个方面：

（1）分卷调整

主要是把南图本卷三的部分内容调整到卷一中。其中包括《古唐铜锣山先茔记》《古唐汪氏迁杨始祖辨》《汪氏母行记》《红术轩印范跋》《紫泥法跋》《扬州金匮山先茔记》《文字原跋》《书杨州竹枝词后》《迁杨始祖后说》。

另有几篇文章从卷三调整到了卷二，分别是《汪先生遗诗跋》《金山精法楼校书记》《金山精法楼碑文》。

（2）卷内调整

主要是把卷三中的六篇《正误》和“礼堂授经图”相关的两篇，从本卷的前部移到了后面。

其中，南图本《汪氏母行记》的版心中下方是大黑框，《定武兰亭禊序跋》的版心镌作“孤儿编”，这两篇连分卷都未明确；《伯曾祖博亭公传略》版心刻作“孤儿编一”，只是装订进了卷三，而页数那里没有刻字，应该是还未确认在卷内的排序；《送伊少沂之官浙江诗序》《古唐铜锣山先茔记》《亡孙蓉儿志》的页数都是墨钉，应当也都还没有确定在卷内的前后次序。这些文章中有不少是道光十九年（1839）后汪喜孙所撰，与《孤儿编》的刊刻时间相隔不远。或许此书开始编印时，将许多近作都收入了尾卷，后来形成定本才改作以类分卷的。

除了文章篇目的数量和排序差异，南图本有几篇的标题也和后来印的那些本子有所不同。比如：“扬州汪氏先茔记”被剜改成“扬州禅智寺汪氏先茔记”；“先君家传”改作“先君学行记”；“齐陈桓子罍拓本跋”被挖补为“齐陈子我簠拓本跋”；“金山精法楼碑文”被剜作“金山精法楼碑记”；“孤儿编跋”被改成“孤儿编序”；等等。其中，《先君家传》篇也被收进了《汪氏学行记》，其内容主要从《汉学师承记》《述学》《容甫先生年谱》以及王引之《行状》，卢文弨《祭文》，刘台拱、郝懿行作《传》，江藩、李兆洛所撰前人《墓表》，钱大昕、焦循、王昶等人的著作序跋与府县志书中辑出，篇幅只有南图本《先君家传》的一半左右。《孤儿编》版的《先君家传》和《先君学行记》正是以之为基础重新改编，并对介绍汪中撰著的部分进行大幅改扩而成，恰与《孤儿编序》所说“大惧天下后世不审喜孙言之所自出，乃采辑各家著述为《汪氏学行记》。《年谱》既成之于前，《孤儿编》复言之成文，《汪氏学行记》根据前人之说，三书并存，不复删定成一家言”相合。而南图本《先君灵表》的撰写方式与《汪氏学行记》中所录的《先君家传》类似，也采用“集语”模式，后来才变成现在的模样。

除此之外，南图本正文前两卷卷名下方是大黑框，尾卷的卷名下方留空，后来其他诸本改作统一的小黑框；《朱侍郎书》的版心也从“前跋”剜成“朱书”，或许是因为添入了《许印林瀚书》的关系。

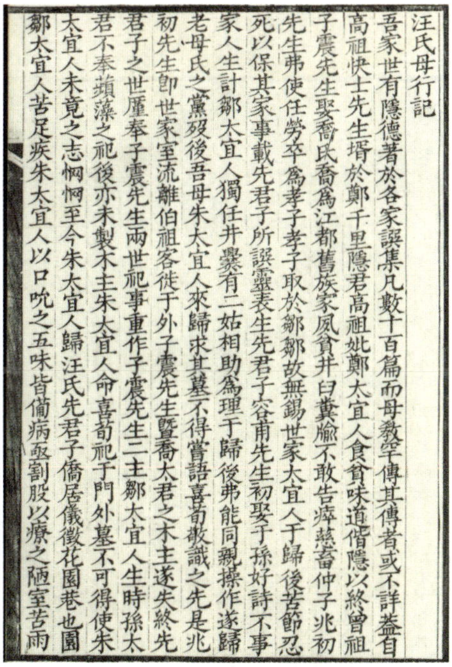
汪氏母行記
吾家世有隱德著於各家譔集凡數十百篇而母教罕傳其傳者或不詳蓋自
高祖快士先生壻於鄭千里隱君高祖妣鄭太宜人食貧味道偕隱以終曾祖
子震先生娶喬氏喬爲江都舊族家夙貧井臼糞牏不敢告瘁蒸嘗仲子兆初
先生弗使任勞卒爲孝子孝子取於鄒鄒故無錫世家太宜人于歸後苦節忍
死以保其家事載先君子所譔靈表生先君子容甫先生初娶于孫好詩不事
家人生計鄒太宜人獨任井爨有二姑相助爲理于歸後弗能同親操作遂歸
老母氏之黨歿後吾母朱太宜人來歸求其墓不得嘗語喜荀識之先是兆
初先生卽世家室流離伯祖客徙于外子震先生暨喬太君之木主遂失終先
君子之世屢奉子震先生兩世祀事重作子震先生二主鄒太宜人生時孫太
君不奉蘋藻之祀後亦未製木主朱太宜人命喜荀祀于門外墓不可得使朱
太宜人未竟之志惘惘至今朱太宜人歸汪氏先君子僑居儀徵花園巷也園
鄒太宜人苦足疾朱太宜人以口吮之五味皆備病亟刲股以療之陋室苦雨

图3　南图本《汪氏母行记》首页

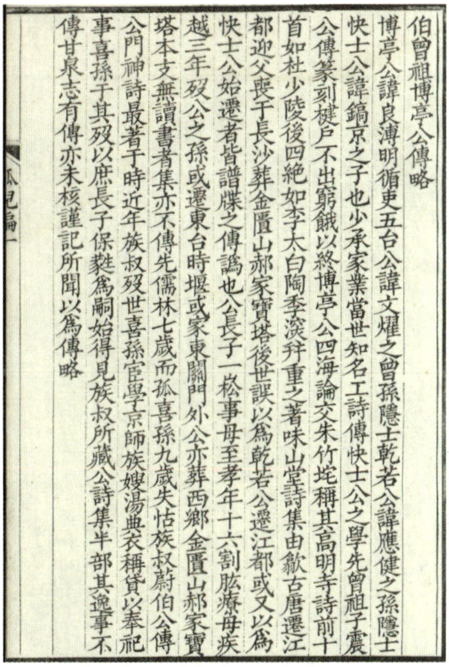
伯曾祖博亭公傳略
博亭公諱良溥明循吏五台公諱文燿之曾孫隱士乾若公諱應健之孫隱士
快士公諱鎬京之子也少承家業當世知名工詩傳快士公之學先曾祖子震
公傳篆刻楗戶不出窮餓以終博亭公四海論交朱竹垞稱其高明寺詩前十
首如杜少陵後四絕如李太白陶季深弆重之著味山堂詩集由歙古唐遷江
都迎父喪于長沙葬金匱山郝家寶塔後世誤以爲乾若公遷江都或又以爲
快士公始遷者皆譜牒之傳譌也公長子一松事母至孝年十六割肱療母疾
越三年歿公之孫或遷東台時堰或家東關門外公亦葬西鄉金匱山郝家寶
塔本支無讀書者集亦不傳先儒林七歲而孤喜孫九歲失怙族叔蔚伯公傳
公門神詩最著于時近年族叔歿世喜孫宦學京師族嫂湯典衣稱貸以奉祀
事喜孫于其歿以庶長子保彝爲嗣始得見族叔所藏公詩集半部其逸事不
傳甘泉志有傳亦未核謹記所聞以爲傳略

图4　南图本《伯曾祖博亭公传略》

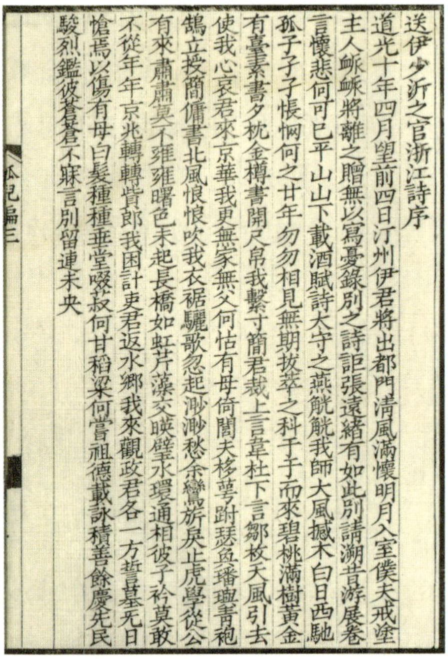
送伊少沂之官浙江詩序
道光十年四月望前四日汀州伊君將出都門清風滿懷明月入室僕夫戒塗
主人衇衇將離之贈無以寫憂錄別之詩詎張遠緒有如此別請溯昔游展卷
言懷悲何可已平山山下載酒賦詩太守之燕觥觥我師大風撼木白日西馳
孤子孑孑悵惘何之廿年匆匆相見無期拔萃之科于于而來碧桃滿樹黃金
有臺素書夕枕金樽書開尺帛我繫寸簡君裁上言韋杜下言鄒枚天風引去
使我心哀君來京華我更無家無父何怙有母倚閭夫移萼跗瑟[illegible]璠璵青袍
鵠立援簡備書北風悢悢吹我衣裾驪歌忽起渺渺愁余鸞旂戾止虎學從公
有來肅肅莫不雍雍曙色未起長橋如虹芹藻交暎璧水環通相彼子衿莫敢
不從年年京兆轉轉貲郎我困計吏君返水鄉我來觀政君各一方誓墓無日
愴焉以傷有母白髮種種垂堂啜菽何甘稻粱何嘗祖德載詠積善餘慶先民
駿烈鑑彼蒼蒼不寐言別留連未央
孤兒編三

图5　南图本《送伊少沂之官浙江诗序》

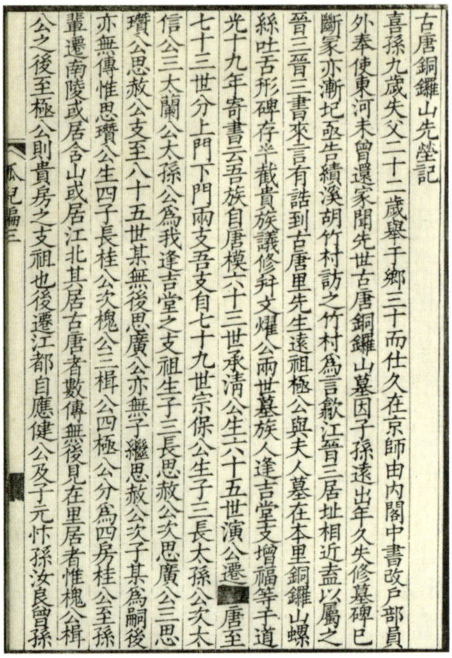
古唐銅鑼山先塋記
喜孫九歲失父二十二歲舉于鄉三十而仕久在京師由內閣中書改戶部員
外奉使東河未曾還家聞先世古唐銅鑼山墓因子孫遠出年久失修墓碑已
斷家亦漸圮亟告績溪胡竹村訪之竹村爲言歙江晉三居址相近盍以屬之
晉三晉三書來言有誥到古唐里先生遠祖極公與夫人墓在本里銅鑼山螺
絲吐舌形碑存半截貴族議修并文燿公兩世墓族人逢吉堂支增福等于道
光十九年寄書云吾族自唐模六十三世承清公生六十五世演公遷[redacted]唐至
七十三世分上門下門兩支吾支自七十九世宗保公生子三長太孫公次太
信公三太蘭公太孫公爲我逢吉堂之支祖生子三長思赦公次思廣公三思
瓚公思赦公支至八十五世某無後思廣公亦無子繼思赦公次子某爲嗣後
亦無傳惟思瓚公生四子長桂公次槐公三楫公四極公分爲四房桂公至孫
輩遷南陵或居含山或居江北其居古唐者數傳無後見在里居者惟槐公楫
公之後至極公則貴房之支祖也後遷江都自應健公及子元忭孫汝良曾孫
孤兒編三

图6　南图本《古唐铜锣山先茔记》首页

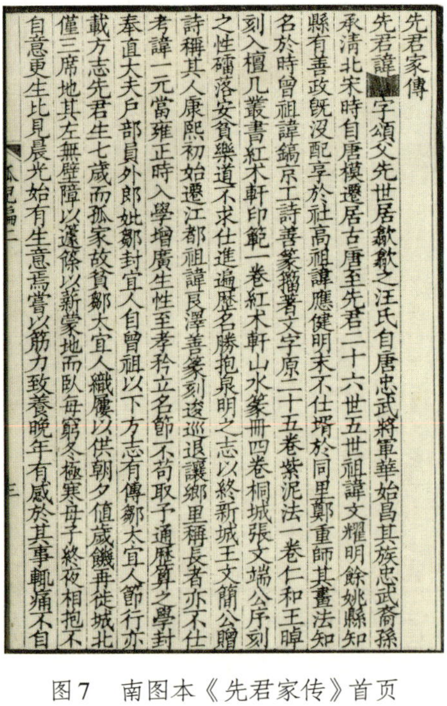
先君家傳
先君諱[redacted]字頌父先世居歙歙之汪氏自唐忠武將軍華始昌其族忠武裔孫
承清北宋時自唐模遷居古唐至先君二十六世五世祖諱文耀明餘姚縣知
縣有善政既沒配享於社高祖諱應健明末不仕壻於同里鄭重師其畫法知
名於時曾祖諱鎬京工詩善篆籀著文字原二十五卷紫泥法一卷仁和王晫
刻入檀几叢書紅术軒印範一卷紅术軒山水篆冊四卷桐城張文端公序刻
之性磊落安貧樂道不求仕進遍歷名勝抱泉明之志以終新城王文簡公贈
詩稱其人康熙初始遷江都祖諱艮澤善篆刻逡巡退讓鄉里稱長者亦不仕
考諱一元當雍正時入學增廣生性至孝矜立名節不苟取予通歷算之學封
奉直大夫戶部員外郎妣鄒封宜人自曾祖以下方志有傳鄒太宜人節行亦
載方志先君生七歲而孤家故貧鄒太宜人織屨以供朝夕值歲饑冉徙城北
僅三席地其左無壁障以蘧篨以新蒙地而臥每窮冬極寒母子終夜相抱不
自意更生比見晨光始有生意焉嘗以筋力致養晚年有感於其事輒痛不自
孤兒編二　三

图7　南图本《先君家传》首页

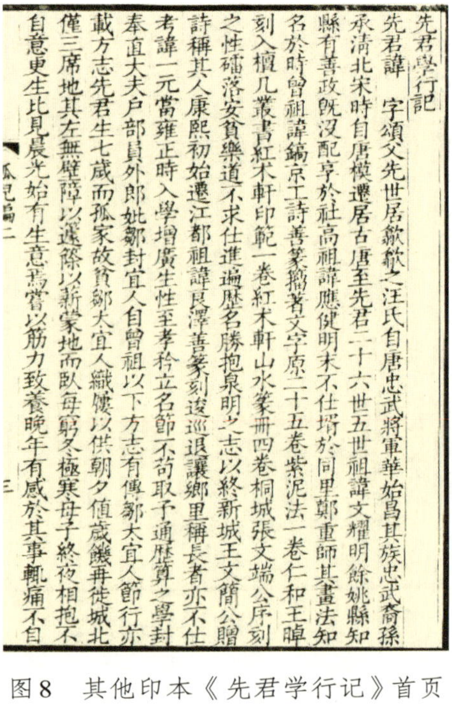
先君學行記
先君諱　字頌父先世居歙歙之汪氏自唐忠武將軍華始昌其族忠武裔孫
承清北宋時自唐模遷居古唐至先君二十六世五世祖諱文耀明餘姚縣知
縣有善政既沒配享於社高祖諱應健明末不仕壻於同里鄭重師其畫法知
名於時曾祖諱鎬京工詩善篆籀著文字原二十五卷紫泥法一卷仁和王晫
刻入檀几叢書紅术軒印範一卷紅术軒山水篆冊四卷桐城張文端公序刻
之性磊落安貧樂道不求仕進遍歷名勝抱泉明之志以終新城王文簡公贈
詩稱其人康熙初始遷江都祖諱艮澤善篆刻逡巡退讓鄉里稱長者亦不仕
考諱一元當雍正時入學增廣生性至孝矜立名節不苟取予通歷算之學封
奉直大夫戶部員外郎妣鄒封宜人自曾祖以下方志有傳鄒太宜人節行亦
載方志先君生七歲而孤家故貧鄒太宜人織屨以供朝夕值歲饑冉徙城北
僅三席地其左無壁障以蘧篨以新蒙地而臥每窮冬極寒母子終夜相抱不
自意更生比見晨光始有生意焉嘗以筋力致養晚年有感於其事輒痛不自
孤兒編二　三

图8　其他印本《先君学行记》首页

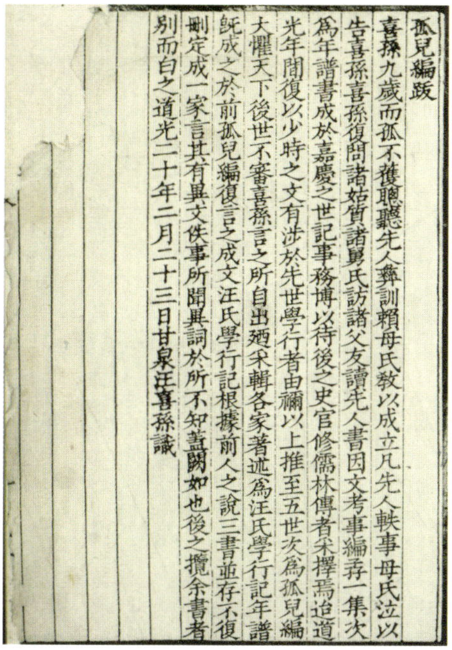

孤兒編跋

喜孫九歲而孤不獲聰聽先人彝訓賴母氏教以成立凡先人軼事母氏泣以告喜孫喜孫復問諸姑質諸舅氏訪諸父友讀先人書因文考事編弄一集次爲年譜書成於嘉慶之世記事務博以待後之史官修儒林傳者采擇焉迨道光年閒復以少時之文有涉於先世學行者由禰以上推至五世次爲孤兒編大懼天下後世不審喜孫言之所自出廼采輯各家著述爲汪氏學行記年譜既成之於前孤兒編復言之成文汪氏學行記根據前人之說三書並存不復刪定成一家言其有異文佚事所聞異詞於所不知蓋闕如也後之攬余書者別而白之道光二十年二月二十三日甘泉汪喜孫識

图 9　南图本《孤儿编跋》

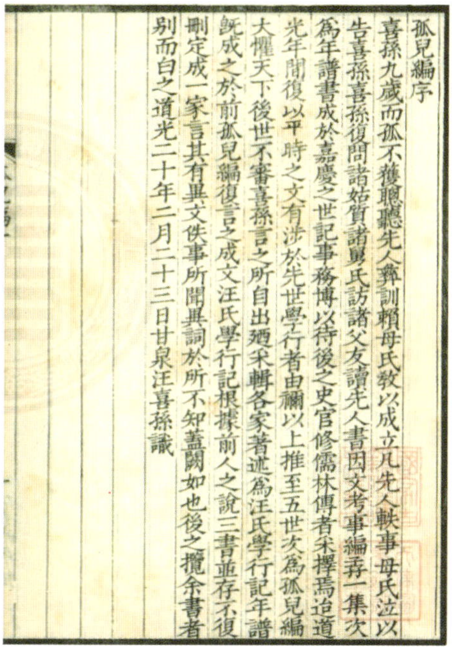

孤兒編序

喜孫九歲而孤不獲聰聽先人彝訓賴母氏教以成立凡先人軼事母氏泣以告喜孫喜孫復問諸姑質諸舅氏訪諸父友讀先人書因文考事編弄一集次爲年譜書成於嘉慶之世記事務博以待後之史官修儒林傳者采擇焉迨道光年閒復以平時之文有涉於先世學行者由禰以上推至五世次爲孤兒編大懼天下後世不審喜孫言之所自出廼采輯各家著述爲汪氏學行記年譜既成之於前孤兒編復言之成文汪氏學行記根據前人之說三書並存不復刪定成一家言其有異文佚事所聞異詞於所不知蓋闕如也後之攬余書者別而白之道光二十年二月二十三日甘泉汪喜孫識

图 10　其他印本《孤儿编序》

南图本有些文章的分卷和排序还未最终确定，加上《汉射阳石门孔子见老子画象跋尾》和《五松园文稿先君（子）传正误》的缘故，这个本子显然还处于校样状态。而此本《诗毛传疏跋》第十二行“陈明经奂”以下，包括后面的署款都未刊刻；且这一页的字体与其他页相同，并不像其他本子那样是重刻后再行补入，故这部校样本的刊印时间，未必会延宕至道光二十三年（1843）之后。再考虑到陈奂所著《诗毛氏传疏》，于道光二十年（1840）春就已成稿并动工刻印，只是由于鸦片战争的关系不得不暂时中止。或许汪喜孙为之撰跋，亦当作于道光二十年前后。

由南图本与其他诸本的比较来看，从校样本到定本的篇目和内容，可能会发生巨大的变化，包括文章数量、分卷、卷内排序、标题等，都可能存在差异。而依照民国间影印的《江都汪氏丛书》来看，徐乃昌旧藏《孤儿编》，其形态与其他各家所藏定本非常相似，只是卷三里多了一篇页数为墨钉的《送伊少沂之官浙江诗序》，应当属于从校样本向定本演变过程中最接近定本的那种。徐藏本《诗毛传疏跋》篇末尾，已然镌有“道光二十三年四月十二日”一行。由此可见，《汪氏遗书》子目书的汇刻结束时间，似乎确实在道光二十三年（1843）四月之后。

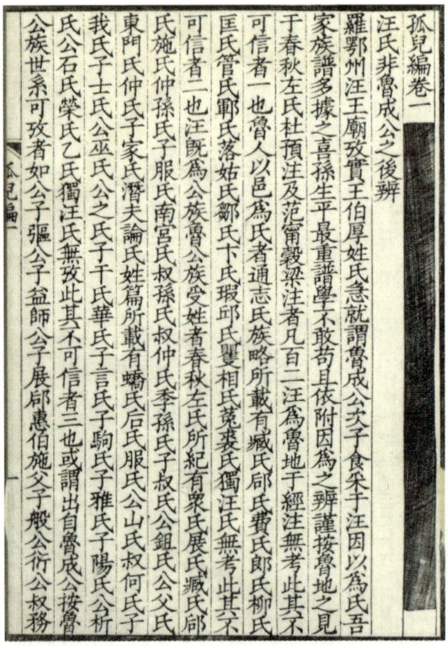
孤兒編卷一
汪氏非魯成公之後辨
羅鄂州汪王廟攷實王伯厚姓氏急就謂魯成公支子食采于汪因以爲氏吾家族譜多據之喜孫生平最重譜學不敢苟且依附因爲之辨謹按魯地之見于春秋左氏杜預注及范甯穀梁注者凡百二汪爲魯地于經注無考此其不可信者一也魯人以邑爲氏者通志氏族略所載有臧氏郈氏費氏郎氏柳氏匡氏管氏郠氏落姑氏鄒氏卞氏瑕邱氏叟相氏菟裘氏獨汪氏無考此其不可信者二也汪既爲公族魯公族受姓者春秋左氏所紀有衆氏展氏臧氏郈氏施氏仲孫氏子服氏南宫氏叔孫氏叔仲氏季孫氏子叔氏公鉏氏公父氏東門氏仲氏子家氏潛夫論氏姓篇所載有蟜氏后氏服氏公山氏叔何氏子我氏子士氏公巫氏公之氏子干氏華氏子言氏子駒氏子雅氏子陽氏公析氏公石氏榮氏乙氏獨汪氏無攷此其不可信者三也或謂出自魯成公按魯公族世系可攷者如公子彄公子益師公子展郈惠伯施父子般公衍公叔務

图11　南图本《孤儿编》卷一首页

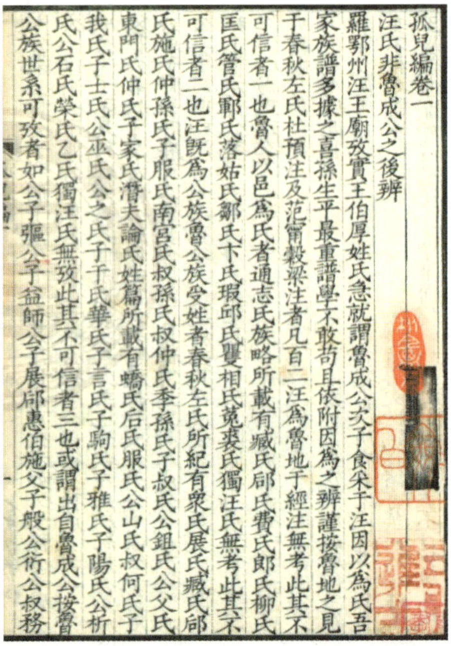
孤兒編卷一
汪氏非魯成公之後辨
羅鄂州汪王廟攷實王伯厚姓氏急就謂魯成公支子食采于汪因以爲氏吾家族譜多據之喜孫生平最重譜學不敢苟且依附因爲之辨謹按魯地之見于春秋左氏杜預注及范甯穀梁注者凡百二汪爲魯地于經注無考此其不可信者一也魯人以邑爲氏者通志氏族略所載有臧氏郈氏費氏郎氏柳氏匡氏管氏郠氏落姑氏鄒氏卞氏瑕邱氏叟相氏菟裘氏獨汪氏無考此其不可信者二也汪既爲公族魯公族受姓者春秋左氏所紀有衆氏展氏臧氏郈氏施氏仲孫氏子服氏南宫氏叔孫氏叔仲氏季孫氏子叔氏公鉏氏公父氏東門氏仲氏子家氏潛夫論氏姓篇所載有蟜氏后氏服氏公山氏叔何氏子我氏子士氏公巫氏公之氏子干氏華氏子言氏子駒氏子雅氏子陽氏公析氏公石氏榮氏乙氏獨汪氏無攷此其不可信者三也或謂出自魯成公按魯公族世系可攷者如公子彄公子益師公子展郈惠伯施父子般公衍公叔務

图12　其他印本《孤儿编》卷一首页

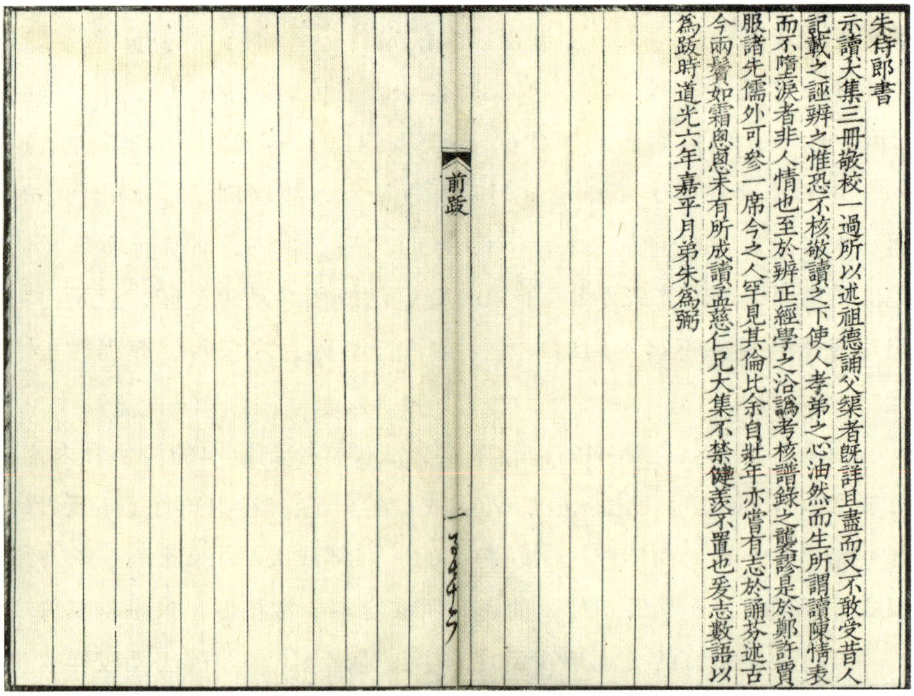
朱侍郎書
示讀大集三冊敬校一過所以述祖德誦父榘者既詳且盡而又不敢受昔人記載之誣辨之惟恐不核敬讀之下使人孝弟之心油然而生所謂讀陳情表而不墮淚者非人情也至於辨正經學之洽論考核譜錄之譌謬是於鄭許賈服諸先儒外可參一席今之人罕見其倫比余自壯年亦嘗有志於誦芬述古今兩鬢如霜恖恖未有所成讀孟慈仁兄大集不禁健羨不置也爰志數語以爲跋時道光六年嘉平月弟朱爲弼

前跋

图13　南图本《朱侍郎书》

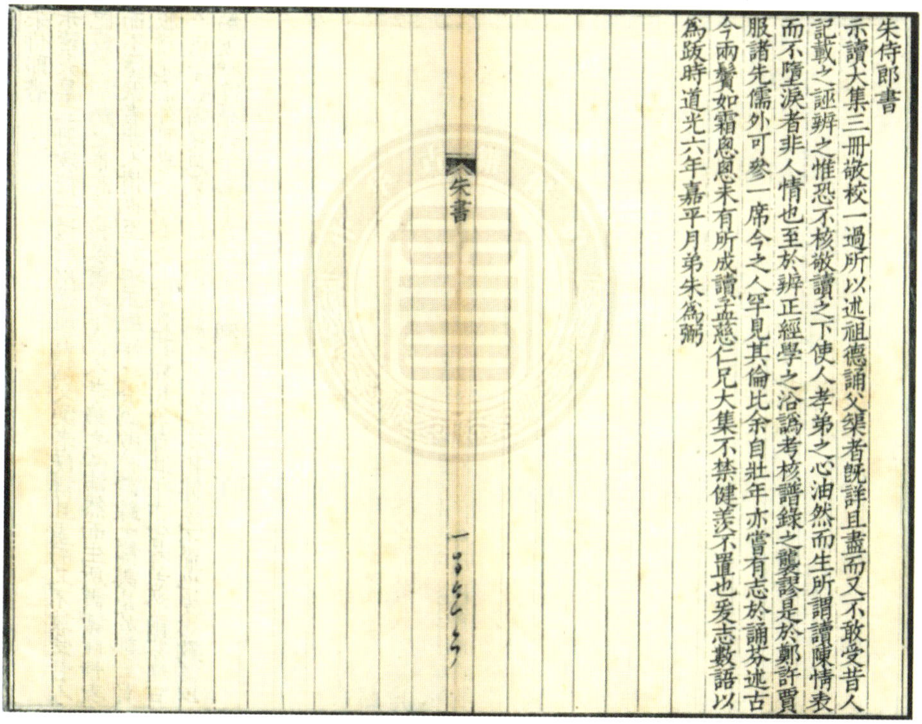
朱侍郎書

示讀大集三冊敬校一過所以述祖德誦父榮者既詳且盡而又不敢受昔人記載之誣辨之惟恐不核敬讀之下使人孝弟之心油然而生所謂讀陳情表而不墮淚者非人情也至於辨正經學之沿譌考核譜錄之襲謬是於鄭許賈服諸先儒外可參一席今之人罕見其倫比余自壯年亦嘗有志於誦芬述古今兩鬢如霜悤悤未有所成讀孟慈仁兄大集不禁健羨不置也爰志數語以爲跋時道光六年嘉平月弟朱爲弼

朱書

图 14　其他印本《朱侍郎书》

四

南图本的部分篇章，其页数甚至包括卷数均为墨钉或不刻。收藏界一般把整本页数、有的包括卷数都是墨钉或者不刻的本子叫作“试印本”。目前看到的试印本还有另外一种典型特点，就是它的各篇之间是不相连的。也就是说，在同一个筒子页内不存在两篇以上的文章标题或正文文字。这种做法显然是为了便于增删篇目文章、调整前后排序和修改文本内容而特意安排的。如此做法，不太有利的一面就是比较浪费书板板材，将来刷印时也会消耗更多的纸张，似乎不是古人刻印书籍的常态。这种试印本在传世古籍中所占的比例也是极小的。

现在看到的很多校样本，比如南开大学图书馆藏刘台拱手校《述学》，上海图书馆藏《豫恕堂丛书》中的一些红印样本，如《鲁论语》《倪石陵书》等，它们的页数、有分卷的包括卷数都已刻成。因此，页数为墨钉，并不是校样本的典型特征。这种各篇之间不相连，页数是墨钉或者不刻的做法，恐怕主要是由于编刊团队事先对全书的篇目内容、分卷和排序没有完全的把握，而在校刻过程中可能会进行大幅调整而有意为之。同样是《汪氏遗书》子目书的刘顾六卷本《述学》，在汪中自刊本的基础上，最早由刘台拱进行了初步的遗稿收集、整理和字词校勘。之后，汪喜孙再次作了文稿采辑与编校，因此其自撰年谱称嘉庆十五年（1810），“校写《述学·补遗》《别录》”。而后，他将校稿递送给其父至交好友们审订，如嘉庆“十七年，以校写《述学》就正段先生”，嘉庆“十九年，以校写《述学》就正王先生念孙”，嘉庆二十年（1815）将书稿交付顾广圻，由其校刻出版。最终，嘉庆二十三年（1818）毕功。

从整部书的编印过程看，前期准备非常充分，在刊板期间也未见有较大的内容和排序调整。反观《孤儿编》，汪喜孙所撰《文稿自序》称：“今年夏，假馆清源讲舍。同岁生冯明府云鹓促余校写生平文字，至再至三。”“儿子延熙出所藏手稿，编孴（nì，同“舂”，聚貌）成帙，藏之于家，谨以《孤儿编》刊布行世。”此书在道光二十年（1840）夏才刚开始校写梓行，同年十一月就“已刻成八九”，其编校过程之仓促可想而知。故而编刊团队采用这种类似试印本的方式，一边编排一边刊印，也是不得已而为之。或许《孤儿编》也曾有过完整的试印本，于道光二十年左右刊成。而作为《汪氏遗书》子目书的收官之作，《从政录》开刻得更晚，准备期更短，以致没有形成定本，只能以试印本形式流传。

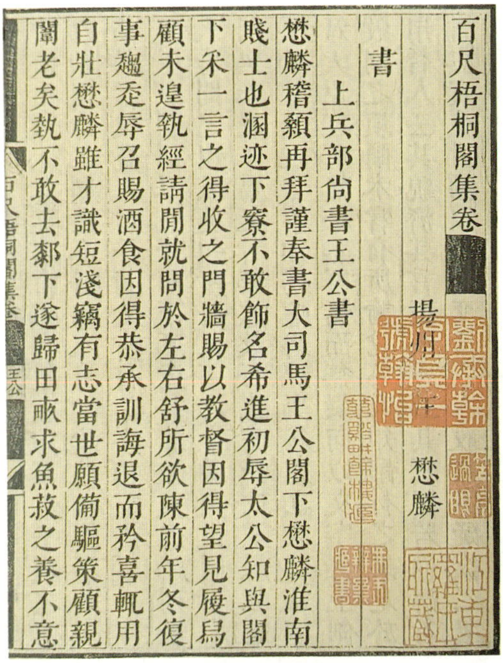
百尺梧桐閣集卷
揚州 懋麟
書
上兵部尚書王公書
懋麟稽顙再拜謹奉書大司馬王公閣下懋麟淮南
賤士也溷迹下寮不敢飾名希進初辱太公知與閣
下采一言之得收之門牆賜以教督因得望見履舄
顧未遑執經請閒就問於左右舒所欲陳前年冬復
事趨走辱召賜酒食因得恭承訓誨退而矜喜輒用
自壯懋麟雖才識短淺竊有志當世願備驅策顧親
闈老矣埶不敢去鄉下遂歸田畝求魚菽之養不意

图15 《百尺梧桐阁集》正文首页。试印本之一。

当然，这种试印本的形态也不完全相同。有的可能只包含其中部分文章，如笔者手中的王庆麟《洞庭文集》，只有十二卷中的十卷；也可能包括全部内容，例如《从政录》。可能已经分卷，也可能不分卷，如刘恭冕《广经室文抄》。可能只以试印本行世，也可能在试印本之后，最终又形成了定本，而后以定本传世。比如汪懋

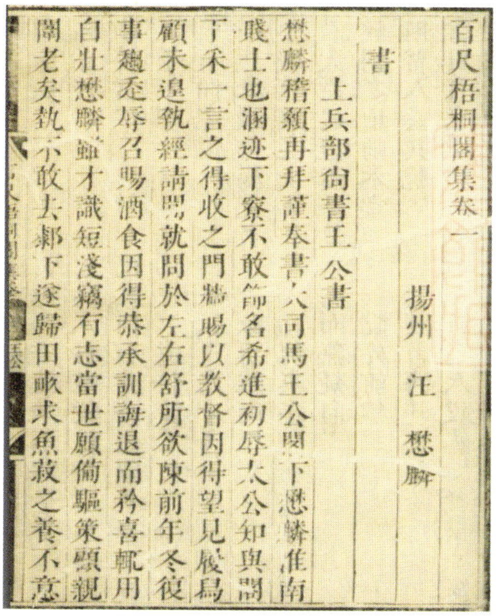
百尺梧桐閣集卷一
揚州 汪 懋麟
書
上兵部尚書王公書
懋麟稽顙再拜謹奉書大司馬王公閣下懋麟淮南賤士也洄迹下寮不敢飾名希進初辱太公知與閣下采一言之得收之門牆賜以教督因得望見履舃顧未遑執經請問就問於左右舒所欲陳前年冬役事趨丞辱召賜酒食因得恭承訓誨退而矜喜輒用自壯懋麟雖才識短淺竊有志當世願備驅策頗覩閣老矣執不敢去郡下遂歸田畝求魚菽之養不意

图16 《百尺梧桐阁集》卷一正文首页。试印本之二。

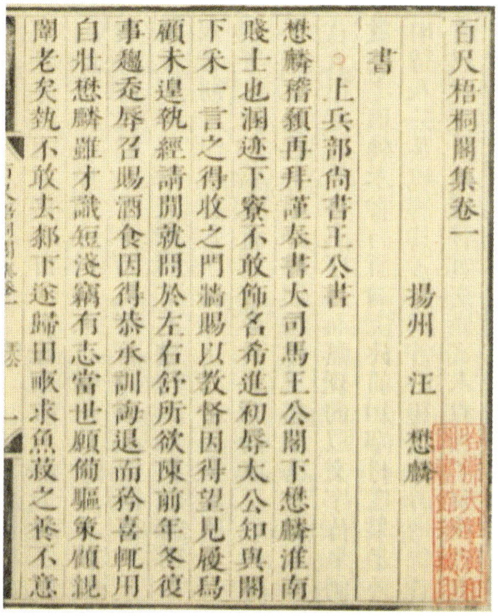
百尺梧桐閣集卷一
揚州 汪 懋麟
書
上兵部尚書王公書
懋麟稽顙再拜謹奉書大司馬王公閣下懋麟淮南賤士也洄迹下寮不敢飾名希進初辱太公知與閣下采一言之得收之門牆賜以教督因得望見履舃顧未遑執經請問就問於左右舒所欲陳前年冬役事趨丞辱召賜酒食因得恭承訓誨退而矜喜輒用自壯懋麟雖才識短淺竊有志當世願備驅策頗覩閣老矣執不敢去郡下遂歸田畝求魚菽之養不意

图17 八卷本《百尺梧桐阁集》卷一正文首页

麟《百尺梧桐阁集》，在康熙早年刻的试印本板叶，到了康熙晚期编印八卷本时，就将原来的墨钉都改成了具体页数，从试印本转化成了定本。

市面上还有一些本子，如道光《刘礼部集》，当然也包括《孤儿编》，各篇之间并不相连，但其页数均已刻成，应该也都是由类似试印本状态转化来的定本。这种试印本除了做校样本，似乎还会起到与编刊团队外的师友相互切磋、征询修改意见的作用。比如著名的不分卷本《经义述闻》，从《昭代经师手简》及《二编》的情况来看，在嘉庆二十二年（1817）重刻本之前，就有不少这样的讨论与反馈。

此外，由南图本的例子可以看出，在校样阶段同样会有修版、重刻、补刻等情形出现。故此，在没有文献记载或前一个印次印本的前提下，不能单纯以是否存在修版等来确定印本的初后印关系。比如，《汪氏学行记》卷四顾广圻致汪喜孙札提到，“委刊刻《述学》，兹已竣工”“此书传写之讹，合诸端翁所校，大约已正。惟恐修板或有一二不到处，亦俟教知为幸”；在《通义堂尺牍二》中，厉秀芳致刘毓崧信函也谈到“承荐手民，既系熟手，伊前次上板后而始校对，以致片片挖补讹字”；等等。可见，在书板刊成之前进行修版并不是罕事。而通常我们谈论初后印次，是要在全书完工、形成定本之后才能进行的。

需要特别指出的是，目前我国高校和图书馆系统等学术界的主流意见，除了这种全本页数墨钉或不刻的本子，还把某种确定的校样本（比如有编刊团队成员的校笔等），以及与它相同印次的刷印本（也就是前人所说的刻样本），也叫试印本。比如陈正宏先生《从写样到红印——〈豫恕堂丛书〉中所见的晚清书籍初刻试印程序及相关史料》、石祥先生《清初书籍刻印的实态细节：清通志堂刻试印本〈读史方舆纪要〉读后》等，都是持这样的看法。与此相类似，收藏界也会把一些明确的校样本、刻样本，如一般的红蓝印本，称为初印本。杨成凯先生《"岂待开卷看，抚弄亦欣然"——说初印本》中，就是这么讲的。这和黄永年先生以来，典型的如郭立暄先生《中国古籍原刻翻刻与初印后印研究》所倡导的，主要以文字内容变化及修版与否来区分初后印本，是有明显差异的。

总体来说，与学术界相比，收藏界更倾向于通过直接的版刻风貌特征，比如颜色、墨钉、字口、栏线、板框等，来定义和区别不同的本子。这种划分法有时候会更加明确些，比如校样本、红蓝印本、试印本；有时候会更加模糊些，比如极初印、初印、中前印、中印、中后印、后印，等等。

（宗旨，复旦大学中华古籍保护研究院兼职研究员，中国古籍保护协会民间古籍收藏工作委员会委员，撰有古籍版本考据论文数篇）

国图藏善本肯堂氏编《藏书提要》小考

田晓东

中国国家图书馆（以下简称“国家图书馆”）藏《藏书提要》，原题《古学津梁》，圈掉后改题《藏书提要》。抄本，半页十行，行字数不等，抄年不详。一册，不分卷。牛皮纸封面，题“肯堂氏编”，下钤朱文印“肯堂”。善本书号：目780809。内文首篇《国学保存会叙》，题目下依次钤“北京图书馆藏”“读书恨晚”“书痴”“糊涂”四方朱文印。

《藏书提要》述略

《藏书提要》篇目计13篇，依次为：《国学保存会叙》《国学保存会藏书楼启》《征求古书影印流传启》；《历代书籍存亡考》，入录《郁冈斋笔麈》，金坛王肯堂撰；《南北藏书诸家源流考》，杨保彝；《昭德先生郡斋读书志序》；《郭嵩焘序郡斋读书志》；《传是楼藏书记》，入录《南雷文约》，黄宗羲；《四明范氏天一阁藏书记》，黄宗羲；《謏闻斋顾氏藏书记》，顾锡麒；《历代藏书家》，入录《藏书纪事》，叶昌炽编；《皕宋楼藏书志序》，李宗莲少青撰；《皕宋楼藏书源流考》。

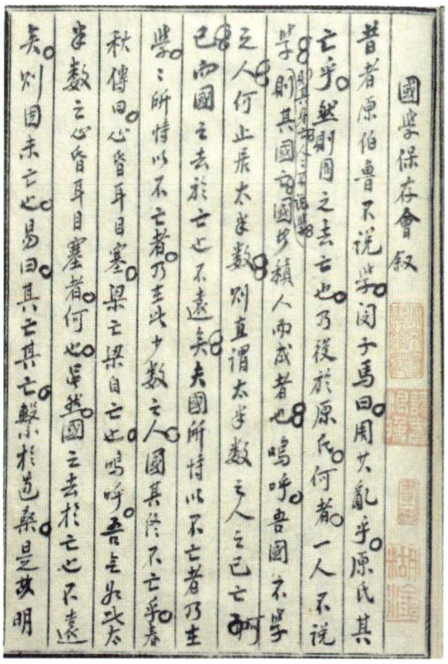
國學保存會叙

昔者原伯魯不説學，閔子馬曰：周其亂乎。原氏其
亡乎。然則國之去亡也，乃後於原氏，何者，一人不説
學，則其國亡；國多積人而成者也。嗚呼，吾國不學
之人，何止辰太學數，則直謂太學數之人之已亡
已，而國之去於亡也不遠矣。夫國所恃以不亡者，乃生
學之所恃以不亡者，乃在此少數之人。國其終不亡乎。春
秋傳曰：心昏耳目塞，梁之梁自亡也。嗚呼，吾
學數之心昏耳目塞者何也，舉我國之去於亡也不遠
矣。則國未亡也，易曰：其亡其亡，繫於苞桑，是故明

图1　国家图书馆藏《藏书提要·国学保存会叙》首页书影

1905年2月，邓实、黄节、刘师培和陈去病等人在上海发起“国学保存会”，刊行《国粹学报》以“保存国粹”。1906年8月，邓实撰《国学保存会叙》，刊于《国粹学报》。开设藏书楼为国学保存会志愿之一，1907年《国学保存会藏书楼启》刊于《广益丛报》，撰者或即邓实。是年11月19日，举行藏书楼开楼典礼。《征求古书影印流传启》，应是国学保存会刊发，撰者、刊发时间不详。

《历代书籍存亡考》，录自明代金坛王肯堂撰《郁冈斋笔麈》第四册，题目为抄录者所加。《南北藏书诸家源流考》，杨保彝撰。杨保彝为聊城海源阁第三代主人，别署瓻庵，或取古语“借书一瓻，还书一瓻”意，抄录者将“瓻”抄作“欷”，笔误。《昭德先生郡斋读书志序》之“序”，实乃宋晁公武《郡斋读书志》卷一之经类总论，非真序。《郭嵩焘序郡斋读书志》，郭序乃郭嵩焘为王先谦光绪十年校刻本《昭德先生郡斋读书志》(二十卷，附志卷首各一卷)所题。

《传是楼藏书记》，入录《南雷文约》，黄宗羲。《南雷文约》为黄宗羲晚年所定文集，由已刊《南雷文定》及其《三集》《四集》删定，存四卷。《传是楼藏书记》见于清乾隆刻本《黄梨洲先生南雷文约》卷四。《四明范氏天一阁藏书记》，黄宗羲。见于清乾隆刻本《黄梨洲先生南雷文约》卷四。《謏闻斋顾氏藏书记》，为太仓謏闻斋主人顾锡麒的藏书记。《历代藏书家》，录《藏书纪事》，叶昌炽编。摘录叶昌炽《藏书纪事诗》中所列藏书家。

《皕宋楼藏书志序》，李宗莲少青撰。陆心源《皕宋楼藏书志》著录了陆氏皕宋楼所藏珍贵宋元版书目，其幕客李宗莲为志作序。《皕宋楼藏书源流考》，乃日人岛田翰《皕宋楼藏书源流考并购获本末》之节略，略去“购获本末”部分。

肯堂氏考

肯堂氏编《藏书提要》所录13篇文章，内容以藏书流传、书目为主。篇目见于孙毓修《书目考》稿本的，有《国学保存会叙》、《国学保存会藏书楼启》和杨保彝《南北藏书诸家源流考》。孙毓修在杨文后附识云：“此记初无印本，己酉八月(1909年9月)著者以写本寄示，手录得副本，原稿在武原张公处云。”查《海源阁研究资料》(曹景英、马明琴主编，山东友谊书社1990年版），不见杨保彝此文。孙毓修《书目考》稿本，却保存了海源阁主人的这篇佚文。[①]孙毓修（1871—1923），字星如，江苏无锡人，上海商务印书馆编译所编辑。孙氏所云杨保彝《南北藏书诸家源流考》的“原稿在武原张公处”，“武原张公”即张元济。《藏书提要》亦录杨氏该文，据此推测肯堂氏与张元济或孙毓修相识，才有机会接触杨文。

张元济（1867—1959），号菊生，浙江海盐人。1909年9月，时任上海商务印书馆编译所所长的张元济，曾多次至上海城内东姚家巷顾锡麒后人家中观其所藏古书，同往者有孙毓修等。《涵芬楼烬馀书录序》云：“太仓謏闻斋顾氏后裔侨居上海者应募而至，邀余入城至其家。观所藏，则橱架凌乱，尘封蠹积，稍稍翻阅，大都为黄荛圃、汪阆源两家之物。”[②]经谐价，张元济为涵芬楼购入顾氏謏闻斋藏书。

孙毓修在这批藏书内发现謏闻斋主人顾锡麒跋文一篇，抄录并识语云：“此跋为顾锡麒所作，以墨笔书于序后者。顾，太仓人，侨居上海城内之东姚家巷。好藏书，而世无知者。宣统纪元八月（1909年9月），其孙某以贱值斥售殆尽。予于商务印书馆藏书楼中得□读其藏书也。”[③]巧合的是，《藏书提要》收录一篇《謏闻斋顾氏藏书记》，署名顾锡麒撰，该记不为孙毓修言及，乃肯堂氏独家抄录（详见图2）。该《记》表明，肯堂氏亦可接

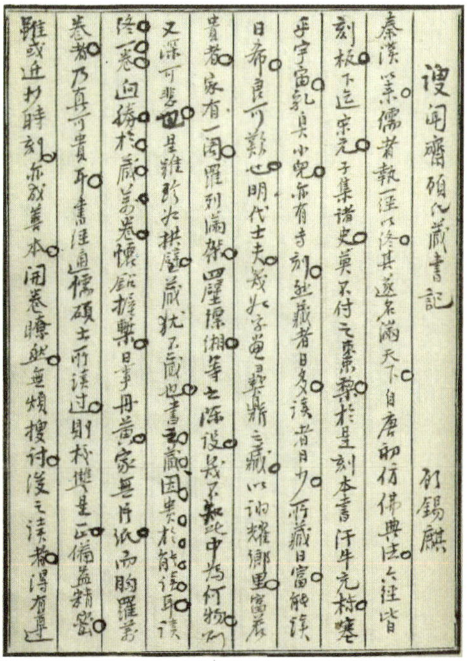

图2　顾锡麟《謏闻斋顾氏藏书记》首页书影

① 柳和城：《孙毓修评传》，上海：上海人民出版社，2011年，第261页。

② 张元济：《张元济全集》第8卷，北京：商务印书馆，2009年，第145页。该序由顾廷龙执笔。

③ 柳和城：《孙毓修评传》，上海：上海人民出版社，2011年，第261页。

触涵芬楼所购顾氏藏书，而且肯堂氏为商务印书馆员工的可能性大增。

检索《张元济全集》，得张氏《排印本〈寄庑楼诗〉跋》云，“查子肯堂既殁之二年，余闻朱逖先教授得吾师莐卿先生《寄庑楼诗遗稿》，贻书索阅”[①]，由此可知“肯堂氏”姓查。查肯堂（1885—1922），名美璚，一作璚，字肯堂，海盐人，出海宁查氏。祖父润身，字德甫，号东海鲰生，有《东海鲰生词钞》；父济忠，字莐卿，廪生。高燮《查肯堂传》云：“君讳美璚，肯堂其字也。考莐卿先生，以才高学富名于时，著有《寄庑楼诗》二卷。”[②]查莐卿是张元济与兄长的塾师，查肯堂因这层关系，“上海商务书馆请君任编辑事数年，以母老辞归，为乡塾师，得束脩供甘旨”[③]。

查肯堂与同乡谈文灯（1887—1939）友善，肯堂殁后，谈氏撰《查君墓志铭》，言其“有意为学问，酣恣与古今之书或秘籍，为力所不能得，则手自抄写，穷日夜不倦”。《藏书提要》即为查肯堂手抄而成，抄录时间当在其任职上海商务印书馆时期。查肯堂辞归后，任前潮州朱知府家的塾师历十年之久，可知其清末已从商务离职，赡养老母固为主因，印章“读书恨晚”“书痴”“糊涂”表达的信息，抑或为原因之一。查肯堂“布衣寒素”，但“孝友仁挚，奋志于学”，且“好古文于桐城，尤有独耆”。1925年，谈文灯为其编《肯堂遗稿》，收古文13篇，包括序7篇，余为跋传记等。查肯堂英年早逝，“壬戌（1922）夏五月某日，晚以醉归，道经所谓秀水滨者，失足溺于河以死，年亦三十有八”。此说“亦”，言查莐卿、肯堂父子同为三十八岁而亡，似有宿命。

顾锡麒研究

顾锡麒，生卒年不详，字敦淳，一字（或号）竹泉，室名謏闻斋，别署謏闻斋主人，江苏娄汀（太仓）人。顾氏藏书印有“竹泉”白方、

① 张元济：《张元济全集》第10卷，北京：商务印书馆，2010年，第76页。

② 高燮：《吹万楼文集》卷十二，上海：上海大学出版社，2017年，第719页。

③ 谈文灯：《查君墓志铭》，见查璚《肯堂遗稿》（附海盐金大昇《旭初遗稿》），铅印本，1925年。

“臣顾锡麒”朱方、“謏闻斋”白方、“謏闻斋秘籍”白方等。另有一楷体印，印文计107字，世所罕见：

> 昔司马温公藏书甚富，所读之书终身如新。今人读书，恒随手抛置，甚非古人遗意也。夫佳书难得易失，消（稍）一残缺，修补甚难。每见一书或有损坏，辄愤惋浩叹不已。数年以来，搜罗略备，卷帙颇精。伏望观是书者倍宜珍护，即后之藏是书者，亦当谅愚意之拳拳也。謏闻斋主人记。

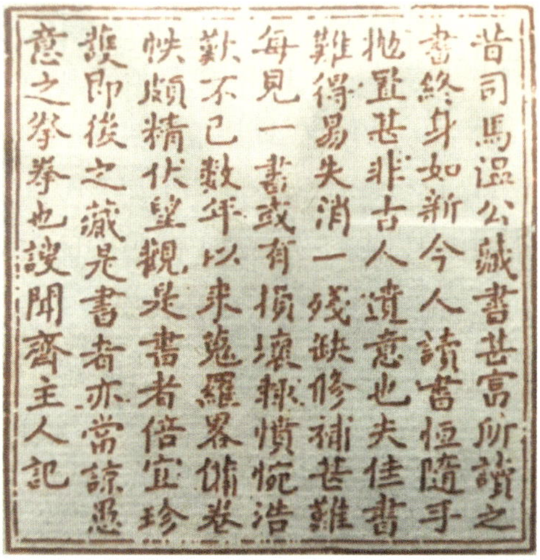

图3　顾锡麒的謏闻斋主人藏书印

顾锡麒謏闻斋藏书丰富，清末叶昌炽《藏书纪事诗》搜集罗列藏书家颇众，却不见顾氏其人。今人吴则虞《续藏书纪事诗》第九卷列顾锡麒，但资料不多。查肯堂《藏书提要》抄录《謏闻斋顾氏藏书记》则不乏新见，首先是该记署“辛丑二月上浣录于小山花隐楼南窗”，“小山花隐楼”于此首次出现，当为顾氏书室之一；“辛丑”，即道光二十一年（1841）。其次是记中道及自家藏书渊源，“钱氏、毛氏之书散出后，悉归季沧苇侍郎，后归黄荛圃，荛圃没后乃入余家。然余得半，云溪蒋崖山亦得其半。余又得之江卢抱经、何梦花，吴郡吴枚庵三家书”。

“钱氏、毛氏之书”，乃钱曾述古堂、毛晋汲古阁之藏书，时下流行的说法是钱氏、毛氏藏书散出，被泰兴季振宜（号沧苇）、昆山徐乾学传是楼所收藏，后少部分流向民间，多数则被清廷内府、怡府（允祥乐善堂）收入。宋元善本大多被黄丕烈（号荛圃）百宋一廛（chán）罗致。关于黄荛圃藏书去向，王颂蔚《〈藏书纪事诗〉序》云：“荛圃晚年，其书归汪氏艺芸书舍，既又归昭文瞿氏，最后归聊城杨氏。今士礼精本，大半在瞿、杨两家，其余各家所得，不过一鳞片甲而已。”[①]顾锡麒所记，为黄荛圃及卢抱经（文弨）、何梦花（元锡）、吴枚庵（翌凤）三家藏书流向，提供了新的探询方向。

明末清初胡承诺《绎志》，有娄东顾锡麒序，该序实为李兆洛（字申耆）代笔。李氏弟子毛岳生在答乃师书信中说：“先生代顾序云有《说苑》《新序》《法言》《申鉴》《人物志》《潜夫论》《中说》之闳肆而精粹过之。”[②]当年李兆洛为了刊刻得之不易的《绎志》，“述之于所识上海顾君竹泉，竹泉闻予之嗜也，欣然曰：‘是书所遭如此，不及今刊行，恐后遂湮没。’亟出重资属予校而刊之。”[③]于是顾锡麒出资，在江阴刊刻《绎志》，于道光十七年（1837）三月朔日刊成。

李兆洛文中称顾锡麒“上海顾君竹泉”，此“上海”是否和娄东、娄汀一样，可指今太仓，待考。顾氏由李兆洛代笔作序，虽然符合当时文人习气，却也透出顾氏撰著技艺尚待臻熟的迹象。《謏闻斋顾氏藏书记》说顾锡麒抄书，“间有轩名号，未易即晓者，汇录于兹，以便一览即知，其有未查的实，附载以俟考焉”。观其分别列出“曹溶，倦圃”“曹，秋岳，静惕堂”，显示顾氏并不清楚曹溶字秋岳，号倦圃。对一个雅好藏书者而言，于此也可看出顾锡麒的“眼力”不足。发生在道光十七年（1837）和二十一年（1841）的两件事，是否可以说明顾锡麒当时年纪尚轻呢?

太平军兴，顾锡麒载书至上海。同治二年（1863）三月十六日，李鸿章酌保江南团练尤为出力人员，名单中有“蓝翎道衔顾锡麒，请赏加盐运使衔”[④]。此顾锡麒很可能便是謏闻斋主人，且此时他当已步入中年。民国年间，顾锡麒之孙居沪上，出售乃祖藏书。一说在张元济为涵芬楼购入謏闻斋藏书之前，郁松年已购走其精华。

---

① 宣统二年（1910）叶昌炽自刻《藏书纪事诗》七卷本，前有王颂蔚光绪十七年（1891）序。

② （清）毛岳生《答李申耆先生书》，毛岳生《休复居文集》卷三，道光二十四年（1844）嘉定黄氏两溪草庐刻本。

③ （清）李兆洛《绎志序》，李兆洛《养一斋集》卷五，光绪四年（1878）重刻本。

④ 李鸿章：《李鸿章全集·奏议一》第1册，顾廷龙、戴逸主编，上海：上海人民出版社，2008年，第243页。

总之，由考实肯堂氏其人，再到《藏书提要》所录《謏闻斋顾氏藏书记》，为研究藏书家顾锡麒提供了新的资料，考证其中所涉及的人事，将有助于揭开謏闻斋主人神秘的面纱。

（作者田晓东，自由撰稿人。出版有《中国世界地质公园全记录》《诗心北大》等著作3部，发表论文10余篇。两次获得全国性征文比赛奖项）

新书快讯

《近代中国史家东北通史四种》
郑毅 萧一山 蒋廷黻等 著
精装 16开 齐鲁书社2024年2月出版
ISBN 978-7-5333-4793-2
定价：188.00元

本书属于中国近代史书整理性质的作品综合汇集，包括我国近代学者撰写的关于东北通史的四种著作，分别是李絜非的《东北小史》、卞鸿儒的《东北之史的认识》、方德修的《东北地方沿革及其民族》，以及由傅斯年牵头的《东北史纲》的相关系列著作如李济的《东北史纲节略》、萧一山的《清代东北之屯垦与移民》、蒋廷黻的《最近三百年东北外患史（上）》等。这四种书在近代都产生过重要影响，但是没有经过系统整理，印刷和知识性错误难免。本书对这四种书进行汇集整理，以期对我国近代百年前的一次构建“中国特色、中国风格、中国气派”的“学科体系、学术体系、话语体系”尝试进行生动展示。

本书原作者都是近代史上有着较大影响的历史学者，比如李济、萧一山、蒋廷黻等，在清史和近代中国史领域成就非凡。主编者郑毅，法学博士，研究方向为日本史、中日关系、国际政治，现为北华大学东亚历史与文献研究中心主任、北华大学历史文化学院院长、《北华大学学报》主编、北华大学非物质文化遗产（满语言）研究所所长、《长白丛书》主编等，中国日本史学会副秘书长、常务理事、中国社会科学院日本研究中心特聘研究员、吉林省社科联委员、吉林省历史学会副会长、吉林市拔尖人才、吉林市史学会会长。

铁琴铜剑楼印书考（一）

柳和城

晚清与民国为我国藏书史上一个关键性的历史阶段，主要标志有三：其一，民间藏书由聚到散；其二，私藏向公藏演变；其三，善本古籍走出秘阁，化身千百，得以流传。随着外国各种平板印刷技术传入中国，石印书局如雨后春笋般地涌现，大量传统古籍进入市场。同时，不少私家藏书楼也加盟其间，刻书、印书精彩纷呈，宋元善本及其他珍本精品开始成为普通读书人的案头之物。清代四大著名藏书楼之一的常熟瞿氏铁琴铜剑楼，历经四代人一个半世纪多的精心经营，聚书达10余万卷，宋元善本及其他珍本达1700余种。难能可贵的是，其几代主人能顺应时代潮流，藏书外印书不绝，最早印行的为瞿氏家塾本。

图1　常熟铁琴铜剑楼旧址

瞿氏家塾本与《目录》《书影》

家塾本，又称家刻本，中国版本类型之一，指私人刊行的书籍。瞿氏家塾本大致包括三类：一是瞿氏族人与常熟先贤著述，二是瞿藏古器物拓印本，三是瞿藏宋元善本。最早可追溯到清嘉道年间铁琴铜剑楼第一代主人瞿绍基刊行的几种书，有明瞿俊著《学古斋集》四卷，清汪绎著《秋影楼诗集》九卷，《天启崇祯宫词》，清秦兰徵、王誉昌著，嘉庆瞿绍基刊本。[①]由于印数少，年代较久，已很难找到原刊，只有《秋影楼诗集》光绪二十三年（1897）瞿氏重刊本尚有存世。汪绎（？—1711年左右），字玉轮，号东山，江苏常熟人。康熙年间进士，授修撰。曾于扬州奉命校《全唐诗》。汪绎文词富赡，著有《秋影楼诗集》。瞿刻该书牌记“光绪丁酉秋铁琴铜剑楼瞿氏重刊”，末有“丁丑仲春”瞿绍基跋。另有《吹月填词馆铁琴铜剑楼诗词合刊》四卷（瞿绍坚、瞿镛著，瞿启甲校）、《瞿氏诗草》五卷（瞿启甲编）、《启祯宫词合刻》二卷（瞿启甲）等，今上海图书馆有藏。

图2 《学古斋集》扉页书影

铁琴铜剑楼收藏有丰富的古器物，从青铜商戈、铁如意、汉代铜镜等文物古玩，到秦汉至元代官私铜印等金石碑刻，无不凝聚着瞿氏世代主人的心血。嘉道年间收藏铁琴一张、铜剑一把，以此命名书楼，千古不朽。瞿氏印行的古器物拓本先后有《集古印谱》三卷（瞿镛编，清道光间刻印钤印本）、《金石萃编》（瞿镛编印）、《铁琴铜剑楼金石

① 仲伟行等编著：《铁琴铜剑楼研究文献集》，上海：上海古籍出版社，1997年7月，第117页。

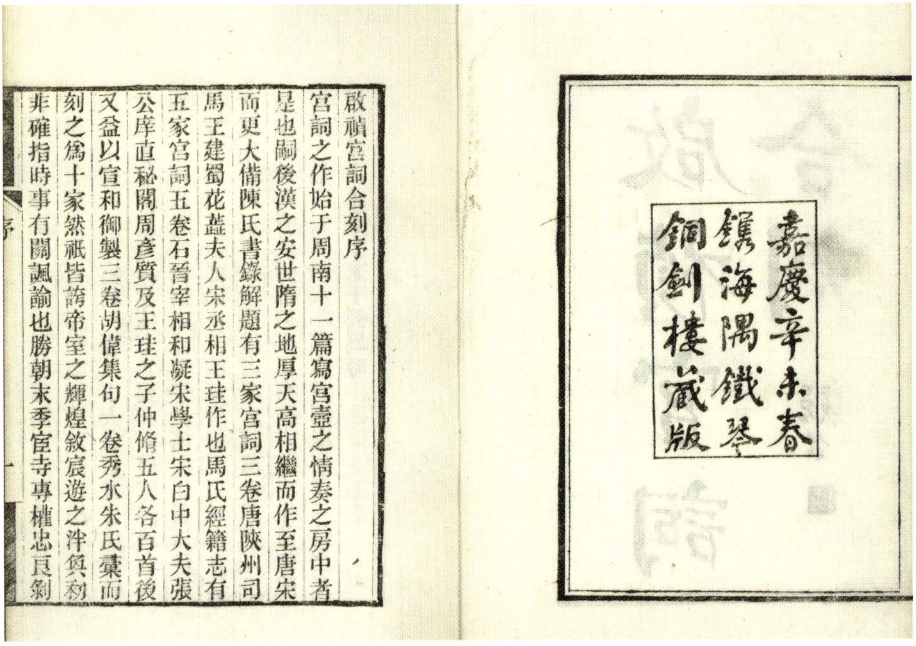
嘉慶辛未春
鐫海隅鐵琴銅劍樓藏版

啟禎宮詞合刻序
宮詞之作始于周南十一篇寫宮壼之情奏之房中者是也嗣後漢之安世隋之地厚天高相繼而作至唐宋而更大備陳氏書錄解題有三家宮詞三卷唐陝州司馬王建蜀花蕊夫人宋丞相王珪作也馬氏經籍志有五家宮詞五卷石晉宰相和凝宋學士宋白中大夫張公庠直秘閣周彥質及王珪之子仲脩五人各百首後又益以宣和御製三卷胡偉集句一卷秀水朱氏彙而刻之爲十家然祇皆誇帝室之輝煌敘宸遊之泮奐刻非確指時事有關諷諭也勝朝末季宦寺專權忠良剝

图3 《启祯宫词合刻序》首页书影

录》(拓本，瞿启甲编)与《瞿氏四代忠贤遗像》(瞿启甲影印)等。[①]《集古印谱》收录秦汉魏六朝官私印185方，唐宋金元官私印48方，宋元杂印215方，共计448方。前有咸丰丙辰(1856)太仓季锡畴、长洲宋翔凤等序。印章的文物价值极高，向来受到历史学者的注重。古代官员去职或逝世，官印要上缴朝廷并销毁，流入民间的极为罕见。铁琴铜剑楼能搜集到如此多的官私印章实属难得。《集古印谱》出版后，瞿氏又收集到一批古印，总数达560余方。1918年，一幅“商务印书馆代售海虞铁琴铜剑楼新刊”广告出现在报端，内有“《秦汉魏六朝唐宋金元古铜官私印谱》，装八本，全部十六元”[②]的文字，应该是新版《集古印谱》，可能也是这批古印最后一次钤印行世。后来常熟遭受战乱，铁琴铜剑楼善本藏书转移至上海，这批古印被秘密埋藏在书楼的夹墙，意外地被保存了下来。书楼此处虽已破损，古印却安然无恙，后由瞿氏后人捐献给了当地文博机构。

① 仲伟行等编著：《铁琴铜剑楼研究文献集》，上海：上海古籍出版社，1997年7月，第117页。

② 《申报》1918年7月14日。该广告还介绍“珂罗本《离骚集传》”等。

瞿氏家塾本流传最广的当数《铁琴铜剑楼藏书目录》（以下简称“《目录》”），其编印的曲折艰辛堪称传奇。

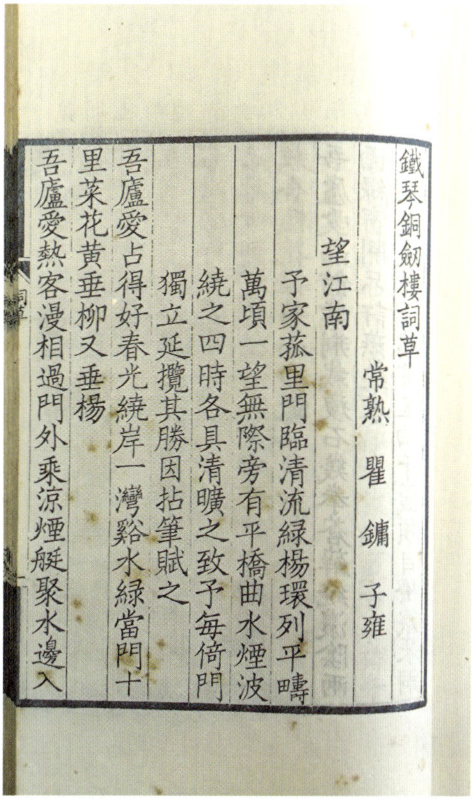
鐵琴銅劍樓詞草
常熟 瞿鏞 子雍
望江南
予家菰里門臨清流綠楊環列平疇萬頃一望無際旁有平橋曲水煙波繞之四時各具清曠之致予每倚門獨立延攬其勝因拈筆賦之
吾廬愛占得好春光繞岸一灣谿水綠當門十里菜花黃垂柳又垂楊
吾廬愛熱客漫相過門外乘涼煙艇聚水邊入

图4 《铁琴铜剑楼词草》书影

瞿氏藏书始于清乾隆年间瞿绍基的恬裕斋，有《恬裕斋书目》，但未刊布。瞿绍基之子瞿镛（子雍）经营时期，将藏书事业推向鼎盛，开始编撰藏书目录。参与其事的瞿镛外甥张瑛记：“舅氏子雍府君，搜奇罗佚，不懈益勤，仿《郡斋读书志》《直斋书录解题》书，编成书目。”“书甫成，刊经部三卷，适逢咸丰庚申之难，板毁于兵。濬之[①]捆载书籍，转徙流离，最后渡江而北，藏之海门。寇退，载书回里……”他们随后便开始继续整理藏书目录。“光绪三年八月，瑛偕濬之同赴吴门，面邀诸友来乡，以蒇其事。濬之得暴疾，殁于舟次。临殁，犹以书未行世为恨。子斐卿、第卿既痛厥考赍志以殁，凡宋元善椠暨前明诸家藏本久散四方者，留心采访，稍稍购归，又承其伯父敬之命增修全板，而后先人累叶未刻之业，至此始告成。”[②]历经几代人百余年的努力，《铁琴铜剑楼书目》二十四卷终于光绪二十四年（1898）刻成，著录宋元善本1300余种。其中，宋版161种，金刊3种，元刊105种，堪与黄丕烈“百宋一廛”相媲美。瞿启甲亲自撰写售书广告：

① 濬之，即瞿秉清（1828—1877），字濬之，瞿镛之子，瞿启甲之父。

② 《铁琴铜剑楼藏书目录》，上海：上海古籍出版社，2000年9月，第696-697页。

新出
鐵琴銅劍樓藏書目
是書常熟瞿子雍先生所輯仿郡齋直齋考宋元諸板與別家書目異同成書後尚未行世士大夫爭購照底稿抄去欲購嗷嗷無從問津迄今告成所印無多博雅之士欲購宜先睹為快紙張揀精每部十本售洋四元托上海四馬路第一樓後文富樓常熟抱芳閣及各書莊代售
鐵琴主人啓

图5 《新出铁琴铜剑楼藏书目》出版广告

是书常熟瞿子雍先生所辑，仿《郡斋》《直斋》，考宋元诸板与别家书目异同。成书后尚未行世，士大夫争购，照底稿抄去，欲购嗷嗷，无从问津。迄今告成，所印无多，博雅之士欲购，宜先睹为快。纸张拣精，每部十本，售洋四元。托上海四马路第一楼后文富楼、常熟抱芳阁及各书庄代售。铁琴主人启。[①]

民国后，瞿启甲与商务印书馆的关系日益密切，多种珂罗版、金属版影宋善本相继问世。1919年10月，张元济偕孙毓修赴常熟古里拜访瞿启甲，商议借印铁琴铜剑楼藏书编入《四部丛刊》事宜。作为报酬之一，商务为瞿氏印制五百部仿杨守敬《留真谱》的书影书。此事由孙毓修负责。现存瞿启甲致孙毓修信札达60余通，很多涉及书影书的编印事。如署有“夏历四月十八日灯下”一通，瞿写道：“尊定《留真》体例，与鄙见相同。第十四日旋里后即从事于此，搜集簿中所存宋本，约可得百六十余种，拟悉数汇印正文一页，凡原有跋语，亦一并印入。卷首当冠以序文。其序文须求大笔赐撰，想阁下胸罗万卷，当不吝金玉之章。至元明刊本及宋元明钞本，暂不加入，待后日汇出续集。”[②]是书后定名《铁琴铜剑楼宋元本书影》（以下简称“《书影》”），内容扩展至金元本，共辑录瞿氏宋金元本藏书精华270余种，孙毓修撰序，丁祖荫识语。全书按经、史、子、集编排，分订9册，选书精审，说明确切，堪称书影中之佳作。1922年《书影》作为瞿氏家塾本出版，印件寄到常熟古里，1922年12月8日瞿启甲致孙毓修信，仔细讨论《书影》装订与赠送事宜：“昨接炽儿来函，述及

① 《申报》1898年11月16日。

② “1920年6月8日瞿启甲复孙毓修书”，马骥编：《孙毓修友朋手札》，北京：国家图书馆出版社，2020年9月，第135-136页。

《书影》业经全运来常，收领之余，不特弟偕儿辈欢欣鼓舞，即我先人亦必含欢于九原矣。出月底南旋后即付手民治装，一俟装成，即当寄呈台览，惟贵馆中各友应送者共需若干部，乞便中示知，以便装法稍加特别。”[①]时瞿在北京，“炽儿”指瞿子瞿济仓。有趣的是，印件为散叶，由书主自行装订，颇为别致。信中还提及另一瞿氏家塾本《中原音韵》的印制事，证明此书也是由商务印书馆代印的。

图6　瞿启甲肖像照

瞿启甲认为：“书贵流通，若能化身千百，得以家弦户咏，善莫大也。”[②]他经常选印铁琴铜剑楼宋元珍本，编入家塾本行世。如宋刊本《离骚集传》一卷，唯见钱遵王《读书敏求记》有载，内容博采《尔雅》《山海经》《本草》《淮南子》诸书，分节与别本不同；旧为毛晋汲古阁及曹楝亭藏品，十分罕见。民国七年（1918），此书以珂罗版印行，卷首有“铁琴铜剑楼主人瞿良士先生四十五岁小景”。又如宋本《李丞相诗集》二卷，卷上末有“临安洪桥子南河西岸陈宅书籍铺印”一行字，典型的宋代书棚本。此本与他本相比较，多首诗句子有异。瞿氏民国七年珂罗版景印，俞钟颖题签“宋本李丞相诗集”，落款“戊午春初”，牌记“海虞铁琴铜剑楼影宋版集部”。再如《周贺诗集》一卷，据宋书棚本珂罗版景印，也出版于民国七年，傅增湘题签，牌记“海虞铁琴铜剑楼影宋版集部”，卷首有吴儁绘瞿镛画像。民国十四年（1925）瞿启甲又用珂罗版印行了几种宋版书。如《朱庆馀诗集》一卷，据宋书棚本景印，董康题签，落款“乙丑又四月”，牌记“海虞铁琴铜剑楼影宋版集部”，卷首有瞿绍基画像。又如《注鹤山先生渠阳诗》一卷，董康题签，卷首为瞿秉清绘《虹月归来图》。另有唐诗人李贺的《歌诗编》四卷，据金本景印，未署年份，卷首有瞿秉渊画

① 引自丁小明整理《瞿启甲致孙毓修信札十一通》，《文献》2018年第1期。

② 引自瞿凤起《先父瞿良士事略》，仲伟行等编著：《铁琴铜剑楼研究文献集》，上海：上海古籍出版社，1997年，第28页。

像。难能可贵的是，这些书大都进入流通领域得以广泛传播。1926年3月，一幅“铁琴铜剑楼新刊书”广告赫然刊登于《申报》：

珂罗板影宋周贺诗集每部三元
金属板宋金元书影每部三十元
珂罗板影宋朱庆馀集每部五元
金属板影宋离骚集传每部三元
珂罗板影金李贺歌诗编每部六元
金属板中原音韵每部四元
珂罗板影宋注鹤山先生渠阳诗每部四元
秦汉魏六朝唐宋金元官私印谱每部十六元
珂罗板影宋李建勋集每部三元
白纸藏书目录每部六元
代售处上海商务印书馆　中国书店　中华书局　蟫隐庐①

早在1915年上海西泠印社的售书广告中，还出现过“《铁琴铜剑楼藏书志》六元二角”。此书未见实物，编者与内容不详。另有《晋石厂丛书》十种，光绪七年（1881）归安姚慰祖辑刊，1934年瞿启甲修补重印计六册，包括梁阮孝绪《七录序》一卷、清顾炎武《九经误字》一卷等。这部丛书颇为特别，暂列瞿氏家塾本。

瞿氏家塾本共有多少种，记载不一。《中国丛书综录》有“铁琴铜剑楼丛书”条目，著录《洪氏集验方》等13种。②其不仅缺了曾出现于售书广告的《印谱》，也未有多种瞿氏族人著述与金石拓本。其实，瞿氏家塾本各书牌记，并无“铁琴铜剑楼丛书”字样，“丛书”的命名乃后人所为，值得商榷。据考，瞿氏各类家塾本至少有26种（参见附表）。

《铁华馆丛书》首选瞿氏善本

藏书家编刊丛书，古已有之。近代以降，几成风气。瞿启甲对于

---

① 《申报》1926年3月29日。

② 上海图书馆编：《中国丛书综录》，北京：中华书局，1959年12月，第280页。

同好的请求，有求必应，铁琴铜剑楼善本藏书不断被收入多种私家丛书，最早为《铁华馆丛书》。

《铁华馆丛书》又名《铁花馆丛书》，也称《铁华馆仿宋本六种》，苏州藏书家蒋凤藻辑印。蒋凤藻（1843—1908），字香生，江苏长洲人，世代经商，纳赀为郎，曾任福建福宁府知府。蒋氏嗜书如癖，与周星诒、傅以礼交游甚笃，得周、傅指点，目录学知识渐精。福建未经兵燹，私家藏书颇丰，蒋氏先后收得明末徐兴公红雨楼、谢肇淛和清陈征芝带经堂遗书，后周星诒遭诬遣戍边地，蒋凤藻资助其三千两银子，周将自己精品藏书悉归其有，蒋遂成藏书大家。

蒋氏藏书处称铁华馆，又称心矩斋。他致力于藏书，又利用藏书印行出版了多种丛书，均得力于叶昌炽的鼎力相助。叶昌炽《藏书纪事诗》撰有“蒋凤藻香生”篇，内云“以余粗涉校勘，（蒋）属刊《铁花馆仿宋本六种》及《心矩斋丛书》。一字异同，邮筒商榷，至于再三，不可谓非精于鉴别者矣”[①]。《铁华馆丛书》印行于光绪九年至十年（1883—1884），因版本较善，校勘亦精，为学者称道。《铁华馆丛书》共六种：

通玄真经十二卷　（周）文子撰　（唐）徐灵府注　光绪九年（1883）据宋本景刊

冲虚至德真经八卷　（周）列御寇撰　（晋）张湛注　光绪十年（1884）据宋本景刊

新序十卷　（汉）刘向撰　光绪九年（1883）刊

群经音辨七卷　（宋）贾昌朝撰　光绪十年（1884）据泽存堂五种本景刊

佩觿三卷　（后周）郭志恕撰　光绪十年（1884）据泽存堂五种本景刊

字鉴五卷　（元）李文仲撰　光绪十年（1884）据泽存堂五种本景刊[②]

---

① 叶昌炽：《藏书纪事诗（附补正）》，上海：上海古籍出版社，1989年9月，第696-697页。

② 上海图书馆编：《中国丛书综录》，北京：中华书局，1959年，第213-214页。

这里未标明各书原藏家，给人似乎全为蒋氏所藏的印象。《藏书纪事诗》等有关蒋凤藻史料，也未提及《铁华馆丛书》各本来源。其实，《通玄真经》与《冲虚至德真经》两种底本，均借印自常熟铁琴铜剑楼。

《铁琴铜剑楼藏书目录》记《通玄真经》：十二卷，宋刊本，“不题撰注人姓名。案：《道藏》本有徐灵府注《文子》十二卷，即其书也。……《唐艺文志》载有是书，《崇文总目》虽列真名，而注明已阙，可知宋时已属罕觏。此本完好无阙，足称人间秘笈也”。有“蒋凤藻《铁花馆丛书》覆刊本”。[①]《目录》记《冲虚至德真经》八卷，宋刊本：“题《列子》，张湛处度注。有自序，已佚。案，湛为晋时人，官光禄勋……其注此书，辞旨简远，同于辅嗣之注《老子》也。”“‘殷’‘敬’‘恒’‘贞’字有阙笔，而‘琐’‘桓’字不阙，出北宋椠可知。顾□云：书中所附音，乃作注者旧音，核之殷敬顺《释文》所云‘一本作某’者皆合；则此本犹在殷氏《释文》未行以前也。”有“蒋凤藻《铁花馆丛书》覆刊本”[②]。这两部道家经典流传有序，十分罕见。《铁花馆丛书》发行之初，广告用的是《文子》与《列子》书名，特别标明借自“海虞藏书家”：“唐徐灵府注《文子》十二卷，昔阮文达公搜罗《四库》未刊书，仅得明初藏本进呈。近自海虞藏书家访借北宋印本影刊，每部洋二六角元。又影刊北宋张湛音注《列子》八卷，黄氏荛圃旧藏，原跋摹后定在殷《释文》未出之前，海内第一善本，每部洋二元八角。”“《铁花馆丛书》全部售价洋十元，核刻印订，色色精工，想有目者共赏焉。上海后马路蒋同泰绸庄发售。”[③]蒋同泰绸庄位于当时上海县城后马路乾记弄，很可能是蒋氏家族的实业。该处还发售《小题文薮》等科举用书，代销点石斋等书局的石印古籍。几年后，上海四马路江左书林也发售“蒋氏《铁花馆丛书》”[④]。

---

① 《铁琴铜剑楼藏书目录》，上海：上海古籍出版社，2000年，第473页。

② 《铁琴铜剑楼藏书目录》，上海：上海古籍出版社，2000年，第473页。

③ 《新刊影本〈铁花馆丛书〉出售》，《申报》1886年8月26日。

④ “江左书林广告”，《申报》1893年11月22日。

当年发售广告称《铁花馆丛书》各书为“影刊”，《中国丛书综录》也称“景刊”，《铁琴铜剑楼藏书目录》称“覆刊”。记述稍异，其实一回事，都是藏书家们热衷的仿古雕版印刷，并非当时已流行的石印制品。

清末以来，瞿启甲与藏书界、出版界的交往更为广泛，铁琴铜剑楼善本不断出现在藏书家们的丛书中。如安徽藏书家徐乃昌编辑《随盦徐氏丛书续编》（1916年），共十种，有八种底本借自铁琴铜剑楼的宋元刊本，即《刘涓子鬼遗方》《广成先生玉函经》《三历撮要》《忘忧清乐集》《酒经》《白虎通德论》《风俗通义》《续幽怪录》，均属子部，内有医书、历法及小说，十分难得。《续幽怪录》四卷，唐李复言撰，目录后有“临安府太庙前尹家书籍铺刊行”，典型的宋书棚本。此本二十三则，不分门，卷数与晁、陈书目所录不同，徐乃昌覆刊时特作札记一卷、辑录佚文一卷，附于书后。[①]以上八种宋刊本，后又分别被商务印书馆收入《四部丛刊》与《续古逸丛书》。

1922—1924年，浙江海宁藏书家蒋孟蘋辑印《密韵楼影宋七种》（乌程蒋氏乐地盦刊本），也借印自瞿氏铁琴铜剑楼藏本一种——魏曹植撰《曹子建文集》。曹集“《隋志》三十卷，《唐志》、陈氏《书录》二十卷，《通考》作十卷，此即十卷本也。为南宋时刊本。每半叶八行，行十五字，板刻精妙，字大悦目。凡赋四十三篇，诗六十三篇，杂文九十篇，与明嘉靖时郭万程本篇数、次第不合……”用的是雕版覆刊。[②]商务印书馆《续古逸丛书》也影印出版了此书，可见其珍贵。

另有清末藏书家江标灵鹣阁刊、苏州振新书社印《江刻书目三种》，收有《铁琴铜剑楼藏宋元本书目》四卷，署瞿镛撰，一函二册，为最早印行的铁琴铜剑楼书目，按经、史、子、集排列，内容无疑选录自瞿镛所撰《铁琴铜剑楼藏书目录》稿本。该书牌记“光绪丁酉元和江氏辑刻，长沙王运长录写”，系写刻本，十分精美。一年后，瞿氏以家塾本形式印行了《铁琴铜剑楼藏书目录》。

---

① 《铁琴铜剑楼藏书目录》，上海：上海古籍出版社，2000年，第455页。

② 《铁琴铜剑楼藏书目录》，上海：上海古籍出版社，2000年，第482页。

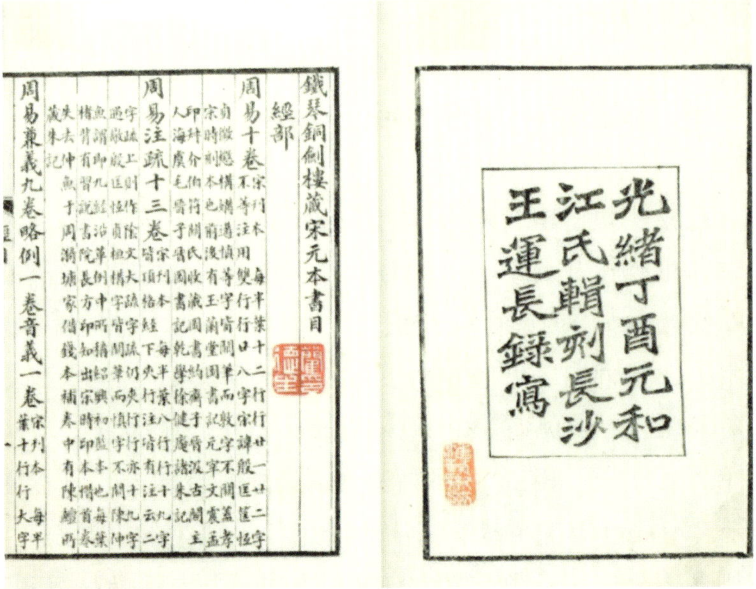
鐵琴銅劍樓藏宋元本書目
經部
周易十卷
周易注疏十三卷
周易兼義九卷略例一卷音義一卷

光緒丁酉元和江氏輯刻長沙王運長錄寫

图7 《铁琴铜剑楼藏宋元本书目》经部首页书影

瞿启甲参与发起《四部丛刊》

张元济（菊生）历来主张为古人“续命”，利用新的印刷技术整理出版濒于失传的传统古籍。1915年，商务印书馆在他的擘画下，启动辑印大型古籍丛书《四部丛刊》（初名《四部举要》）。计划采用的底本以涵芬楼藏书为主，遍访公私藏家所藏的宋元明旧椠，其中包括瞿氏铁琴铜剑楼藏书。1919年10月，张元济与孙毓修来到常熟古里，阅看铁琴铜剑楼藏书，并邀请瞿启甲一同发起印行《四部丛刊》。张、孙二人“经过数日阅书”“交拟借印借钞书单一纸，约定明春派人往视”[①]。孙毓修返沪后即致信瞿启甲，感谢他对编印《四部丛刊》的支持。函云：

> 兹从叶焕彬、张菊生诸老之后，翩然进谒，畅奉音尘，快睹清秘……《四部丛刊》幸承提倡，嘉惠之心，昭然若揭也。见赐金石拓本，敬当什袭，日志弗谖。艺老一份，顷已面致，属寄声道谢。[②]

---

① “《张元济日记》1919年10月13日”，张元济：《张元济全集》第7卷，北京：商务印书馆，2008年12月，第140页。

② “己未八月二十一日（1919年10月14日）孙毓修致瞿启甲信稿”，《孙毓修亲友手札》稿本第2册，上海图书馆藏。

此后，孙毓修多次赴常熟接洽借印铁琴铜剑楼藏书事宜。当时古里尚未通电，摄影需要商务印书馆自备发电机。翌年春天，瞿启甲陪同孙毓修察看了几处房屋，选定毗邻瞿宅的桶匠铺安装电机，摄影工场则设于瞿宅茶厅。每天早晨由工友将书从书楼借出，登记专册，当晚摄影完毕即交还。这项工作持续到1920年11月，张请孙毓修代拟一信致谢。[①]商务作为报酬之一，为瞿氏代印《铁琴铜剑楼宋元本书影》五百部。商务边摄影，边出书，效率很高。当第一批新刊《毛诗》《管子》《甲乙集》出版后，瞿启甲收到样书每种各十部，接着又收到张元济寄来《管子》四部，他致信孙毓修云："收阅之余，深抱不安。弟拟请以后毋须如此厚赐，苟每种一份已觉足矣，俾他日汇成《四部丛刊》，骤增东壁之富，快何如之。"[②]后来商务决定赠送《四部丛刊》一部，其他样书即不再寄

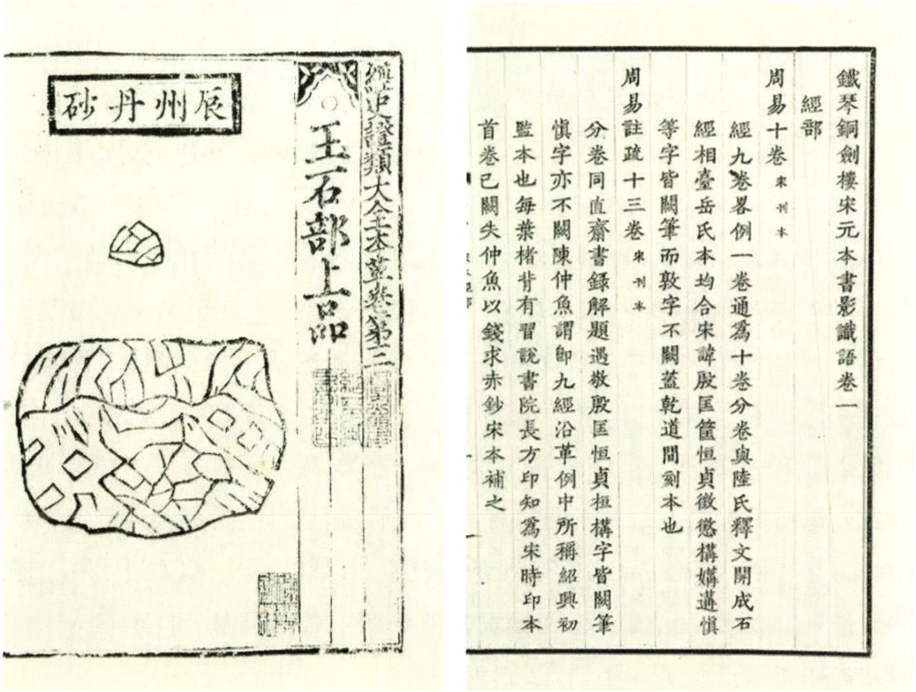

图8 《铁琴铜剑楼宋元本书影识语卷一》首页

① "1920年11月17日张元济致孙毓修书"，张元济：《张元济全集》第1卷，北京：商务印书馆，2007年，第562页。

② "1920年8月5日瞿启甲复孙毓修书"，马骥编：《孙毓修友朋手札》，北京：国家图书馆出版社，2020年，第162-163页。

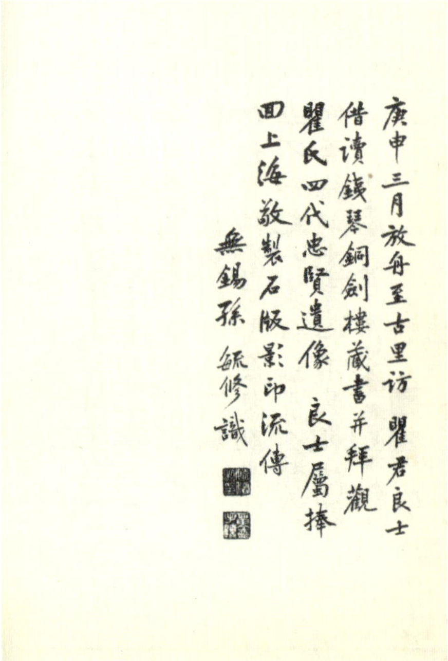

图9 《前明常熟瞿氏四代忠贤遗像》孙毓修跋

赠。这些现代出版史上的小插曲，生动体现了出版家与藏书家之间的真诚友谊与合作。

《四部丛刊》从1920年开始分六期出书，到1923年印成，集合经、史、子、集之书328种，分装2100册。1926年《四部丛刊》重印，调换了部分底本，冠名“初编”。其中借自铁琴铜剑楼善本25种，内经部3种，子部7种，集部15部，绝大部分为宋刻宋抄本。

1925年江浙军阀混战，兵灾殃及常熟，形势危急。瞿启甲悄悄将宋元善本、名家精抄校本分批转移至上海租界，于爱文义路（今北京西路）租定一楼宇储存，瞿氏全家也迁沪居住。从此，瞿氏与张元济及商务印书馆的联系更为密切。张元济致函慰问，并开出了拟借书单。1926年商务开始重印《四部丛刊》，调换部分版本，并更名《四部丛刊初编》。第二年，商务与瞿氏签订了一份租印善本书的合同：“两方议定：宋元本书、宋元人写本书每部在十册以内者，每册赁金贰拾元；在十册以外者，每册赁金拾伍元。明本书、抄本书、校本书每部在十册以内者，每册赁金拾元；在十册以外者，每册赁金伍元。”合同还规定了借印手续与严格的赔偿办法。[①]这些条款显然比以前进步，双方进入一个新的合作期。由于一·二八事变爆发，商务印书馆总厂毁于日军炮火，商务的古籍整理停顿了二年，直到1934年《四部丛刊续编》出版，全书共75种，借印铁琴铜剑楼善本达39种，经部6种，史部3种，子部12种，集部18种。1935年又出版《四部丛刊三编》，全书70种，借印自瞿书16种，其中史部2种，子部8种，集部6种。《四部丛刊》初、续、三编，

① 《商务印书馆向常熟瞿氏铁琴铜剑楼租印善本书合同》（1927年11月14日），张元济：《张元济全集》第10卷，北京：商务印书馆，2010年，第255页。

铁琴铜剑楼善本共计80种之多。计划中的《四编》《五编》，铁琴铜剑楼藏品入选至少30种，可惜因抗战全面爆发未能兑现。

清光绪年间，驻日公使黎庶昌委派随员杨守敬广泛搜集散见于日本的濒临绝灭的中国典籍，辑刻《古逸丛书》。1919年，张元济继黎氏未竟之功，影印刊行《续古逸丛书》。第一种宋本《孟子》，最后一种宋本《杜工部集》，历时38年，出书47种，其中借自铁琴铜剑楼的善本达12种，占四分之一，其中有宋刊《老子道德经》《曹子建集》《中说》《酒经》《清波杂志》《通玄真经》等。如《酒经》三卷宋刊本，版刻甚精，原为钱谦益绛云楼幸存遗书，经历钱遵王也是园，季振宜、徐健庵传是楼等名家递藏。1928年由张元济借印，以《续古逸丛书》第29种刊布。上述几种瞿书，后又被编入《四部丛刊》各编。《四部丛刊》为缩印，开本略小于原本；《续古逸丛书》则以原本大小影印，荟萃了宋代不同地域的雕版古籍精品，具有极高的校勘学、版本学价值。

铁琴铜剑楼与商务印书馆的合作，还体现在《百衲本二十四史》（以下简称"《衲史》"）的辑印上。1925年6月27日，张元济在一封致瞿启甲的信中写道：

> 弟现拟辑印旧板《廿四史》，京师图书馆所有宋元刊本均已照来。《史记》、《两汉》、《晋书》、《南齐》、《新五代》均已选定宋板；《南、北史》、《隋书》、《宋、辽、金史》则用元本，均已借得。《旧唐书》拟用闻人刊本，然此书实未美善。邺架珍藏有残宋本六十一卷，即闻人刊本所自出，此实海内孤本，倘能影印流通，实为士林之幸。不足各卷则以明刊补入，亦可差强人意。近知尊藏善本择要移出，不揣冒昧，敢请发棠，倘蒙慨允借影，感幸何极。①

1936年《衲史·旧唐书》的出版，就以瞿氏所藏宋刻本为主，补配明闻人刊本而成。此前1930年所出的《衲史·汉书》底本，也借自瞿氏北宋景祐刻本。张元济在跋文中说："此为百宋一廛中史部之冠，今藏瞿氏铁琴铜剑楼。钱晓徵、黄荛圃、顾千里均定为北宋景祐刊本。

① 张元济：《张元济全集》第3卷，北京：商务印书馆，2007年，第521页。

原阙《沟洫》、《艺文》二志，配以大德覆本……”[①]此外，张元济在《衲史》编印中，还向瞿氏借来元刊《隋史》《辽史》，与其他本子比较。只要商务提出要求，瞿启甲总是有求必应。

铁琴铜剑楼所藏善本中，有两种史部书曾为一个叫古籍刊印社的机构影印出版过：一部《史记集解》130卷，宋刊本；一部《史记》14卷，宋刊残本。[②]这两种史书未见其他著录。20世纪30年代，上海曾有一家中国古书刊印社，社址在山东路荣吉里，它曾出版有湖南叶德辉的《德辉全书》，但未见该社其他书籍广告。两者是否有关系，存疑待考。

（未完待续。后续部分见《藏书家》第27辑）

（作者柳和城，上海市作家协会会员、浦东文史学会会员，中国近代出版史研究者，出版《橄榄集：商务印书馆研究及其他》《张元济年谱长编》《孙毓修评传》等）

新书快讯

《汉家女儿》
〔美〕蒲爱德 著 辛茂香 译
平装 24开 齐鲁书社2024年1月出版
ISBN 978-7-5333-4794-9
定价：98.00元

《汉家女儿：一个中国劳动妇女的自传》英文版于1945年在耶鲁大学出版，1967年由斯坦福大学再版，当时是斯坦福大学15本畅销书之一，而且是美国多地的妇女研究和中国学课程使用的教材，在海外有较大的影响，被翻译为日语在日本发行。本书所讲述的故事以胶东半岛为背景展开，辐射东北地区和北京等地，以宁老太太自己的口气讲述。宁老太太把她一生的经历讲给蒲爱德听，蒲爱德用英文整理了出来。这本书时间跨越19世纪下半叶到抗日战争时期，大多数读者都能从中看到自己和自己生活的这片土地的很多似曾相识的片段，引起共同的“集体记忆”。当然，本书也是研究中国妇女和近代史的第一手资料。

原作者蒲爱德是一位美国传教士的女儿，在中国出生长大，在美国接受教育后又回到中国，中文说得很好，在中国工作多年，包括争取美国各界支持中国抗日战争。新中国成立后，她几次来华，是一位对华友好人士。她翻译过《庚子西狩丛谈》和老舍的《四世同堂》等。翻译者辛茂香是一位文史学者、大学教师，文学爱好者。

① 张元济：《张元济全集》第9卷，北京：商务印书馆，2010年，第625页。

② 见《铁琴铜剑楼藏书目录》，上海：上海古籍出版社，2000年，第195、196页。

近代藏书家许珩考略

段成贵

在我国近代藏书家的史料中，关于许珩的生平及其藏书情况的记载相对较少，同时期的藏书家、学者在笔记、信札中，对他也只留下了只言片语，未能详尽描述。目前，学术界对于许珩其人及其藏书情况，或仅作简要介绍①，或将其与清嘉道年间的经学家许珩（字楚生，仪征人）混淆②。赵嘉曾对此说道："遗憾的是，目前学界尚未有关此人的介绍或是研究，值得今后从事相关研究的学者注意，以填补这一空白。"③至今未见有关于许珩的研究成果问世，以致刘明在《中国古书版本笔记》中介绍宋本《切韵指掌图》的递藏情况时，仍认为其为嘉道年间人。④

此外，学术界对许珩藏书印的认识也存在讹误，这可能导致书籍递藏问题的判断出现错误。⑤通过翻阅近现代各家藏书书目、题跋以及

① 许珩，字君耆。今美国国会图书馆藏明万历间刻本《唐乐府》十八卷五册，卷内有"许珩之印""君耆""冰绿轩藏书印"等印记。又北京图书馆藏明刻本《淮海集》四十卷后集六册，卷内亦有"许珩之印""君耆"两印记，室名"冰绿轩"。见梁战等：《历代藏书家辞典》，西安：陕西人民出版社，1999年，第106页。

② 李雪：《罗振常及其文献学成就研究》，东北师范大学硕士学位论文，2016年，第103页。

③ 赵嘉：《古籍版本图录研究》，华东师范大学古籍研究所学位论文，2016年，第34页。

④ 刘明：《中国古书版本笔记》，北京：北京联合出版公司2020年，第42页。

⑤ 刘明误将上海图书馆藏宋淳熙八年（1181）尤袤池阳郡斋刻递修本《文选》残本，内钤许珩藏书印"苍玉堪"释为"苍王堪"，认为此书为"元刘堪旧藏，入清为许珩所藏"。见朱崇先主编：《古典文献学　理论探索与古籍整理方法研究》，北京：民族出版社，2013年，第28-43页。

各大图书馆馆藏目录、图录等资料，笔者发现这位名不见经传的藏书家，不仅收藏了不少宋元善本、明清时期的珍稀活字刻本、抄本等，而且他在民国年间也曾参与《永乐大典》的收藏。因此，本文旨在通过梳理所见古籍中的题跋、藏书印等资料，并结合相关史料，尝试勾勒许珩的生平、交游及藏书情况，以真切地认识这位藏书家。

一、许珩的生平与交游

（一）许珩的字号、籍贯

目前关于许珩的生平事迹尚未有完整记载，然而，我们可以通过古籍中的藏书印章及相关史料拼凑出一些相关信息。如现藏国家图书馆的宋刻本《切韵指掌图》内，钤有“苍玉堪”“许珩藏书”“许珩”等印章，卷末还附有购书短跋。此外，台湾图书馆藏宋刻本《唐僧弘秀集》中，钤有“许珩”朱文长形印章，卷末更有署名“君耆”的短跋，下方钤有“苍玉堪”白文方印。另外，明铜活字本《秦隐君集》也钤有“许珩”“许珩藏书”印章及卷末短跋等。而在复旦大学图书馆藏明刻本《唐陆宣公集》内，则钤有“君耆”朱文方形印章等。根据这些题跋、藏书印章等信息，我们大致可以推测出，许珩应是晚清民国间的一位藏书家，而“君耆”“苍玉”可能是他的字号。

日本人宗方小太郎《日记》有云：“大正二年（1913）五月二十八日，离天津，时与许苍玉珩同车，七时抵达济南府。”[①]又载：“据山东峄县三十里之枣庄中兴煤矿，乃五百万日元之合资会光绪廿四年始以土法开掘，宣统元年改为新法，聘德国技师一人，使役矿工二千人，日出煤一千吨。此煤炭一直供给津浦铁路，正经理张莲芬，副经理许珩。股东有：德国人德特林格、张燕谋等。”[②]据《枣庄煤史》记载，1899年2月，在直隶候补道张莲芬主持下，在先前倒闭的“中兴矿局”的基础上，重招股筹资创办商办山东峄县中兴煤矿股份有限公

① （日）宗方小太郎著，甘慧杰译：《宗方小太郎日记未刊稿　下》，上海：上海人民出版社，2016年，第948页。

② （日）宗方小太郎著，甘慧杰译：《宗方小太郎日记未刊稿　下》，上海：上海人民出版社，2016年，第949页。

司（简称中兴公司），张莲芬任总办。①中兴煤矿前身是晚清洋务运动以来，由清廷官督商办的近代企业。另一份史料显示，1912年9月至1914年，许珩任中兴公司主任董事。②从以上资料可知，许珩在清末民初曾任中兴煤矿董事一职。上海市档案馆藏浙江兴业银行档案Q268-1-304《浙江兴业银行津行行员表·翁长禔》中记有："保人许珩，字君耆，中兴煤矿董事，住天津马场道一号。"③由此可以基本确定这位曾任中兴公司经理、董事的许珩，字君耆，一字苍玉，就是我们要找的藏书家许珩。

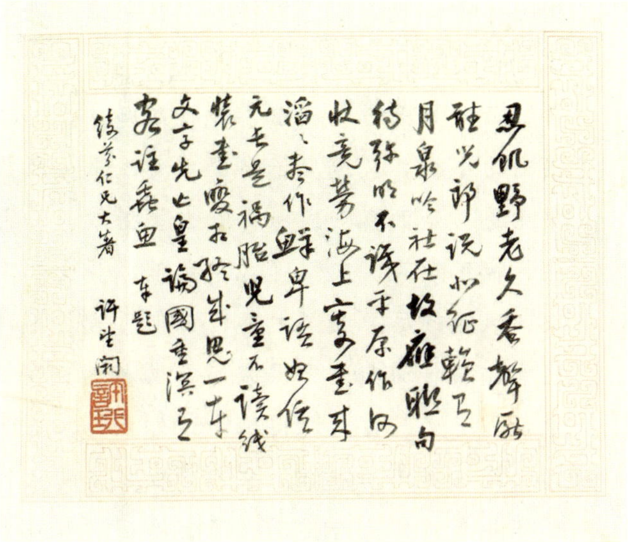

图1　许珩行书镜片，2019年上海联合秋季艺术品拍卖，LOT号：0830。

近年来，各大拍卖会相继出现与许珩相关的书画作品，这些作品为我们进一步了解许珩的生平和交游情况提供了重要的资料。如2021年中国嘉德秋季拍卖会上，有徐操绘画、许珩题诗的成扇（LOT号：0607）拍卖。在扇上许珩题诗落款为"甲戌中秋录近作，许望阙"。另外，2019年上海联合秋季艺术品拍卖有许珩草书《奉题绮芬仁兄大著》的镜片作品（LOT号：0830，图1）也被拍卖。该作品落款同样为"许望阙"，并钤有"许珩"的朱文长形印。这与许珩所藏《唐僧弘秀集》等书籍中所钤印记相同，证明是同一人的作品。此外，上海图书馆所藏《朱文公校昌黎先

① 江卫、王明南主编：《枣庄煤史》，青岛：青岛出版社，2006年，第35页。

② 枣庄矿务局志编纂委员会：《枣庄矿务局志》，北京：煤炭工业出版社，1995年，第60页。

③ 转引刘平：《微观金融史，一个银行职员的档案寻踪1921—1942（上）》，上海：东方出版中心，2019年，第287页。

生集》宋刻残本中，也钤有“望阙斋”的白文方印等印章，因此可以推断“望阙”是许珩的斋号。

关于许珩的籍贯问题，在相关史料中也可寻得踪迹。民国二十三年（1934）刘驹贤在刻《西斋集》跋语中记述：

> 右《西斋诗集》十四卷《自删诗稿》二卷，太仓吴曝元朗作也。西斋为梅村先生之子，幼禀家学，工辞赋，生当清初康熙间，文采为一时所重。其家世行迹，博学有盛名，及诗之必传备详于诸公序中。此本则为原钞，经其手定，硃墨点窜，去取綦严，必惬心而贵当，不知何时遗落人间。于光绪甲午为太仓陆文慎师所得，云：吴氏与有渊谊，异日南归，当付其后人，锓版以行，则西斋为不朽。又遭庚子拳匪之变，平生所收书籍太半散失，独此集无恙，殆西斋心血所寄默自护持欤。一再跋记，其表章先哲之雅，极可钦佩。文慎师督学畿辅，贤受知幸列胶庠，今则更历沧桑，风流顿尽，庄荒之感，如何可言。不意此本又为保阳许君耆所有，辗转而归之予，家尚有《梅村诗集》为程迓亭所笺。程喜考证，著述甚富，深得梅村诗外之旨，当时并未梓行，亦流落京师，经二百年而完好。文慎师以乡先辈故物，出巨价购之，合诸西斋此集，信为与吴氏父子有缘，嗣程笺本为先大夫所得，予又获《西斋集》写本，翰墨因缘，曷胜欣幸。①

刘驹贤（约1885—1956）字伯骥，一字千里，河北盐山人，民国时期藏书家。刘氏跋文中详细记录了其得到清吴曝（1662—1708）《西斋集》之过程。此书为吴氏原稿抄本，先由太仓陆宝忠（1850—1908）收藏，后归保阳许君耆所有，刘氏从许处购得，付梓成书。书成有民国二十二年（1933）王树枏（1851—1936）序云：“是集乃给谏原稿自行删存者，于清光绪间归其乡人陆文慎公，清苑许君耆复以重价得之书肆。壬申（1932）之岁，乃辗转入于刘君千里之手。”②这里给出一个更加具

① 刘驹贤：《西斋集跋》，民国二十三年盐山刘氏皕印斋校刻本。

② 王树枏：《西斋集序》，民国二十三年盐山刘氏皕印斋校刻本。

体的信息：刘驹贤购得此书的时间为民国二十一年（1932）。而刘、王二人序跋中提到的“许君耆”即许珩，而此“保阳”“清苑”即今天河北省保定市。此外，王树枏与许珩早在民国二年（1913）就有过交集。王树枏，字晋卿，号陶庐，河北新城县人，清光绪十二年（1886）进士，官至新疆布政使；民国三年（1914）聘清史馆总纂，编有《陶庐丛刻》《冀县志》等。王氏在《清苑樊府君墓志表》中记载：“壬子（1912）之冬，树枏客京师，府君之子有名容者，介其友许君耆求为表墓之文。”①由此可知，民国初年王树枏在北京与许珩有过交往。再有，王树枏之孙王会庵（1915—1994）曾作《忆潭柘之游》诗题云：“四十余年前，曾与先父及君耆丈、长悌兄骑驴从后山往潭柘。回首前尘，二老均逝。六三年（1963），余携儿大烈及甥甄嘉驿重游，长悌兄以事未果。”②此诗作于1963年，四十余年前的民国十二年（1923）前后，许珩与王家仍保持交往。

根据上述史料记载，可以初步梳理出许珩的部分生平。许珩，字君耆，又字苍玉，斋号望阙斋，河北清苑（今属河北保定）人。他生活在清末民初，是一位藏书家，能诗，工书法；曾于1912—1914年担任中兴煤矿公司董事，家住天津跑马道1号；其藏书印有“许珩”“许珩藏书”“君耆”“苍玉堪”等。然而，关于许珩的生卒年及后续事迹，目前尚缺乏确凿的史料证据，需要进一步发掘和研究。

（二）许珩的交游

作为曾任中兴公司董事的许珩，其交游圈子基本上也是有相关背景的藏书家、实业家，如叶景葵、傅增湘、张叔诚等人，相关文献中也记载了他们的交谊。

1.叶景葵

辛亥革命以后，中兴煤矿仍是中国近代民族工业的重要组成部分，民国政府各届军政要员先后在此入股担任董事等职，其中就有以藏书闻名的陶湘、叶景葵等人。叶景葵（1874—1949），字揆初，号卷盦，别

---

① 王树枏：《陶庐文集》，兰州：兰州古籍书店，1990年，第59页。

② 中国社会科学院秋韵诗社：《秋韵诗词选》，北京：社会科学文献出版社，1999年，第111页。

号存晦居士。浙江杭州人。光绪二十九年（1903）进士。后弃官经商，先后主持兴业银行。曾任中兴煤矿公司、浙江兴业银行董事长等职。喜藏书，在古籍整理、保护方面成就显著，曾与傅增湘等人在上海创办合众图书馆等。据《叶景葵年谱》云："民国元年（1912），曾被中兴煤矿公司股东会选为查账员。"[①]显然，民国初年叶景葵与许珩同时供职于中兴煤矿公司。叶景葵《卷盦藏书记》云："《唐僧弘秀集》不分卷，旧抄本，不分卷，菏泽李龚序。'弘'字未阙末笔，此书宋刊本闻亦不分卷，为吾友许君耆世藏。去岁闻已流入文友堂书肆矣。丙子。"[②]此题跋作于民国二十五年（1936），叶景葵在跋自家藏《唐僧弘秀集》抄本时，想到了友人许珩所藏此书的宋刻本，由此可知他们之间早有交谊。

2.傅增湘

从目前所见一些书信和书画作品中可以知道，许珩与傅增湘亦有交往。傅增湘（1872—1949），字叔和，后改字沅叔，号润元，自署藏园居士、双鉴楼主人，四川江安人。清光绪年间进士，曾任翰林院编修等，民国年间任北洋政府教育总长、故宫博物院图书馆馆长等职。在图书收藏、校勘和目录版本研究中颇有建树，有《藏园群书经眼录》《藏园群书题记》《双鉴楼善本书目》等著作。民国初年，傅增湘、许珩二人同在京津地区，且都喜欢购书、藏书，经常出入琉璃厂等旧书店。民国十四年（1925），张元济致傅增湘信中提到许珩购《永乐大典》一事（详见下文），可见他们相互认识。另外，2015年北京诚轩"中国书画（二）"春季拍卖会上拍傅增湘、许珩共同为当时收藏家张叔诚书成扇一把（LOT号：0322）。此扇一面有傅增湘行书录毕沅三首，题"录毕秋帆华山诗为叔诚九兄属，沅叔傅增湘"；扇子另一面有许珩节临《秦碣石刻石》，题"岁在昭阳作噩（1934）七月，叔诚九兄属。"知此扇为二人同为张叔诚所作。张叔诚（1898—1995），名文孚，别号忍斋，北京人，近代实业家，热衷收藏。曾任中兴煤矿公司监察人、董事（1922），想来与同样有中兴公司背景的许珩也有交情。

① 柳和城：《叶景葵年谱长编》，上海：上海交通大学出版社，2017年，第245页。

② 叶景葵：《叶景葵文集　中》，上海：上海科学技术文献出版社，2016年，第775页。

二、许珩的藏书与流转

资料显示，许珩于民国初年开始购买书籍，而在民国二十四年（1935）前后开始陆续出售藏书，其藏书时间之短，这也成为其不被后人熟知的原因之一；而在这很短时间里，许珩却收藏到不少古籍善本、精品。

（一）许珩的藏书

关于许珩的藏书，目前并未见有系统的藏书书目存世，我们仅从各家馆藏古籍所钤藏书印，以及民国以来公私书目、题跋中来判断此书曾经许珩收藏。通过梳理目前所见史料，整理出许珩藏书40余种，其中宋元刻本8种，还有明清稀见刻本、活字本28种，稿抄本5种。现整理如下：

类别	书名	责任者	版本	藏地
宋元本（8种）	《文选》存三卷	（唐）李善注 （南北朝）萧统辑	宋淳熙八年（1181）尤袤池阳郡斋刻递修本	上海图书馆
	《新刊国朝二百家名贤文粹》三百卷存十卷	（宋）佚名辑	宋庆元三年（1197）刻本	上海图书馆
	《丽泽论说集录》十卷	（宋）吕祖俭撰	宋嘉泰四年（1204）吕乔年刻元明递修本	南开大学图书馆
	《切韵指掌图》一卷	（宋）司马光撰	宋绍定三年（1230）越州读书堂刻本	中国国家图书馆
	《朱文公校昌黎先生集》四十卷《外集》十卷，《遗文》一卷，《传》一卷	（唐）韩愈撰 （宋）朱熹考异	宋绍定六年（1233）刻本	上海图书馆
	《唐僧弘秀集》十卷	（宋）李龏编	宋宝祐六年（1258）临安陈解元书籍铺刊本	台湾图书馆
	《南史》八十卷	（唐）李延寿撰	元大德十年（1306）刻明嘉靖间递修本	北京师范大学图书馆

续表

类别	书名	责任者	版本	藏地
宋元本（8种）	《新编事文类聚翰墨大全》一百四十卷	（元）刘应李辑	元刻本	辽宁省图书馆
明清刻本（28种）	《天原发微》五卷，附《天图名义》一卷、《问答节要》一卷	（宋）鲍云龙著	明天顺年间刻本	美国国会图书馆
	《文选》六十卷	（唐）李善注 （梁）萧统辑	明成化二十三年（1487）唐藩朱芝址刻本	甘肃省图书馆
	《晦庵先生朱文公文别集》	（宋）朱熹撰	明嘉靖十一年（1532）张大轮、胡岳等刻本	
	《新刊宋学士全集》三十三卷	（明）宋濂撰	明嘉靖三十年（1551）浦江知县韩叔阳刊本	台湾图书馆
	《吾学编》六十九卷	（明）郑晓撰	明隆庆元年（1567）海盐郑氏原刊本	普林斯顿大学葛思德东方图书馆
	《秘传天禄阁寓言外史》八卷	（汉）黄宪撰	明隆庆六年（1572）刻本	台湾傅斯年图书馆
	《大明会典》二百二十八卷	（明）申时行等重修	明万历十五年（1587）司礼监刊本	普林斯顿大学葛思德东方图书馆
	《艺文类聚》一百卷	（唐）欧阳询撰	明万历十五年（1587）王元贞南京刊本	上海图书馆
	《唐乐府》十八卷	（明）吴勉学辑	明万历刻本	美国国会图书馆
	《淮海集》四十卷，《后集》六卷	（宋）秦观撰	明刻本	中国国家图书馆
	《宪章录》四十六卷	（明）薛应旂编	明万历间刻本	北京大学图书馆
	《唐陆宣公集》二十二卷	（唐）陆贽撰	明刻本	复旦大学图书馆

续表

类别	书名	责任者	版本	藏地
明清刻本（28种）	《桯史》十五卷《附录》一卷	（宋）岳珂撰	明天启二年（1622）长水岳氏刊本	台湾图书馆
	《乐府诗集》	（宋）郭茂倩编	明末虞山毛氏汲古阁刊本	台湾图书馆
	《陆放翁全集》一百五十七卷	（宋）陆游撰	明末虞山毛氏汲古阁刊本	台湾傅斯年图书馆
	《唐人八家诗集》四十二卷	（明）毛晋编	明崇祯十二年（1639）虞山毛氏汲古阁刊本	台湾图书馆
	《宋名家词》八十八卷	（明）毛晋编	明末虞山毛氏汲古阁刊本	台湾东海大学图书馆
	《秦隐君集》一卷	（唐）秦系撰	明活字本	
	《资暇集》三卷	（唐）李匡乂撰	明棣川顾氏家塾刻本	中国国家图书馆
	《四书集注》十九卷	（宋）朱熹撰	清初内府刻本	私人
	《中山传信录》六卷附《中山赠送诗文》一卷	（清）徐葆光撰	清康熙六十年（1721）二友斋刻本	中国国家图书馆
	《太平寰宇记》一百九十二卷/《太平寰宇记补阙》八卷/附《大清一统志表》不分卷	（宋）乐史撰 （清）陈兰森辑 （清）徐午编	清乾隆五十八年（1793）南昌万廷兰刊本	牛津大学博德利图书馆
	《胡氏书画考三种》	（清）胡敬撰	清嘉庆二十一年（1816）刻本	牛津大学博德利图书馆
	《续资治通鉴长编》五百二十卷	（宋）李焘撰	清光绪七年（1881）浙江书局刻本	美国匹兹堡大学东亚图书馆
	《古文苑》九卷	佚名辑	清嘉庆十四年（1809）孙氏仿宋刻本	山东省图书馆
	《六朝文絜》四卷	（清）许梿辑并评	道光五年（1825）许氏享金宝石斋刻朱墨套印本	清华大学图书馆
	《唐人三家集》	（清）秦恩复集	清江都秦氏石研斋刻本	中国国家图书馆

续表

类别	书名	责任者	版本	藏地
明清刻本（28种）	景宋本《列子》	（东晋）张湛注	光绪十年（1884）蒋凤藻铁华馆石印本	私人
稿钞本（5种）	《桐江集》	（元）方回撰	抄本	台湾图书馆
	《梧溪集》七卷	（元）王逢撰	抄本	台湾图书馆
	《严州图经》三卷	（宋）刘文富编	影宋钞本	
	《禹贡长笺》十二卷	（清）朱鹤龄撰	稿本	上海图书馆
	《西斋集》	（清）吴暻撰	稿本	

根据上表所见，许珩藏书继承传统藏书家的路子，在版本上重视宋元珍本及明清稀见刻本、抄本，而且在藏书的种类上也以前人文集、诗词等集部书籍居多。这应该是许珩的藏书特色。

（二）许珩所藏宋元刻本的流转

有关许珩藏书来源问题的史料记载甚少，是否有家传藏书不得而知，但从目前仅见的几部宋、明刻本的题跋中可知，民国间其藏书多在书坊购得。在前文提到的宋刻本《朱文公校昌黎先生集》残本卷末有短跋云："宣统十六年春，购诸北京文友堂书坊，价得四百元，此国变后第一次购书，特记。望阙斋主人。"[①]许珩于民国十三年（1924）第一次在北京文友堂购书。此书内除了钤许珩的藏书印，还钤"经腴眼福"朱文方印，此印是文友堂主人魏经腴的藏书印。（图2）

文友堂是晚清民国时期北京地区著名的古籍书店之一，由河北冀县人魏占良、魏占云兄弟于光绪八年（1882）在琉璃厂创办。民国初年，分别交给他们的儿子魏文传、魏文厚打理。魏文厚（生卒年不详），字经腴，是民国年间活跃在北京地区的古籍书商，与当时许多藏书家交往甚密。文友堂书坊在其经营下生意兴隆，吸引了诸多藏书家前来购书，前文提到的傅增湘亦时常出入文友堂。许珩的几部宋刻本，亦先后从文友堂购得。

---

① （唐）韩愈撰，（宋）朱熹考异：《朱文公校昌黎先生集》四十卷，宋绍定六年（1233）刻本，上海图书馆藏。

1.《唐僧弘秀集》十卷，宋李龏编，宋宝祐六年（1258）临安陈解元书籍铺刊本，一册，现藏台湾图书馆。卷末有许珩短跋：“第二卷原缺第八页，倩鲁人郑道纲景钞精绝。宣统甲子三月购于北京文友堂。用□□□□，君耆。”卷内有“经腴眼福”印，此书民国十三年（1924）许珩购于文友堂，购书价目被抹去。（图3）

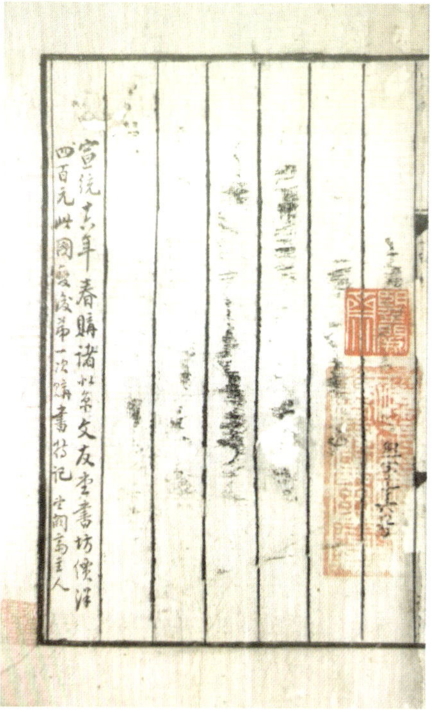
宣統十七年春購諸北京文友堂書坊價洋

图2　许珩跋，《朱文公校昌黎先生集》宋绍定六年（1233）。上海图书馆藏。

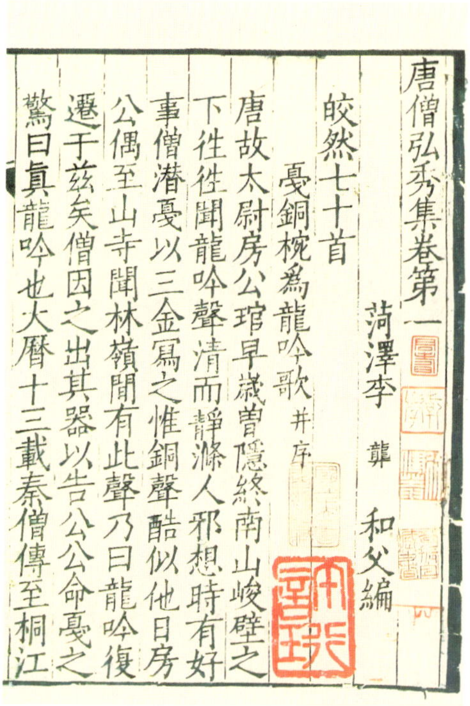
唐僧弘秀集卷第一
菏澤李龏　和父編
皎然七十首
戛銅椀爲龍吟歌并序
唐故太尉房公琯早歲嘗隱終南山峻壁之
下往往聞龍吟聲清而靜滌人邪想時有好
事僧潛戛以三金寫之惟銅聲酷似他日房
公偶至山寺聞林嶺間有此聲乃曰龍吟復
遷于兹矣僧因之出其器以告公公命戛之
驚曰眞龍吟也大曆十三載秦僧傳至桐江

图3　《唐僧弘秀集》十卷，宋李龏编，宋宝祐六年（1258）临安陈解元书籍铺刊本。台湾图书馆现藏。

2.《切韵指掌图》一卷，宋司马光撰，宋绍定三年（1230）越州读书堂刻本，一册，现藏中国国家图书馆。卷末有许氏短跋：“宣统十七年春，书友魏经腴作缘归我，遗洋□□元。书价骇人听闻，书痴加人一等。”卷内有“经腴眼福”印，民国十四年（1925）许珩购于文友堂。（图4）

3.《新刊国朝二百家名贤文粹》三百卷存十卷，佚名辑，宋庆元三年（1197）刻本，二册，现藏上海图书馆。书中未见许氏题跋，但书中除了许珩藏书印和“经腴眼福”印，此与前二书相似，推测亦是从文友堂购得。（图5）

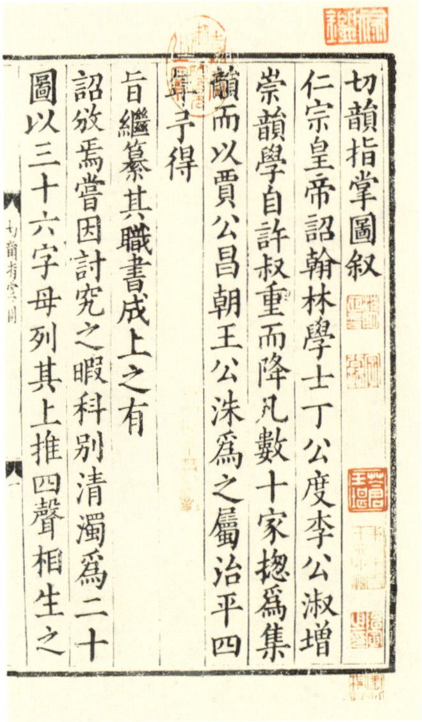
切韻指掌圖叙
仁宗皇帝詔翰林學士丁公度李公淑增
崇韻學自許叔重而降凡數十家揔爲集
韻而以賈公昌朝王公洙爲之屬治平四
年予得
旨繼纂其職書成上之有
詔攽焉嘗因討究之暇科別清濁爲二十
圖以三十六字母列其上推四聲相生之

图4 《切韵指掌图》一卷，宋司马光撰，宋绍定三年（1230）越州读书堂刻本。国家图书馆藏。

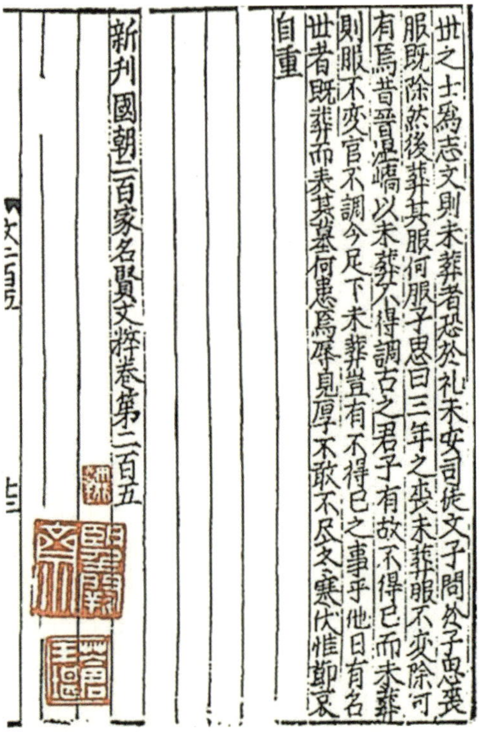
世之士爲志文則未葬者恐於礼未安司徒文子問於子思曰喪
服既除然後葬其服何服子思曰三年之喪未葬服不变除何
有焉昔晉温嶠以未葬不得調古之君子有故不得已而未葬
則服不变官不調今足下未葬豈有不得已之事乎他日有名
世者既葬而表其墓何患焉辱見厚不敢不尽冬寒伏惟節哀
自重

新刊國朝二百家名賢文粹卷第二百五

图5 《新刊国朝二百家名贤文粹》三百卷存十卷，（宋）佚名辑，宋庆元三年（1197）刻本，二册。上海图书馆藏。

4.《秦隐君集》一卷，唐秦系撰，明活字本，一册。是书卷末有许氏短跋云："宣统乙丑见活字本王摩诘、孟浩然、高常侍、岑嘉州四家《诗集》，索价奇昂，□而不售，至今梦寐不忘也。明活字本唐人集，晚近已珍如拱璧，遑论宋板。宣统甲子得此于文友书坊。"① 可知此书民国十四年（1925）购于文友堂。（图6）

从以上几则题跋、藏书印可知，北京文友堂是许珩购书的重要来源，而曾作为中兴公司董事的许珩肯定有一定的经济实力，才能购得多部价格昂贵的宋版书。于此同时，许珩也曾参与《永乐大典》的收藏。民国十四年十一月三日（1925年11月3日），张元济在致傅增湘信中记道："又代购《永乐大典》两册，均收到。《大典》略阅一过，并无《经世大典》在内。大约均在许君耆所收之内。捷足先登，殊为可惜。另抄

① 吴希贤：《历代珍稀版本经眼图录》，北京：中国书店出版社，2003年，第271-274页。

拟作跋矣。”[1]民国年间，上海的张元济曾多次请人在北京的傅增湘代购《永乐大典》，信中提及的《经世大典》，张元济认为被许珩购去。

但好景不长，民国二十四年（1935）前后，许珩开始出售所藏宋刻本。其在致魏经腴信中云：

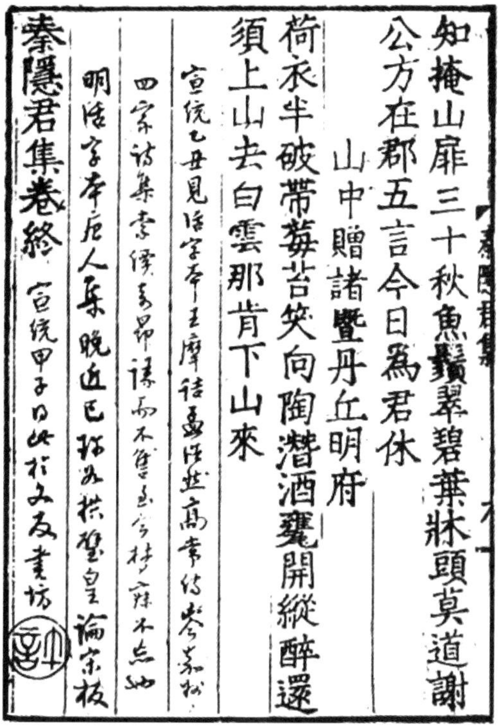
知掩山扉三十秋魚鬚翠碧棄牀頭莫道謝
公方在郡五言今日爲君休
山中贈諸暨丹丘明府
荷衣半破帶莓苔笑向陶潛酒甕開縱醉還
須上山去白雲那肯下山來
秦隱君集卷終

图6 《秦隐君集》一卷，（唐）秦系撰，明活字本。

> 经腴仁兄：前上书当入览。弟处宏秀二书已取回，王二爷已拍印寄伯希和，尚无回信。尊处系友人购，二书售价六千元正，特此函告。顺请台安。弟君耆顿首。十七日。
>
> 《宏秀》二千五，《切韵》三千五，此合购价，零购另议。[2]

此信未署年月，但结合前文叶景葵民国二十五年（1936）题跋中有“去岁闻已流入文友堂书肆矣”，推测此信作于1935年前后。信中许氏想在魏经腴的文友堂处寄售所购《唐僧弘秀集》《切韵指掌图》两部宋刻本。许氏索价六千元，可见当时宋版书价格之高。

然这两部价格昂贵的宋版书被何人购去呢？检伦明《辛亥以来藏书纪事诗·刘体智》中写道：“有许君耆者亦好积书，所蓄亦富，有宋本《唐僧宏秀集》《切韵指掌图》等，皆归晦之。最近闻君营业亏累，不知波及藏书否？”[3]据伦明所言可知，许珩寄售的两部宋刻归藏书家

---

① 张树年等：《张元济书札》增订本，北京：商务印书馆，1997年，第1111页。

② 严宝善：《贩书经眼录》，杭州：浙江古籍出版社，1994年，第305页。

③ 伦明：《伦明全集》，广州：广东人民出版社，2017年，第98页。

刘体智所有。刘体智（1879—1962），字晦之，又作惠之，安徽庐江人。曾任中国实业银行董事，后任上海分行行长等。民国时期的收藏家，筑有“小校经阁”藏书楼。然而，刘氏在购得二书几年后，因经营不善被迫出售藏书，其中就包括这两部宋刻本。1940年8月，经李紫东等人介绍，郑振铎主持的“文献保存同志会”在上海以五万三千元的价格购得刘氏包括《唐僧弘秀集》在内的九部宋刻本。而另一部《切韵指掌图》却未在购书书目之内，并未被当时同志会购去。检现藏国家图书馆的此书，内钤“祁阳陈澄中藏书记”藏书印，知被藏书家陈澄中购去。1955年，国家文物局又在香港回购陈澄中藏书时购回此书。[①]许珩所藏的另外一部宋刻本《朱文公校昌黎先生文集》，亦被刘体智购去，只是此书在刘家售书时，同志会和陈澄中皆未能购去，新中国成立后刘氏将其捐赠上海图书馆。

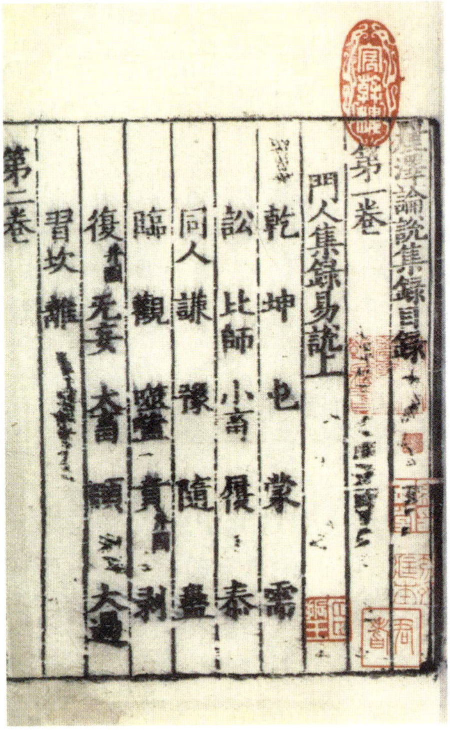

图7 《丽泽论说集录》十卷，（宋）吕祖俭撰，宋嘉泰四年（1204）吕乔年刻元明递修本。南开大学图书馆馆藏。

另有现藏南开大学图书馆的宋刻本《丽泽论说集录》，内有“罗振玉”“上虞罗氏大云书库藏书记”等藏书印，应后归罗振玉。现藏辽宁省图书馆藏明初刻本《新编事文类聚翰墨大全》一百四十卷[②]，上有“长白马佳宝康审定宋元旧椠并元明旧抄旧校之记”朱文长形印，“佞汉斋”等印，知为马佳宝康旧藏。1911年前后，马氏售卖藏书归许珩所有，之后许珩售书又被罗家购去。（图7）

---

① 中国国家图书馆等编：《祁阳陈澄中旧藏善本古籍图录》，上海：上海古籍出版社，2006年，第8-10页。

② 王筱雯：《辽宁省图书馆藏古籍精品图录》，沈阳：沈阳出版社，2008年，第54-56页。

许珩的其他明清刻本、抄本或与宋刻本一并售去，流落各家，或经文友堂零散售出，如今已散落世界各地，其中原委已经无法考证了。

三、许珩的藏书印

藏书印是辨别许珩藏书的重要参考依据，从目前许珩的各种藏书中发现其用过的藏印有十余方，其中多以姓名、字号印居多，也有部分堂号印，胪列如下：

（一）姓名、字号印

1.“许珩”印。目前所见“许珩”印有三方：其一，“许珩”朱文长形印（图8），此印见于宋刻《唐僧弘秀集》《秦隐君集》卷首，及前文提到的《题绮芬大著后》草书镜片中亦钤此印。其二，白文方形印（图9），见《切韵指掌图》卷末等。其三，白文长方小印（图10），见《新刊国朝二百家明贤文粹》卷中。

2.许珩藏书。“许珩藏书”朱文方形印（图11），见宋刻《切韵指掌图》卷端页、清初内府刻本《四书集注》各卷首页、《新刊宋学士全集》《秦隐君集》卷首等处。

图8 “许珩”，见《文选》。

图9 “許珩”，见《切韵指掌图》。

图10 “许珩”，见《新刊国朝二百家明贤文粹》。

图11 “許珩藏書”，见《切韵指掌图》。

3.许珩之印。此印目前见有两方，皆是白文印，其一（图12）见《唐人三家集》《秘传天禄阁寓言外史》《胡氏书画考三种》等书。另外一方（图13）见景宋本《列子》。

4.苍玉堪。目前见到许珩“苍玉堪”印有两方，其一为白文方印（图14），见于宋刻《切韵指掌图》序页下、《唐僧弘秀集》卷末、《文选》卷二十六卷首、《新刊国朝二百家名贤文粹》卷中等处。另一方为朱文椭圆形印（图15），见于明刻本《资暇集》卷首、清内府刻《四书集注》等。

5.君者。“君者”印在许氏藏书中所钤最多，目前所见有三方，皆是朱文印。其一(图16)见《丽泽论说集录》《桐江集》《梧溪集》等书。其二(图17)见《乐府诗集》《唐陆宣公集》《中山传信录》等书；其三为长方印(图18)见《唐僧弘秀集》。

6.“许”印。“许”朱文圆形印(图19)，常与其他藏印同时使用，见清内府刻《四书集注》卷中、《秦隐公集》卷末等处。另有一长方“许”押印(图20)，见《丽泽论说集录》卷末。大连图书馆藏《钝翁前后类藁》目录叶下钤有此印，但标注为许应鑅印[①]，应为误读。

图12 “许珩之印”，见《唐人三家集》。

图13 “许珩之印”，见景宋本《列子》。

图14 “苍玉堪”，见《文选》。

图15 “苍玉堪”，见《资暇集》。

图16 “君者”，见《胡氏书画考三种》。

图17 “君者”，见《乐府诗集》。

图18 “君者”，见《唐僧弘秀集》。

图19 “许”，见《四书集注》。

图20 “許押”，见《丽泽论说集录》。

(二)斋名印

“望阙斋”白文方形印(图21)，是许珩仅见的斋名印，见《新刊国朝二百家名贤文粹》《朱文公校昌黎先生集》卷末等处。

另外，有“晚菘堂印”白文方形印、“晚菘堂”白文方形印。后者常与许珩藏书印同时使用，如《新刊宋学士全集》目录页，《续资治通鉴长编》卷首(图22)，景宋本《列子》(图23)，疑为许珩堂号印，李国庆考其为张树侯藏书印。[②]还有一方藏书印值得关注，即“与仪征许

---

① 王雨霖：《大连图书馆善本古籍藏书印鉴辑考》，桂林：广西师范大学出版社，2017年，第254页。

② 徐鸿、郑力人：《天禄论丛　中国研究图书馆员学会学刊》第8卷，桂林：广西师范大学出版社，2018年，第116-152页。

楚生同姓名”朱文长方印（图24），据张家荣考证为许珩藏书印[①]，亦列在此，供后来者参考。

图21 “望阙斋”，见《朱文公校昌黎先生集》。

图22 “晚菘堂印”，见《新刊宋学士全集》。

图23 “晚菘堂”，景宋本《列子》。

图24 “与仪征许楚生同姓名”印

四、结语

在清末朝廷政治腐败、社会动荡的背景下，内府藏书的保存和管理变得越来越困难，众多书籍流失或者被官员私自侵吞。民国初年，军阀混战，民生凋敝，私家藏书也遭到严重破坏。然而，这一时期却也成就了像许珩这样的藏书家，使他们有机会购藏稀世的宋元珍本。尽管由于种种原因，他们的藏书活动仅为昙花一现，并未留下太多的史料记载，后人也仅能从现存古籍的题跋、藏书印上知晓他们的存在，但他们的存在使得古籍珍本在动乱年代得以保存和流转，为延续中华文脉作出了应有贡献，他们的名字应当被历史铭记。但受史料和学力所限，目前关于许珩的藏书及生平信息尚不完善，有待于后来者的持续研究。

（作者段成贵，复旦大学中华古籍保护研究院在读博士研究生，研究方向为文献与古籍保护）

① 张家荣：《藏书印之类型与学术价值探论——以傅斯年图书馆馆藏为例》，台湾《图书馆馆刊》2014年，第105-130页。

近代天津的伉俪藏书家

韩慧平

近代天津藏书事业发达，文化底蕴丰厚，涌现出李盛铎、陶湘、傅增湘、梁启超、任凤苞、周叔弢等蜚声全国的藏书大家。在这个灿若群星的天津藏书家群体中，有三对著名的伉俪藏书家——袁克文与刘梅真、刘明阳与王静宜、金大本与孟昭蕙，他们夫妻双方都对藏书事业抱有高度的热枕，于藏书活动中共同赏鉴、相互切磋，在促进天津地方藏书事业发展繁荣的同时，也为书林留下了佳话。

一、袁克文与刘梅真

袁克文（1890—1931），字豹岑，又作抱存，号寒山，袁世凯次子。袁克文原配夫人刘姌，字梅真，父刘尚文因经商致富后，定居于天津。袁克文与刘梅真新婚之初，如胶似漆，举案齐眉，堪比赵明诚与李清照；才女江南苹特赠“俪云阁”印章，祝贺两人新婚之喜。婚后，夫妇唱和之作颇多，袁克文还将刘梅真所作诗歌百余首刊印行世，即《倦绣室诗草》。

袁克文和刘梅真除在诗歌创作方面高度共鸣外，对藏书事业亦均有高度的热情。为通晓古籍版本学和目录学，袁克文专门拜方尔谦、李盛铎为师；学有所成后，试举一书“皆能渊渊道其始末”。为了收藏古籍，他不吝钱财。藏书之初，得盛昱珍藏宋本《方言》《册府元龟》《绝妙词选》《苏诗》《蜀贤丛书》《文选注》《群经音辨》《老子道德经古本集注直解》《周礼注》等，其中南宋绍熙刻本《礼记正义》被称为“海内第一古本”。除了宋版书，另有数十部元刻、明刻以及精抄本，

图1　青年袁克文

图2　袁克文与刘梅真订婚照

其中嘉泰刻本《于湖居士文集》为罕见孤本。他们最初的藏书，除了得自盛昱所藏，另得耆龄所藏《古文苑》《宋高僧诗选》《酒边词》《琴趣三编》《宋丞相李忠定公奏议》等。藏书鼎盛时期，购得毛晋影宋刊本《汉书注》以及杨守敬所藏宋本《莲华经》。此外，还得卢文弨、莫友芝、吴昌绶、邓邦述等藏书大家的精本。1917年，袁克文专辟“八经阁”，用于珍藏宋巾箱本《周易》《尚书》《毛诗》《礼记》《周礼》《孝经》《论语》《孟子》诸书。

刘梅真也极有才情，精通诗画，擅长书法，以小楷最甚，樊增祥赞其“风骨不让吕碧城，气韵直夺江南苹”。夫妇二人曾为《晶报》专栏题字：“谈天雕龙，董史齐谐。”此外，刘梅真还擅长影摹宋本，近乎以假乱真。1925年吴昌绶刻印《双赵楼宋元名家词》时，所谓“据宋本影刊”的《于湖居士文集乐府》，实际即刘梅真女史的摹写之底本[1]。

① 中国人民政治协商会议北京市委员会文史资料研究委员会：《文史资料选编》第45辑，1992年。

袁克文和刘梅真的藏书活动，多围绕“后百宋一廛”藏书室展开。“后百宋一廛”又名为“皕宋书藏”或“百宋书藏”，其藏书中他们夫妇二人的藏书印和题跋随处可见。如所藏清咸丰二年（1852）劳权据明嘉靖刻本抄《松雨轩集》八卷，该抄本半叶十四行，行二十四字。白口，四周单边，板框18.5厘米×13.5厘米。其书“首录有嘉靖一十九年陈霆序、景泰池阳柯暹序、宣德张洪序，每卷后过录乾隆间知不足斋鲍廷博题记，尾有劳权辑录方志、诸家文集诗集之补遗、附录。劳权朱笔校勘，雌黄校改。另有签条校记，字小如粟，亦为劳权手笔。足见此本为劳权用功之作，是极为罕见的劳抄、劳校精品”①。该书首藏于张庚楼处，后转入袁克文处，书中卷一扉页以及卷五末可见袁克

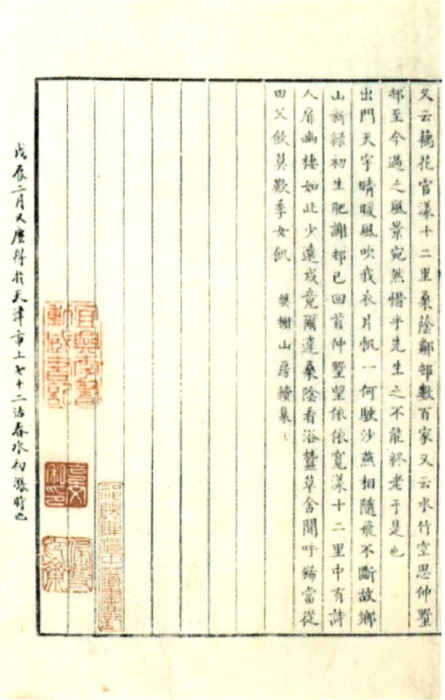

又云藕花宫漾十二里桑陰鄰部數百家又云水竹空思仲塈
部至今過之風景宛然惜乎先生之不能終老于是也
出門天宇晴暖風吹我衣片帆一何駛沙燕相隨飛不斷故鄉
山新綠初生肥謝郜已回首仲塈望依依寬漾十二里中有詩
人屏幽棲如此少達戍竟爾違桑陰看浴蠶草舍聞呼歸當從
田父飲莫歎季女飢
樊榭山房續集 七

戊辰二月又塵得于天津市上七十二沽春水初涨時也

图3 《松雨轩集》内文书影

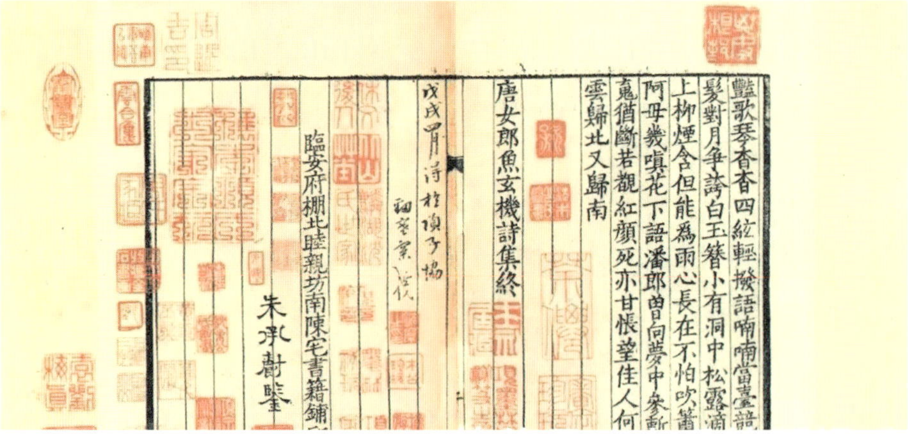

豔歌琴杳杳四絃輕撥語喃喃當臺
鬓對月争誇白玉簪小有洞中松露滴
上柳煙含但能為雨心長在不怕吹簫
阿母幾嗔花下語潘郎曾向夢中參暫
蒐猶斷若觀紅顏死亦甘悵望佳人何
雲歸北又歸南
唐女郎魚玄機詩集終
臨安府棚北睦親坊南陳宅書籍鋪
朱承爵鑒

图4 盖有“刘姌梅真”印戳的《唐女郎玄鱼机诗集终》书影

① 中国嘉德2007秋季拍卖会编：《中国嘉德2007秋季拍卖会：古籍善本》，中国嘉德国际拍卖有限公司，2007年，第71页。

文题记，书中可见其与刘梅真的藏书印——“克文私印”“寒云秘笈珍藏”“刘好”“梅真”，可见该书得到袁氏夫妇二人的共同鉴赏。

此外，南宋临安陈宅书籍铺刻本《李丞相诗集》，旧藏于常熟瞿氏铁琴铜剑楼。刘梅真以此为底本影抄二卷，抄本半叶十行，行十八字。白口，左右双边，单鱼尾。袁克文为之作跋云“假得原本，属内子影写一过，苍茫斋主人摹诸印”，又“己未二月，梅真影写宋本”，又“甲子浴佛日，与无隅师拜读一过。克文。”书上另有二人藏书印“刘”和“梅真景写宋本小印”。该影抄本颇受当时藏书家赏识，曾被周叔弢收藏，现存天津图书馆。南宋临安陈宅书籍铺刻本《唐女郎鱼玄机诗》，原为黄丕烈旧藏，后藏于袁克文“后百宋一廛”，该书有曹墨琴、张佩珊、玉井道人王韵香及女伶汪碧云题词，谓之四美，深得袁克文喜爱，为“后百宋一廛”之精品。刘梅真将其影抄一部，并在书中题诗：“今古双尘百宋奇，就中尤爱女郎诗。坊南秘椠精严甚，况是千秋绝妙辞。”其后自注云：“丙辰十月，梅真刘姌。”

袁世凯去世后，袁克文和刘梅真因缺少经济来源，藏书事业逐渐衰落，几近中断。迫于生计，二人不得不变卖古籍珍藏，其中《唐女郎鱼玄机诗》先卖于丁福保，赎回后又被傅增湘高价收去，现存国家图书馆。袁克文去世后，“后百宋一廛”所余善本由刘梅真保管。李滂《近世藏书家概略》云：“本岁抱存竟以疾没，余书由其夫人韫椟而藏。夫人亦大家闺秀，于名籍善本，辄手钞而手校之，颇称精审，洵属难得矣。”[①]

总的来说，“后百宋一廛”所藏珍本多被傅增湘、丁福保、叶德辉、刘承干、李思浩、朱文钧、潘宗周等收去。李滂《近世藏书家概略》曾说：“抱存后徙居申浦，生计维艰，乃出所藏之半，抵押于工部局商人潘明训处。积久不能赎，约期且蹙，乃由李思浩解囊取归。”[②]由此可见，后百宋一廛藏书潘氏所得为多，其中就包括宋刊《礼记正义》《公羊经传解诂》等；朱氏所得，后半归北京图书馆（今国家图书馆）。

---

① 李滂：《近世藏书家概略》，《进德月刊》第二卷第十期，1937年，第125页。

② 张元济、张人凤：《张元济古籍书目序跋汇编》上册，北京：商务印书馆，2003年，第169页。

二、刘明阳与王静宜

刘明阳（1892—1959），字静远，民国天津地区著名藏书家，夫人王静宜。其藏书楼称“研理楼”，取诸葛亮精研性理之意；又取其字与夫人之名，名藏书楼曰“双静楼”。刘明阳大学毕业后，稍有盈余即尝试购入古籍。抗战爆发后赋闲在家，将大部分心力投入古籍收藏事业。夫人王静宜学识不凡，嗜读书，文思敏捷，爱好古诗词。刘明阳与王静宜志趣相投，对藏书事业均有雅兴。为支持刘明阳藏书，王静宜曾变卖贵重首饰资助。所藏之书以文集、刑律、典章制度、奏疏为重点，且以明版居多，如旧藏明嘉靖刻本《谳狱稿》、明万历刻本《大明律》、明刻本《杨襄毅公奏疏》《明疏议辑略》《古今宗藩懿行考》等。其中《古今宗藩懿行考》一书，书品宽大，版式疏朗，大字精刻，为明末藩刻本之上品。“研理楼”所藏“镇馆之宝”《册府元龟》，为明嘉靖年间抄本，白绵纸印，蓝墨格写本，刘明阳当时以一千八百元购入。刘明阳在该书中批注云：“余藏有明嘉靖时人白纸蓝格精抄本，原书为宋监本，如以校刻本，当有许多胜出。”[①]此

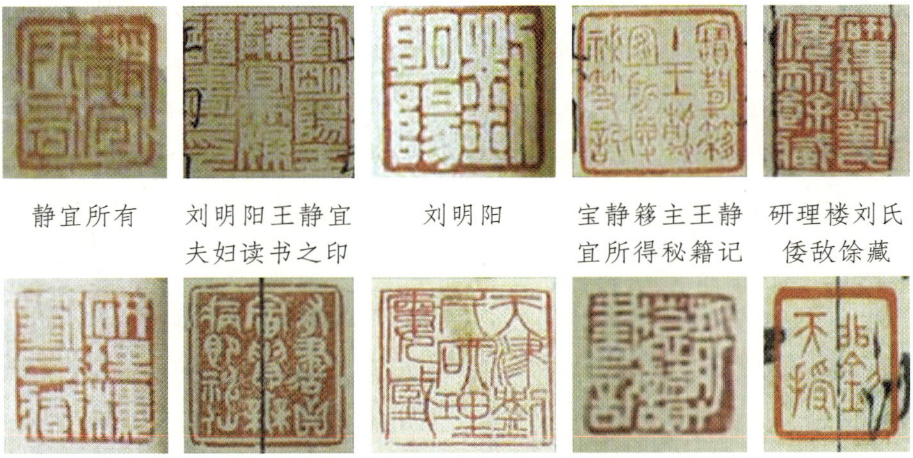

静宜所有　刘明阳王静宜夫妇读书之印　刘明阳　宝静簃主王静宜所得秘籍记　研理楼刘氏倭敌馀藏

研理楼刘氏藏　有书真富贵无病即神仙　天津刘氏研理楼藏　静远读书记　刘天授

图5　刘明阳与王静宜夫妇藏书读书印[②]

① 吴芹芳、谢泉：《中国古代的藏书印》，武汉：武汉大学出版社，2015年，第209页。

② 刘二苓、张岚：《天津藏书家刘明阳藏书录——古籍整理记事（一）》，《安徽文学》2011年第2期。

书中钤印有刘明阳、王静宜夫妇藏书章多枚。实际上，研理楼所藏古籍中，夫妇二人的钤印随处可见。据有关学者统计，夫妇二人藏书印今见至少十七种——“研理楼刘氏藏”白文竖长方、“宝静簃主”朱方、“王静宜所得秘籍”朱方、“静远所得”朱方、“双静阁”朱方、“刘天授”朱方、“刘明阳王静宜夫妇读书之印”白方、“静宜王宝明”朱方、“刘明阳所得善本”朱椭圆印、“静宜所有”朱方、“刘明阳”白方、“宝静簃主王静宜所得秘籍记”朱方、“研理楼刘氏倭敌馀藏”白文竖长方、“有书真富贵无病即神仙”白方、“天津刘氏研理楼藏”朱方、“静远读书记”白方、“明阳藏书”白方。[①]

入选第二批《国家珍贵古籍名录》的《孤树裒谈》一书，现存南开大学图书馆，乃刘氏夫妇旧藏。该书为明万历二十年游朴刻本，半叶十一行，行二十一字，小字双行同。白口，左右双边，板框19.5厘米×14厘米，内有周星诒、吴重熹、张重威跋文。此书所钤刘明阳夫妇的藏书印众多，遍布全书各卷，序文部分钤印有“研理楼刘氏倭劫余藏”“静远读书记”“双静阁”“静宜王宝明”等，引用书目首页钤印有“宝静簃王静宜所得秘籍”“有书真富贵无病即神仙”，卷首钤印有“研理楼刘氏藏”“刘明阳所得善本”“刘明阳王静宜夫妇读书之印”。正文部分也同样随处可见刘氏夫妇的藏书印章，第二卷到第五卷首页钤印有“刘明阳所得善本”“宝静簃王静宜所得秘籍”，卷四末钤印有“静远所得”，卷五末钤印有“宝静簃王静宜所得秘籍”“刘明阳王静宜夫妇读

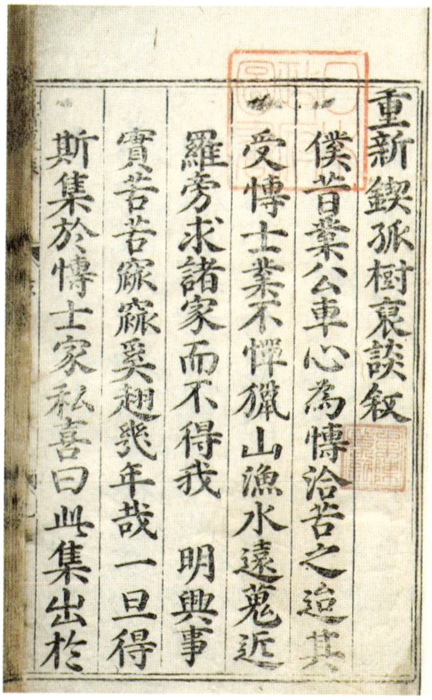
重新鍥孤樹裒談叙
僕昔業公車心為愽洽苦之迨其
受愽士業不憚獵山漁水遠蒐近
羅旁求諸家而不得我　明興事
實若若寥寥奚翅幾年哉一旦得
斯集於愽士家私喜曰此集出於

图6　刘明阳、王静宜夫妇收藏的《孤树裒谈》，入选第二批《国家珍贵古籍名录》。

① 刘二苓：《天津藏书家刘明阳藏书考略》，《科教文汇》2013年，第189、200页。

书之印”“研理楼刘氏倭劫余藏”，卷端题跋处钤印有“有书真富贵无病即神仙”。一部书中所钤刘氏夫妇藏书印即十余种，可见二人对该书的珍视程度和共同旨趣。此外，所藏《韩诗外传》一书亦多见刘明阳夫妇藏书印。《韩诗外传》前序有钤印四枚，其中三枚为刘明阳夫妇二人藏书印——“静宜簃主王静宜所得秘籍记”“研理楼刘氏倭劫余藏”“刘明阳王静宜夫妇读书之印”。该书卷端另钤有“王静宜印”，卷末题跋后则钤有“静宜所得”“研理楼刘氏倭劫余藏”“有书真富贵无病即神仙”“刘明阳、王静宜夫妇读书之印”四印。

刘明阳夫妇所藏《钤山堂集》，为明嘉靖刻本，白棉纸。半叶十行，行二十字，单白鱼尾。该书共八十三卷，包括《钤山堂集四十卷》《南宫奏议》《历官表奏》《直庐稿》及《附录》五部分。其中《钤山堂集四十卷》，卷首有钤印“研理楼刘氏藏”“宝静宜主王静宜所得秘籍记”“刘明阳王静宜夫妇读书之印”“刘明阳律师”等，卷尾钤印有“研理楼刘氏倭劫余藏”等；《南宫奏议》卷前钤印有“有书真富贵无病即神仙”；《历官表奏》卷前有“静远所得”“刘明阳所得善本”“静宜王宝明”等印。刘氏夫妇所藏另一代表性珍本古籍《名义考》十二卷，为明万历十七年黄中色刻本，该书半叶十行，行二十三字，四周双边，其中有刘明阳夫妇二人藏书印“刘明阳王静宜夫妇读书之印”和“刘明阳研理楼刘氏藏”等。

刘明阳夫妇藏书事业在抗日战争时期损失较大，“研理楼倭劫余藏”藏书印由此而来。1949年中华人民共和国成立后，响应国家号召以及时人影响，王静宜将其善本藏书捐给北京图书馆，如明抄本《册府元龟》、明嘉靖刻本《谳狱稿》等。“文革”时期，迫于时局以及生计，其藏书一部分被烧毁，一部分流散于民间，仅余十部善本。所余善本，后被北京图书馆购藏。

三、金大本与孟昭蕙

金大本（1907—1948），字伯诚，号立甫，其祖父金其昌。受家学渊源影响，金大本痴迷于藏书。他毕业于清华大学，曾任清华大学图书馆图书编目和图书采访一职。唐宝心在《三十年代图书馆杂忆》中回忆金大本：“身材魁梧，长得像张伯苓先生，典型的天津人。外貌五大三相，说话却轻声轻韵（尽管口音改不了）。”[①]赞其工作勤恳，记忆超群。钱钟书在文章中则称他学问功底深厚，誉之为“活目录”。

金大本1927年与同为天津人的孟昭蕙结为伉俪。孟昭蕙是天津著名书法家孟广慧的侄女，早年考入南开女中，20世纪四五十年代任中学英语教师，教学能力为当时之佼佼者。新中国成立后，出任民盟红桥区委主席、区政协副主席等职。金大本、孟昭蕙为旧式包办婚姻，但婚后情投意合，琴瑟和鸣，皆痴迷于古籍书画收藏，其藏书室为“喜金石录斋”。藏书室由孟广慧命名并题写，寓意夫妇二人如赵明诚、李清照一样得藏书之乐。金大本夫妇的藏书印有“金大本之钵”“喜金石录斋”“大本昭蕙同藏图书”。为购得古籍，夫妇二人紧衣缩食，购书万册。金大本喜藏版本目录学著作，有《宋版书影》《善本书影》《故宫善本书影初编》《涉园所见宋版书影》等。[②]另外还有历代笔记、传奇、演义、曲谱等百余种，如《搜神记》《山海经》《拾遗记》《长恨歌》《西游记》《李娃传》《三国演义》《红楼梦》《西厢记》《水浒传》等，且大多为木版插图本，版本精美。孟昭蕙收藏历代章回小说及唐诗、宋词、元曲等，还喜欢五四以来的名家小说，如鲁迅、茅盾、冰心、冯沅君、叶绍钧、落华生（许地山）、郁达夫等人作品。夫妇二人还委托当时北平女子师范学院图书馆主任钱亚新，代购海外图书。除收藏古籍外，喜金石录斋所藏明清时期乡试与会试考卷也很有特色。

图7　大本昭蕙同藏图书

1936年，粹园刻红印本《鹖冠子》五卷，该本半叶九行，行二十一字。牌记镌“民国五年/丙子仲秋月/粹园锓板”，左下角又镌“文华斋刊”，卷首丙子年（1936）张国淦《重刊鹖冠子叙》。该书函套帖有“大本昭蕙同藏图书”藏书票。同样，天津藏书家马波所藏初版《小说话》，内封亦有

① 清华校友总会：《校友文稿资料选编》第七辑。

② 王振良：《天津的伉俪藏书家》，《今晚报》数字报刊，2010年8月12日。

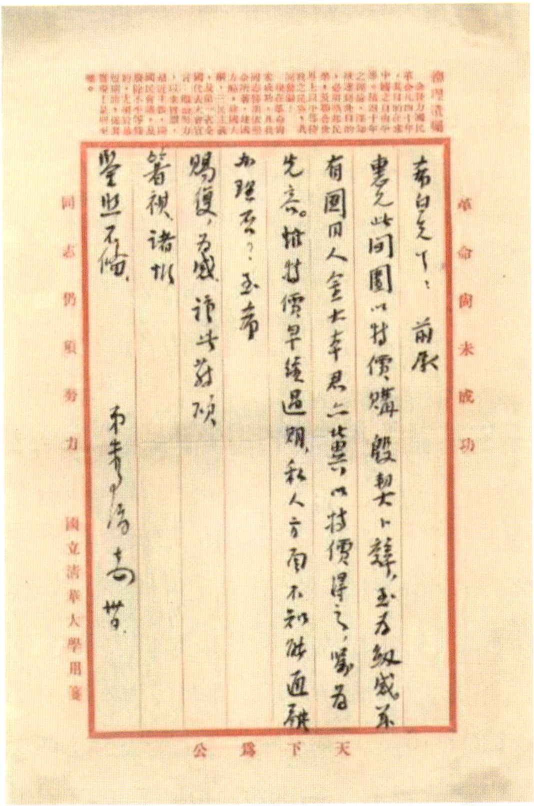

图8 受清华图书馆采访馆员金大本之托，清华大学图书馆代理主任朱自清致信容庚，希望让金氏以优惠价买到《殷契卜辞》。信笺图片转自清华校友总会“百年清华—清华故事”网站2021.9.7。

“大本昭蕙同藏图书”藏书票，知为津门藏书家金大本、孟昭蕙夫妇喜金石录斋之旧物。[①]

抗日战争时期，金大本闭门著书，有《津人著述存目》稿本存世。该书收录天津人的著述相当完善，得到族祖金钺的赞赏，是研究天津文献的重要资料。此书清稿本还有金钺和高凌雯笺注，现藏天津图书馆。天津师范大学图书馆另有民国二十六年排印本（上册），署“室人孟效苏昭蕙襄同校对”，可见夫妇之志同道合。20世纪40年代，金大本又辑录《绿庄严馆古泉拓本》，成为泉界名著，现藏天津博物馆。金大本另有《大梅山馆藏书目》，其抄本现存天津图书馆。

1948年6月，金大本在天津去世。金大本藏书起步阶段，有千余册继承自先辈，其余藏书皆为夫妇节衣缩食购得，鼎盛时期藏书达数万册，但历经抗战损失较多。新中国成立后，孟昭蕙将其所藏大部分图书无偿捐给天津人民图书馆（今天津图书馆），总计2200余册。“文革”时期，家中所余书籍遭到查抄，劫余仅剩323册，被查抄的书籍散存于天津高等学校与文化机关。除藏书事业外，金大本在整理天津地区乡邦文献、研究天津乡土历史等方面亦有成就，天津藏书家王振良称他为“天津地区整理民间乡邦文献的重要代表人物，对于继承和保

① 王振良：《稗谈书影录》，上海：上海远东出版社，2011年，第46-47页。

存天津地区的历史文化成果发挥了重大作用”。

中国私家藏书事业于宋代开始迅速发展，著名藏书家、万卷藏书楼不断涌现。天津地区藏书事业起步虽晚，但成绩十分显著。依托于重要地理位置，清末遗老、民国军阀、富贾大商以及社会名流往来不绝，名家书画、清宫遗物在市场上十分常见，加之藏书家群体大都有着丰富学识及经济基础，所以近代天津地区涌现出了大批著名藏书家，其中伉俪藏书无疑是其中的亮丽风景。值得注意的是，在伉俪藏书家中，女性一方起到的作用不可忽视。尽管女性较少直接参与具体购书环节，但在古籍保存、整理、校勘等方面，往往有着重要作用。可惜，目前大多只能从藏书印中窥探伉俪二人共同的藏书事业及其活动。

总的来说，近代天津地区的伉俪藏书家的出现，既能反映文人夫妻的志趣和感情，又折射出近代天津地区藏书群体的活跃程度和藏书事业的繁荣。

（韩慧平，天津师范大学历史文化学院在读硕士研究生，中国史专业历史文献学方向）

新书快讯

《礼说》
〔清〕惠士奇 撰 张华清 点校
平装 16开 齐鲁书社2024年3月出版
ISBN 978-7-5333-4797-0
定价：88.00元

《礼说》为清代著名经学家惠士奇的代表作。《四库全书提要》称：“在近时说《礼》之家，其持论最有根柢。……然统观全书，征引博而皆有本原，辨论繁而悉有条理，百瑜一瑕，终不能废其所长也。”本次点校整理，以嘉庆二年本为底本，以台湾商务印书馆影印《文渊阁四库全书》本（第一〇一册）、皇清经解本和红豆斋刻本为参考，据此加以标点校勘。市场同类出版物有中州古籍出版社2019年版的《乐书》点校，开卷监控销量123册。本书出版对于经学理论研究具有重要的学术价值。

作者惠士奇（1671—1741），清代经学家，字天牧，一字仲孺，晚号半农，人称红豆先生。点校者张华清，文学博士、历史学博士后。山东女子学院非物质文化遗产研究中心主任、文化传播学院副教授，社会与媒介方向学科带头人。山东周易研究学会会员，山东古典文学研究会会员。

蠹鱼旧尘

姚一鸣

阁　楼

下午到上海山东南路上的厚省堂的时候，老朱正从助动车上往下搬书，整整一纸箱，看着都是旧书的样子，便等老朱卸好书，搬进店里，就翻看了起来。这些书大多为清末民初的课本和宗教类的，品相尚可，有的书还用旧报纸包着，有一股浓浓的旧书味。小心翼翼的打开，如同穿越时光的隧道，有种窥见历史的感觉，但它们并不是我所喜欢的。老朱显然也知道这一点，他说这批书拿来价高，其中还有土山湾早期的出版物，比较珍贵，有个朋友要才带过来的。听后默然。老朱又说，他前几天收到一册网格本《瓦尔登湖》，问我要不要看一下。有点诱惑，拿来看了一下，开价挺高，就没有要。

午后的阳光射进店堂来，在书架和玻璃柜之间形成一块光斑，玻璃柜堆着的二手书塑封也泛着光。扫视周围的书架，那些被翻了无数遍的与我相熟的书，似乎也在和我“打招呼”。厚省堂位于山东南路，靠近金陵东路，周边一排门面有烟纸店、小旅馆、房产中介、小吃店及水站，书店仅一开间门面，面积十多个平方，两侧全部是书架，中间摆了几个柜子，上面也堆满了书。店里面辟了个小工作间，上方还搭了个小阁楼，用于放置书。店中央“厚省堂”的匾牌是老朱专门请人写的。

老朱他们的工作间，只是书架间放了一张桌子和一台电脑。桌子是用来整理和修补旧书的，电脑是查资料和看片子用的。老朱泡了一壶茶，为我倒了一杯，俩人便坐到店门口聊起天来。我对那批来自土山湾的出版物很感兴趣，很想听老朱说说。老朱说了一个人的名字，说那些书就是从他那里拿的。这个人我熟悉，是上海滩书贩中的大佬。这批书原为沪上某宗教机构所藏，存放于沪上一所中学的地下室内，后该中学改建，这些旧书又无账目，校长自说自话地处理了。据说书的数量，还相当多。

当然，老朱只说了个大概，有些他也是从别处听说的。聊了会儿天，老朱说要到阁楼上拿点书下来。他从工作间的边上拿出把木扶梯，顺着木扶梯爬上阁楼。搬了一会儿后，老朱有点气喘吁吁了，他坐下歇息，我便说我来帮你搬吧，于是爬上扶梯，沿阶而上。上面是另外一个天地，黑咕隆咚的，一只节能灯放出少许光亮。小阁楼上有好几个纸箱，也有一捆捆扎着的旧书，上面布满了灰尘，空气混浊，有一股难闻的味道。我真怕上面的书太多，楼板会承受不住，因为房屋是老式砖木结构的。老朱说把书分开放就可以了，应该不会塌下来。

其实，我上小阁楼帮老朱搬书是有私心的，那就是希望能从中挑上几本我喜欢的书。搬了几次后，我也有点气喘吁吁了，老朱说不用搬了，叫我喝口水。我得以停歇下来，再仔细地找找搬下的书中有没有宝贝。拂去书上的灰尘，一本本地翻看着，好像那些沉睡于阁楼黑暗中的书又重见了光明。功夫不负有心人，还是翻找出了几本有意思的书，其中有苏雪玫《我的日记》（上海儿童书局1931年9月版）、《生活书店图书目录》（1936年）、《新中学文库目录》（商务印书馆1947年6月版）、《周作人选集》（上海万象书屋1936年4月版）等，还有《儿童故事》《儿童世界》《东方杂志》等杂志，均是民国期间出版的。原来这些书刊是老朱以前

图1　从厚省堂小阁楼上淘到的《新中学文库目录》，商务印书馆民国三十六年六月（1947年6月）印行。

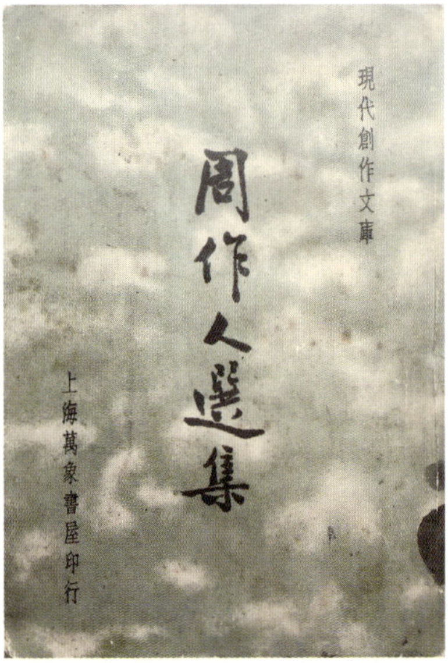

图2　从厚省堂小阁楼上淘到的民国书籍《周作人选集》

收的存货，觉得价值一般就束之高阁。见我帮忙搬书，老朱便让我挑了一点，并给了我一个优惠。

能一下子淘到这么多民国书刊，自然是很开心。因老朱开的厚省堂以销售文史类旧书为主，线装书、民国书并不多，偶能获得也是书缘。于是，这让我记住了厚省堂的小阁楼，似乎上面收藏着丰富的珍宝一样。只是自此以后，便再无机会上小阁楼寻宝了。原因是2016年金陵东路整体改造，厚省堂被迫关闭，老朱从此不再经营旧书，而是退休后去颐养天年了。

袖　套

以前的福州路上海古籍书店，从后门出去穿过一个天井，其东侧位置有一个旧书刊收购处，一开间门面，里面有十几个平方。一进门的正面是个柜台，上面放有算盘和收购单。一般情况，有人拿来旧书刊卖，双方谈妥价格后，营业员会开具收购单，然后到外面收银台取

图3　福州路上海古籍书店临街门面

钱；柜台后面拦了块地方，用于放置收购来的旧书；收购处的一侧有几个书架，放着标好价的旧书，应是收进的一般旧书就上架销售，稍好的或需配套的则会入库。这个古籍书店收购处的位置比较隐蔽，如果不仔细寻找，很容易错过。

图4　福州路上海古籍书店速写

收购处内有一年龄稍长的工作人员，头发有些花白，戴副眼镜，最引人注目的是他手臂上戴的那副藏青色的袖套，上面有些油花花的。有时候男的不在，会换成一个女营业员。她看上去有40多岁，打扮却很精致，头发是烫过的，还画过眼线，好像业务能力一般，有时收书吃不准，会叫人第二天再来。这女的也套有一副藏青色的袖套，但看上去却是另外一种感觉。一般去古籍书店，必会去后面收购处看看，不是去卖书，而是从书架上找点自己喜欢的旧书，因价廉物美。记得曾从那里买过一本魏绍昌编的《鸳鸯蝴蝶派研究资料》（上卷　史料部分），是上海文艺出版社1962年版“中国现代文学史资料丛书”甲种，里面多旧文学书影。这本书原是沪上某机关的藏书，当时购来才10元钱。

为什么只有上卷，有些疑惑，便问男营业员。他说这本《鸳鸯蝴蝶派研究资料》当年只出过上卷，到1984年上海文艺出版社才出了下卷，并说上卷好，都是史料，下卷是作品集。渐熟后才知，这男营业员姓程，其父辈即从事旧书业，他经过几十年锤炼，也是老法师了。因为经常去，与程师傅熟识了，他便教给我许多的旧书版本知识，有什么好书也会给我留着。因那时我初识旧书，也不是太懂，且对民国旧平装甚用心，对于线装古籍则无感，为此错过了不少收藏古籍书的机会。有时候去听他聊聊旧书的那些事儿，也挺有意思的。老程说以前旧书好收，因没有其他渠道，大多数卖家都把它作价卖给国营旧书店。后来收藏热起来，收购的渠道多了，许多私人贩书者加入其中，我们收购就难了，卖家会有个比较，也知道老东西值钱，价格就很难谈下来……听了老程的叙述，如同听故事一样有趣。当然，在他那里也淘到过不少的有价值的旧书和老期刊创刊号，而有次更是半路截胡，买下了几本民国书。

那是一个秋日的雨天，去收购处发现老程不在，当班的是那个女的，便有些扫兴。在古籍书店转了一圈以后，便在店门口抽支烟，等雨小一点再走。这时偶遇一老者，从店堂里走出来，他手里拎个破袋子，里面好像有些旧书。他边走边自言自语："什么破收书处，开这样低的价格，作孽呀！"我便凑上前去问怎么回事？老者说他想卖点旧书，但这里开价太低了。但他也不想再带回去了，问我要不要？我开始犹豫了一下，毕竟和收购处老程等也熟识，做这样半路截胡的事好吗？转念一想，是别人找的我，我又没主动，想了想便让老者给我看看是些什么书。摊开来，发现有商务印书馆的"四部丛刊"零本，其中《古列女传》版画甚美；有三四十年代文化生活的"文学丛刊"，还有本民国上海出的旅游书，具体书名忘了，及其他一些民国古典文学的标点本。这些书确实一般，怪不得旧书店没收购，于是就和老者谈妥收下了，当然价格很便宜。但自从这件事以后，我就很少再去古籍书店收购处了，好像有点心虚。不久后，听说老程也退休了，去了瑞金二路上的新文化服务社工作。记得我还特地去过那儿一次，当看到熟悉的蓝大褂和藏青色的袖套时，觉得一切都是那么的亲切。

图5　在上海古籍书店旧书刊收购处"半路截胡"获得的"版画甚美"的《晏子春秋　古列女传》书影

到了新千年前后，古籍书店进行了一次装修，把一楼后面的天井处全打通了，使那儿成为销售美术书的店堂。此后我又去过几次，收购处也早已成为了往事。

高　椅

在人民广场附近的南京西路325号，有一座历史悠久的老洋房，原是上海图书馆，后又改为上海美术馆，现在上海美术馆也已搬迁他处。多年前，在原上海图书馆正门口的左侧，有一家“新书展销厅”，面积不大，十几平方米的空间里，书从书架堆到了顶上，中间是一摞摞叠起来的书，门口放着一把高椅，上面坐一个戴着红袖章的老伯，紧盯着挑书的读者，据说是为了防窃书贼。由于地方实在狭小，人多了必须侧着身走，但狭小的空间并不能阻挡爱书人的热情，小小的“新书展销厅”常常是人满为患。厅堂门口处辟一窗口作收银处，付款人多了必须排到外面。逼仄的空间，铺天盖地的图书，而令人记忆深刻的则是那把高椅，和坐在上面戴红袖章的老伯。

据说，此书店是专门销售上海图书馆挑选样书时多出来的复本。那时，上海销售外版图书的书店并不多，如中华路上有家上海新华书店省版图书门市部、南京东路新华书店有个“学术书苑”，会售一些外版图书；上海图书馆旁的“新书展销厅”，也是其中一家。书店以文学类、社科类和大型丛书、画册为主，有的在一般书店里看不到，也极难买到。所以，到了休息天新书展销厅常挤满了人，有的一买就是一大摞，要搬出来到外面台子上打包。

上图新书展销厅创办于1986年，是上海图书馆为解决海内外读者借书买书矛盾，而特地开放的上海第一家全国新书展销厅。书店与全国四百多家出版社建立供销关系，销售哲学社会科学类、自然科学类以及各种工具书。读者在阅览室借阅到自己需要的新书，可立即到新书展销厅里购买，极为方便。那时的书价也便宜，但销售渠道不畅，除新华书店一家独大外，一些读者为买不到好书而苦恼。新书展销厅很好地满足了爱书人的需求。

自从到上海图书馆发现有这样一家好书店，我就经常光顾，有时甚至可以在书店泡一个下午。能挑上几本自己喜欢的书，真是快哉。在那里，我曾买到过董桥的《跟中国的梦赛跑》，是花城出版社出的。读了以后有些惊奇，世间原来有这样优雅的文章，字里行间充满了书卷气。也买过中国友谊版的《三更有梦书当枕》，作者是台湾的琦君，

图6 在上海图书馆新书展销厅买的《跟中国的梦赛跑》

图7 在上海图书馆新书展销厅买到的盖有北京古籍出版社印章的孙殿起辑《琉璃厂小志》

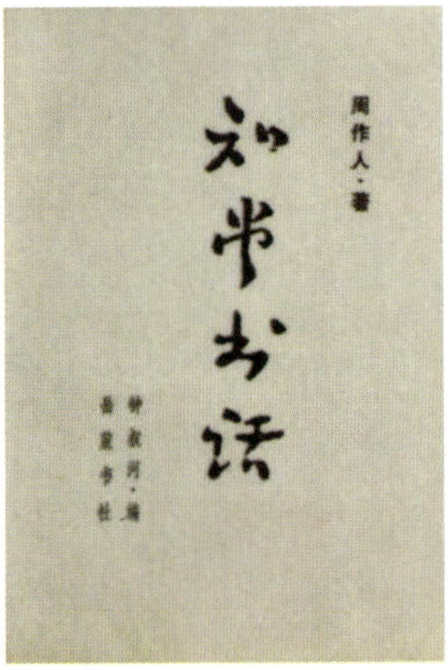

图8 在上海图书馆新书展销厅买到的《知堂书话》

作者以质朴的平易近人之笔，写她对亲人、师友的怀念，对童年、乡土的眷恋，以及对日常琐事的感受，文字如风行水面般，透出东方人的真挚、温厚的情感。

记得有次在上图新书展销厅，见到一套岳麓书社版的《知堂书话》，由钟叔河所编，那时周作人的书，在市场上还很少见。翻看以后，十分喜欢他那冲淡平和的文风，但其中抄录古书的地方甚多，有些看不太懂，可就是喜欢。《知堂书话》是上下两册，那天钱未带够，口袋里的钱只够买一本的，当时的心情真是糟糕透了。思虑再三，只好先买了一本上册。谁知隔了一周再去时，却怎么也找不到下册了，那个着急呀！天不热，我头上竟渗出了汗珠。没有办法，只能找店里坐在高椅上的那位老伯询问。那位老伯说，店员看到《知堂书话》只有下册，以为是残缺本，就收起来了。老伯帮忙找出那本下册后，我兴奋的心情真的难以言表。

与书店店员渐熟以后，他们会把新到的书给我留着，于是我在“新书展销厅”购到了不少好书，如黄裳的《榆下说书》（北京三联版）、杨东平的《城市季风》（东方出版社版）、郑振铎的《西谛书目》（书目文献出版社）、《琉璃厂小志》（北京古籍出版社）等，都是难得一见的好书。在新书展销厅所购的每一本新书上，都会盖有书店的印章，现在每每翻出阅读，都会勾起对那一段青春阅读时光的淡淡回忆。原来一家书店是可以这样留在读者记忆深处的，它不一定要有多大的面积，也不一定有良好的购书环境，但它有足够多的好书，吸引着读书人流连忘返。

后来，上海图书馆搬迁至高安路，上图新书展销厅随之迁移。现在的南京西路325号大楼，已被改为了上海市历史博物馆（上海革命历史博物馆）。

书　衣

对于民国旧书的喜爱，是一个逐渐熟悉和了解的过程，包括版本知识、文献价值等，都是在淘书过程中逐渐积累的。有个资深藏书家说得好，藏书并不在意你收集了多少的珍稀版本，而是你经眼的多了，辨识的水平自然就有所提高，猎书的眼光就会提高。想想真是这么个道理。总想着捡漏，即以低价得有价值的书，那是不现实的。

以前在大木桥路有个云洲商厦，每逢周六的早上会有一些旧书摊，沿商厦的一圈空地摆放，有各种各样的老纸品，包括旧书刊、老照片、老广告、名人信札、老碑帖、连环画等。那时是有不少好东西的，只要你有足够的财力和眼力，再加上一点点的运气，自会收获满满。我一般周六早上6点左右即到，这时天刚蒙蒙亮，市场内早已人头攒动，摆摊者、淘书者络绎不绝，甚是热闹。逛一圈后大约7点多，到马路对面饮食店吃个早饭，然后折回，再到楼里的小店看看有无中意的旧书。那时的云洲商厦，以邮币卡交易为主，一楼和五楼、六楼也有几家旧书小店，记得要乘电梯上去。靠近旧书市场的是一台老式货运电梯，开起来有轰鸣的响声，让人记忆深刻。

有一天在云洲地摊，看到一个书摊围了许多人，挤进去一看，摊上有许多民国时期的书，其中十多本为“良友文学丛书”品种，品相不错，令人眼羡。可惜我晚到一步，大多数旧书，包括“良友文学丛书”已在别人手中。有个小平头抢了绝大部分，都是有书衣的，我看到有《从文自传》《离婚》《一个女兵的自传》等几种。只见他一本本地翻看着，然后就与摊主讨价还价。我在边上看着，最好他不要我才有机会，摊主开的价不低，小平头犹豫了一下，扔下了几本没书衣的，还价后全部收下。我仅仅抢到一本张天翼的《移行》，是没书衣的，价稍便

图9　在云洲书摊捡漏买到的“良友文学丛书”之张天翼《移行》书影

宜一点，应该是被那位小平头剔除的。摊主是个年青人，梳着个大背头，听他讲这批旧书是从一位老教授家里收来的，他家里还有不少收来的旧书刊。听到这个消息后叫人心痒痒，便想着以后还会有机会的。但是，此后在云洲再也没见到这个梳大背头的小青年出摊，空欢喜一场。

遇一书友，他来晚了，并未见到众人抢“良友文学丛书”，问我买了什么，我便把张天翼的《移行》拿给他看，并说了价格。书友便嘀咕道为什么不全部拿下来，我苦笑着说：书都在别人手中，怎么拿！书友便说了句：有书衣的“良友文学丛书”难觅。书友是专门收藏民国书的，只要他喜欢的，即便价格高点他也能收，作为记者的他是有一定财力的。书友随后和我聊起了“良友文学丛书”。

“良友文学丛书”是1933年1月至1937年6月期间，由上海良友图书公司出版的中国现代文学丛书。由赵家璧主编，以收入左翼及进步作家的作品为主，也选收其他各派作家的作品，以小说居多，兼及散文和文艺论著，有巴金的《雾》《雨》《电》，张天翼的《一年》，老舍的《离婚》，谢冰莹的《一个女兵的自传》，王统照的《春花》等中、长篇小说，有何家槐的《暧昧》、施蛰存的《善女人行品》、老舍的《赶集》、凌叔华的《小哥儿俩》、叶圣陶的《四三集》、郑伯奇的《打火机》、茅盾的《烟云集》、鲁彦的《河边》等短篇小说集，有郑振铎的《欧行日记》、茅盾的《话匣子》、丰子恺的《车厢社会》、俞平伯的《燕郊集》等散文集，朱光潜的《孟实文钞》等文艺论集，另有一些翻译作品。还出过四种“特大本”，即巴金《爱情的三部曲》、张天翼《畸人集》、沈从文《从文小说习作选》和鲁迅编译《苏联作家二十人集》。特大本均有彩色护封，前后共出过46种。

“良友文学丛书”的前9种初版本均有护腰，且有作家头像，极其珍罕。有一种说法是阿英等反对书封印作家照片，后来就改了封面的设计图案。但是周作人、郁达夫等人的照片还是印上了。丛书第一种是鲁迅的译作《竖琴》。丛书一律软布面精装，外加彩印封套，书页选用米色道林纸，售价一律大洋九角，各书亦循序编号。丛书在出版之初曾分为精装本和平装本，精装本的印量在二千册左右。因为出版的后期，全面抗战爆发，后来又爆发了淞沪会战，上海首当其冲，形势混乱，影响到良友丛书的存世量，以至于整套良友文学丛书甚为少见。在现当代的一些新文学作家的著作中，良友丛书被赋予很高地位，甚至被作为镇库之宝，其签名本尤被推崇。此书当年出版后，赵家璧曾将每种的一号签名本留作纪念，但在“文革”期间，因为被抄家，这套珍贵的一号签名本散落人间。“文革”后，赵家璧委托上海书店代为寻配一套良友丛书，幸运的是，寻获到的其中就有一本巴金的一号签名本，而鲁迅的签名本现存上海鲁迅纪念馆……

图10　良友图书印刷有限公司印行的“良友文学丛书”1935—1936年第一集20种新书的宣传征订海报

（作者姚一鸣，1960年代生人，毕业于上海华东师范大学，原在出版系统工作，现就职于上海市政府机关。平时喜淘旧书刊，业余从事出版史、近现代文人研究，作品散见于各类报刊杂志，出版图书《中国旧书局》等）

《异学杂著》出版往事

陈　凯

在20世纪80年代末的出版风景里，浙江文艺出版社的“学术小品丛书”，以其弘扬学术、改善文风的旨趣广受读者欢迎。这种有学理意味的文化随笔虽为小品，却蔚为大观，引领一时风气。徐梵澄先生的《异学杂著》就是其中颇有特色的一种，从中可窥见梵澄先生对中外文化的独到见解，而其序言文字更是精简老到，颇有滋味。

“学术小品丛书”的主编李庆西，曾与时在《读书》杂志的扬之水先生有密切的书信往来，书信的许多内容就是沟通徐梵澄先生《异学杂

图1　浙江文艺出版社1988年《异学杂著》第1版书影

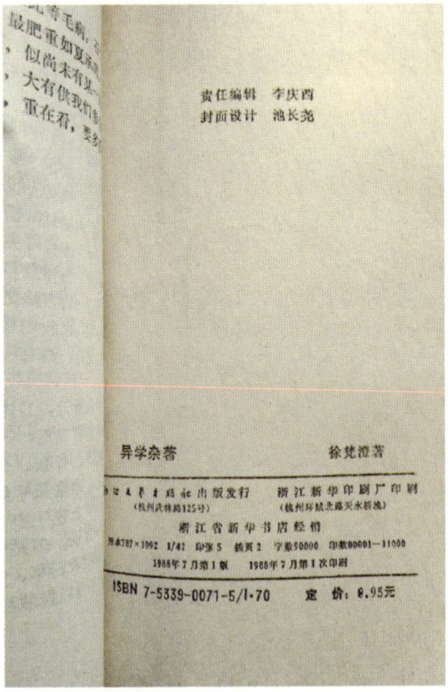

图2　浙江文艺出版社《异学杂著》1988年第1版版权页

著》的出版事宜。因为机缘巧合，笔者有幸收藏了其中10封书札。扬之水（本名赵丽雅）在《读书十年》（中华书局2011年版）中，多次记述了与梵澄先生的交往，后来这些文字被单独辑出，收录在《梵澄先生》《问道录》等书中。透过这些文字，我们重新追忆徐梵澄这位号称“现代玄奘”的精神哲学大师，或可以还原当年《异学杂著》的出版故事。

徐梵澄，原名徐诗荃，梵澄为其笔名，晚年始以徐梵澄为通名。他是中国现代著名的精神哲学家、翻译家和印度学专家，早年受过鲁迅先生教诲，后出国留学，归国后曾系统地翻译尼采的著作，并任中央大学教授。1945年，徐梵澄只身赴印度，在阿罗频多学院翻译、著述、讲学27年。1978年底回国，在任继愈、冯至等推荐下，入中国社会科学院世界宗教研究所任研究员，笔耕不辍，潜心著述。

图3　青年徐梵澄

图4　在印度治学期间的徐梵澄

1987年4月5日，扬之水的《读书十年》里第一次出现了关于梵澄先生的记载：“《五十奥义书》曾几次拿起又放下，终是未能读解。”《五十奥义书》（中国社会科学出版社，1984年）是梵澄先生1978年回国后出版的第一本著作，未见其人，先读其书，也为后来他们的相见埋下了伏笔。扬之水在其日记中对《奥义书》的思考，也是对梵澄先生精神哲学的直触本源的理解。也许正是这精神上的认同，开启了他们此后的治学交往和师友之谊。走近一位先生，最好的途径就是走进他的学问。4月30日，时隔不到一个月，在周国平的引荐下，扬之水第一次当面拜访了梵澄先生，此后便多有书信往来。

10月13日，扬之水和周国平再次拜访梵澄先生。这天梵澄先生情绪极佳，他找出了十几年前发表在新加坡的《希腊古典重温》《澄庐文议》《谈书》等几篇文章，自述这是在生活难以为继之时不得已卖文为生。他还专门对扬之水说，如对这些旧作感兴趣，可以拿去发表，但要抄写后再拿给他看等云云。此时，扬之水正在为李庆西的学术小品丛书约稿，得到梵澄先生对这几篇文稿的授权，自是宾主尽欢。

10月17日，扬之水给李庆西写了一封长信，对梵澄先生的出版事宜做了较为详细的说明，兹录信文如下：

> 梵澄的书稿已在筹措中，并几番前去与他相商，徐先生为人极为谨慎，对自己的著述尤不苟。我反复申明，这是“学术小品”，篇幅不宜过多，而他总觉分量不够，因整理旧作，时或拈出己意以为可之篇，嘱我补入，故今总汇而观之，似稍显芜杂，兹录篇目如下。
>
> 《希腊古典重温》《澄庐文议》《谈书》《关于毗沙门天王等书》《天竺字原》序、《行云使者》译序并跋、《玄理参同》序等。
>
> 书名拟定为《异学杂著》，并嘱梵澄先生为之作序，待过几日一并附上寄奉。
>
> 徐先生反复叮咛，一定要让他看校样。那日接你长途，声音竟比市内电话还要清晰，因想，若有疑问的话，是否还可以再通电话。
>
> 同时，岳麓已来信，那本书他们决定出版，看来是晚了一步。《禅外说禅》似乎也希望不大，不过我还未放弃努力。
>
> 你们这一套丛书是否作长远规划？是否还需要继续相机组稿？

这封信较为完整记述了《异学杂著》一书的出版构想，可见该书前期出版工作推进十分迅速。扬之水居中几次和梵澄先生、李庆西沟通协调，短短几日便已经确定了书名、篇目，序言也有了着落，《异学杂著》的骨架就这样搭起来了。不难看出，梵澄先生于出版一事非常负责，“总觉分量不够”，这也为后来几次提出增加内容埋下了伏笔。老一辈学人对文字要求之高，由此可见一斑。

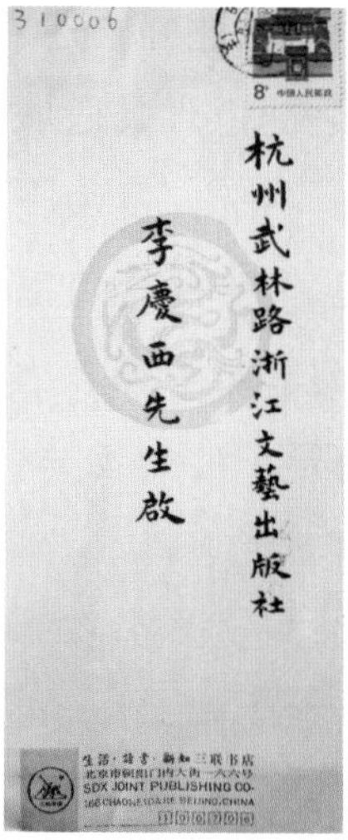

图5　扬之水致李庆西书信信封

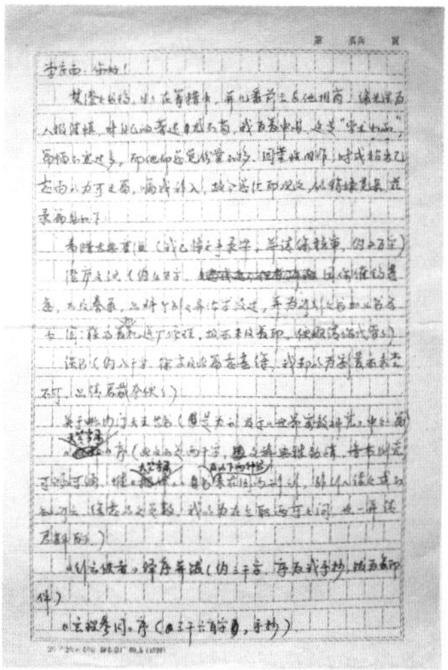

图6　扬之水致李庆西书信之一

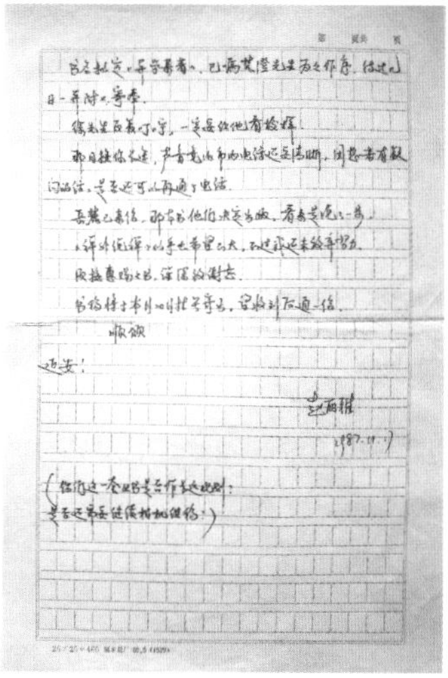

图7　扬之水致李庆西书信之二

我们也能从中感受到扬之水对李庆西组稿一事极其用心。信中提到的《禅外说禅》便是张中行先生的著作，该书后来在黑龙江人民出版社出版。与此同时，扬之水陪同李庆西拜访了金克木先生，约来了《燕口拾泥》，后来扬之水又联系为黄梅出版了《女人与小说》。

是日之后，扬之水便帮助梵澄先生做了细致的誊稿工作，并将相关稿件寄给浙江文艺出版社的编辑加工。

12月26日，扬之水先生日记里写到："访徐梵澄先生，告《异学杂著》已发稿，但仅保留了《希腊古典重温》《澄庐文议》《谈书》，其他均被撤下。先生意欲再增补几篇，另成一书。此议尚需与李庆西商量。"

短短月余，浙江文艺出版社的编辑便已完成了书稿的发稿工作，想来对这套小书是十分重视。梵澄先生对于增补持十分坚持的态度，但这一建议没有被采纳。关于本书内容，如按原定篇目，拟收录《希腊古典重温》《澄庐文议》《谈书》《关于毗沙门天王等书》《天竺字原》序、《行云使者》译序并跋、《玄理参同》序等许多篇目，但限于篇幅（实际上本书约9万字，已远超同辑其他著作之篇幅），这本小书最后只收录《希腊古典重温》《澄庐文议》《谈书》三篇，其中有古代希腊的趣事与典故，有五四以来的文言文与白话文之争，其他还有如方言训诂、文辞考辨、书法画论等。虽涉猎广泛，但确以东方之学问为主。这样看来，书名《异学杂著》似乎已有偏颇。然深读序言，梵澄先生自述："梵澄无似，少学外文，长治西学。自华夏视之，异学之徒也。其居域外盖三十有七年，居域外不能无故国之思，所撰孔学，小学，及中土所传唯识之学，出以西文者，自欧西视之，又皆异学也。"由此也可以窥见，梵澄先生精熟故土文脉，又寝匮欧西之学，可谓学通中外、博采众长，在中西异学中求得大同。"古今时异，东西地异，种类物异，而为时为地为物一也。"又何必纠结于异同之对立，不禁豁然开朗。

1988年4月11日，扬之水"到梵澄先生家送《异学杂著》校样"。4月20日，"往梵澄先生处取校样"。4月13日，她复信李庆西："方自广州归来，看到寄来的校样，立即送与梵澄先生，他嘱我本周六去取，因此过两日方可寄出，恐怕已是晚了吧。"4月20日，取回校样后，扬之水又匆匆寄信给李庆西。"这位徐先生又有了新的主意，想补进一则说明；另外，又要增补几幅图版。我想大概是来不及了，但他执意要我进行联系。你看怎么样，是否还可以插进去？为你添麻烦了，不过，实非我意。"

作为编辑，扬之水对这套丛书的定位和出版流程自是十分了解，但是长者意不敢辞，她还是向李庆西完整转达了梵澄先生的意见。随信，扬之水寄附了徐先生为《异学杂著》写的跋语和插图说明手稿。这些图版说明主要是针对第三篇《谈书》的文字。所谓谈书，并非是书话文字，乃是德国曾举办了一场日本书画展，而梵澄先生偶得一册《展览图录》，有感而发，形成了讲日本的书道艺术以及与中国之渊源的文字。梵澄先生寄出了自己珍藏的德文版《展览目录》，并从中挑选了多幅和正文相匹配的图片，以便读者更好理解文章内容。

6月8日，扬之水复信李庆西。"日前接梵澄先生信，其中言道，'浙江文艺社因书内加图问题，谓时间可得，而加价有难，故只合仍其旧贯——因思何不另从该德文原本选出一、二十张，另印一套单行，题曰：《日本珍藏中国书画选集》，则可另外订价，于该书附售，亦可单售，此议请与该文艺社人商酌。'便是与你商酌了，请你考虑吧。"

从这封信看，李庆西应是婉拒了梵澄先生增加说明和插图的意见，图片单独成册这一想法也未实现。那个时候，出版社激光照排正在普及之中，看这本书的印刷可知仍在使用铅字排版。经历过那个时期的出版人都知道，对校样进行修改，改错可以，但要是推行换版，甚至是增加图版，的确是大费周章。这一套丛书是7月印刷，从出版时间上看也已不允许。最终，梵澄先生提出的许多想法都未能实现，也的确是一种遗憾。

9月15日，扬之水记载，“给梵澄先生送去《异学杂著》样书。他今天心情格外好，送我走出门，竟笑眯眯地抚掌而呼：‘感谢大妹！感谢大妹！我爱大妹！’——所以称‘大妹’，是因他刚刚在送我的书上写道：丽雅大妹惠正。”

10月12日，扬之水记载，“梵澄先生不久前收到《异学杂著》一书的稿费，执意要从中抽取二百元赠我，以为酬劳。我坚辞不受”。

梵澄先生深知扬之水为此书出版所费之心血。扬之水拒收酬劳，不仅仅是出于尊重，更多的是想将来从梵澄先生处多受教益。同日，扬之水致信李庆西，言及途经杭州而未相晤，杭州的秋天真美，尤以桂花之繁盛令人心醉，想必杭州人是尽得桂子风流，等等。而后说道，“记得前信曾提起，梵澄先生欲购50册《异学杂著》，并问是否可以打折扣。令我先按全价寄上书款，若可优惠，再另算。此外，徐先生还问起，赠书单上写明赠书20册，不知为什么收到的只有15册。因烦请代为查核，拜托了！”收到15册样书后，梵澄先生想再购50册，并全价寄付书款，想来虽几经波折，但对这本小书颇为满意。12月5日，扬之水在日记中记载“往朝内，接到浙江社寄给梵澄先生的书，遂携往徐府”。

至此，《异学杂著》的出版告一段落。从他们彼此的笔墨交往中，我们看到了扬之水先生对前辈学人的尊重，看到了出版人对出版事业的认真与负责。只有这样的专业与敬业的作者和出版者，才能推出更多的精品力作，才能努力从高原攀上高峰。

图8　老年徐梵澄

今年是徐梵澄先生诞辰115周年，文末，且附上徐先生为本书写的跋语，虽最后没有付梓，但录于此，也算是对梵澄先生的怀念：

浙江文艺出版社索稿，因出昔年所撰文字如（若）干篇，以备采择。其中文言文为多，乃用文言草一短序。后知所选出者皆白话文，即此三篇。于是，稍觉以文言为序之不当，然亦不改作。此三文者，皆梵澄居南印度时，寄往星加坡，断断续续发表于《星洲日报》周副刊者，止于1977年。剪报存稿，年久纸敝，中多脱落，遂亦不补。后闻该报社解组，与他报合并经营，旧人星散，而澄亦由印度归国矣。书此，志与南洋侨胞曾有此一段文字之缘。

一九八八年春　识于北京

（作者陈凯，机关工作人员。南开大学图书情报专业硕士，出版专著《千川映月唱莲歌——叶嘉莹著述版本图录与提要》，发表文字散见于《人民日报》《光明日报》《中华读书报》《博览群书》等报刊）

我的外曾祖父

吴瑞芳

我的书架上珍藏着一本医书《济阴纲目》，是民国二年（1913）上海扫叶山房印行的线装书。每当看到它沧桑的模样，就会想起我的外曾祖父——钟绍武。

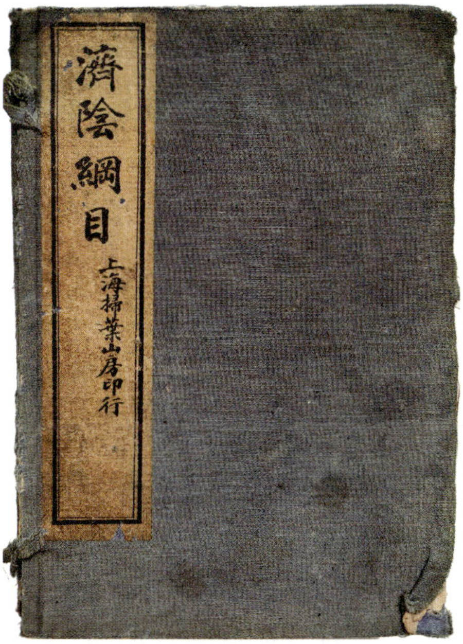

图1 《济阴纲目》封面

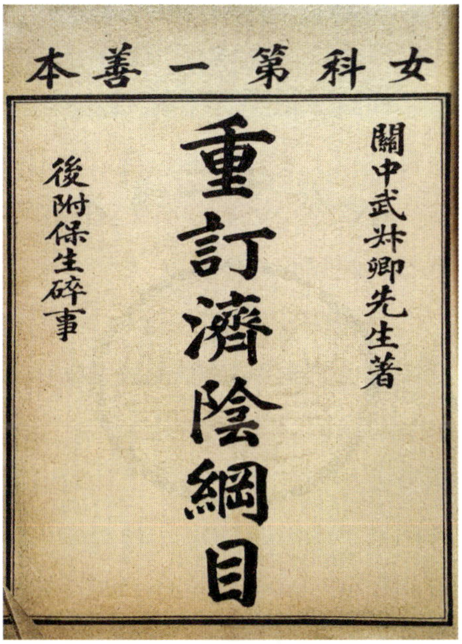

图2 《济阴纲目》扉页

2013年新华出版社出版了《青州古城》一书，其中“公馆”一节中记载：“钟公馆：位于北关西大街，今无迹。主人钟绍武，民国时曾任山东临邑县县长。”由此，我才知道外曾祖父曾为一县之长。虽然之前知道母亲在那个特殊的年代，因为成分的问题吃了不少苦，但这件事她从没提起过。

听母亲讲，外曾祖父有很多藏书。偌大的书房里，各种书籍摆放得错落有致，墙上和画缸里满满的都是名人字画，奇异古玩也有不少。新中国成立后，其中最珍贵的部分，捐给了国家博物馆和青州博物馆；剩下的，在“破四旧”时期，被红卫兵搜出来堆在大街中央焚烧殆尽，熊熊的大火烧了整整一天。说到这里，母亲停下手中的活计，深深地叹了一口气。望着她红红的眼圈，我仿佛看到了那团毁灭了外曾祖父一生心血的大火，正在炙烤着母亲历经蹂躏的心灵，我紧咬着嘴唇，心也难过起来。幸而此前喜欢医学的父亲从外祖父家借来《济阴纲目》阅读，这本书才得以逃过一劫，保存到现在。

一

外曾祖父自幼才智过人，熟读诗书，见识广博，为后来走上仕途，奠定了坚实的基础。成年后的他，思想开放，善于接受新思想新事物，曾远涉重洋，赴日本留学深造。留洋归来后，他转赴山东临邑任县长，任职期间清正廉洁，克己奉公，真正做到了“为官一任，造福一方”，给百姓留下了极佳的口碑。他开仓济民、为民纾困，帮助灾民重建家园的故事至今还在流传。提起他，人们常常翘起大拇指，满口的都是赞誉和佩服。

前些年，钟家庄一个一直跟随他多年的亲信，临终前夕还在对人诉说着曾外祖父的传奇故事：有一次，他带随从回家省亲，傍晚经过某个村庄时，他骑的马突然不走了，无论马夫怎么吆喝、拍拉，马不但不往前走，还“咴咴”叫着往后退，他怜惜地说：“不要驱赶它了，它这是不乐意我回家，我们就先回去吧。”后来才得知，他惩办过的一帮匪徒探听到他回家经过那个地方，提前在村里做好了埋伏，并扬言只要他进村就让他有进无回。百姓们都说，钟县长惩恶扬善、扶危济困，是天上的神明指引着有灵性的马儿救了他的命。

满怀豪情壮志却无法施展抱负的外曾祖父辞官后走南闯北，经商办实业，希望以实业救国。济南舜井街、青岛老街区都有多家店铺（我大舅钟济、二舅钟渤的名字即由此而来），因和宋棐（fěi）卿是同乡、好友，天津东亚毛呢纺织有限公司也有他的股份。母亲夹鞋样的那本横开本的书，就是东亚毛呢纺织有限公司的宣传册。每次拉开雕花木桌黄铜拉环的抽屉，第一眼看到的就是宣传册又厚又硬的封面，黑色的封面上自右往左刻着凹下去的一行字：天津东亚毛呢纺织有限公司，另起一行是大几号的两个字“特刊”。里边图文并茂，我小的时候经常捧出来当小人书看，从公司经理宋棐卿俊逸儒雅的头像到“大家站在一条线”的领军阶层的合影，从研究人员潜心工作的身姿到纺织女工在机房巡视的专注身影，各种图片展现了一幅中华之崛起、纺织之兴盛的欣欣向荣的景象。印象最深的是“抵羊牌”毛线的标志：两只长着蜗牛状粗壮犄角的公羊，浑厚有力的脊背高高拱起，前腿弯曲，头用力地低下去，圆睁的双眼透着威猛，两对强劲的羊角死死地抵在一起。东边的那只羊身材略高且雄壮有力，表示已占上风，西边的羊身体略低，有被抵得后退的样子。母亲说，抵羊就是“抵制洋货”的意思，年幼的我对此似懂非懂，但它们勇往直前、誓死相拼的豪迈深深地震撼着我，其坚韧坚毅的力量在我的心里悄悄扎下了根。每次看到抵羊，我就仿佛看到了雄心勃勃、意气风发的外曾祖父。后来生活条件好了，母亲不做鞋了，但浓缩着外曾祖父心血的宣传册，连同母亲用过的大大小小的鞋样，一直被我珍藏，因为它们承载了母亲的爱心和辛劳，也收藏着我童年的欢乐。

那个年代的人，想要致富不外两种途径：开店铺和置办田地。白手起家的外曾祖父也置办了不少田地。他究竟有过多少田地，已不可考。听母亲说，收获的季节，到他家交粮食的队伍一直排到长约二三百米大街的尽头，往西还拐个弯。负责收粮食的是他的三太太，青岛护士学校毕业，一个以勤俭持家、威严治家名声在外的精明强干的女人。不仅全家的财政大权都在她的掌握之中，一应大小事务，包括教育后代，都由她说了算。我大舅、二舅小时候很调皮，某一次因为外祖母替他俩求情，被她罚去一块跪着，外祖母也只能乖乖地服从。正因为由她操持着一大家人的吃穿用度，外曾祖父才得以专心地在外做事。从这个角度来说，家族的兴旺，三外曾祖母功不可没。

事业有成的外曾祖父，置办了多处房屋并分给他的两个哥哥及家中的多房子孙，自己却住在最南边较小的偏房里。我小时候最喜欢在外曾祖父留下的房屋西边偌大的园子里玩耍。那里高大的槐树、楸树、梧桐树，低矮的桃树、杏树、石榴树，一畦畦鲜嫩碧绿的韭菜摇曳在春风里，一粒粒红宝石般光彩夺目的西红柿是我随手可摘的消食水果，一嘟噜一嘟噜的葡萄挂满了支架。一串小脚印左右跟着一串凌乱的梅花脚印，那是我和小黄狗在雪地里尽情玩耍留下的印记。外曾祖父家植物园一般的后花园，一年四季都回荡着我的欢声笑语。

二

我的大姐二姐都见过悬挂在外祖父客厅正中的一幅中堂——慈眉善目的外曾祖父的画像：身穿长衫，气质儒雅，很有文人风骨。正应了常言说的相由心生，现实中的他，善良仁厚，心怀大众，自己富裕后，不忘帮助缺吃少穿的人。他和宋棐卿等人共同发起过多种慈善事业，每年春天他都亲自在北关小寺街上安置三口大锅，和家中的帮工们一起熬粥，为吃不上饭的灾民施粥。无数个春天，各地的灾民们扶老携幼、有序前来领取粥饭，度过青黄不接的季节。数不清的人得到过他的救助，从而在灾年得以幸运地生存下来。

外曾祖父一大家人的生活相当节俭，只有过年才允许摊“两米”煎饼，平常都是和家中的帮工吃一样的窝头咸菜。大舅二舅和母亲长身体的年纪，食欲旺盛，但是有严厉的三外曾祖母管束，不到吃饭时间，任何人不允许吃任何东西。心疼孩子的外祖母趁着摊煎饼时，将煎饼藏在怀里，偷偷拿给他们吃，但很不幸，被三外曾祖母撞见，不仅私藏的煎饼被没收，还得去罚跪。为此，婆媳关系一度很紧张。

外曾祖父最让人敬重的是临危不惧、奋不顾身的爱国行为。1938年，日本军队进驻青州后到处烧杀抢掠，制造了很多惨案，整个青州城笼罩在一片白色恐怖之中。某一日，一队日军提着油桶气势汹汹地直奔北关而来，想一把火烧掉古迹众多的北关街。危急时刻，恰逢外曾祖父外出归来，他勇敢地走上前，用熟练的日语与日军头目谈了一会儿，日军便退出了北关，古老的北关街才得以保存到现在。在那个战乱的年代，文质彬彬的外曾祖父的这一举动，比真刀真枪地跟日军作战更值得称赞，他在我眼里跟舌战群儒的诸葛亮一样伟大。但他究竟跟日军头目交谈了什么，没有人知道，因为他身边的人不懂日语，

图3 《济阴纲目》散册书影

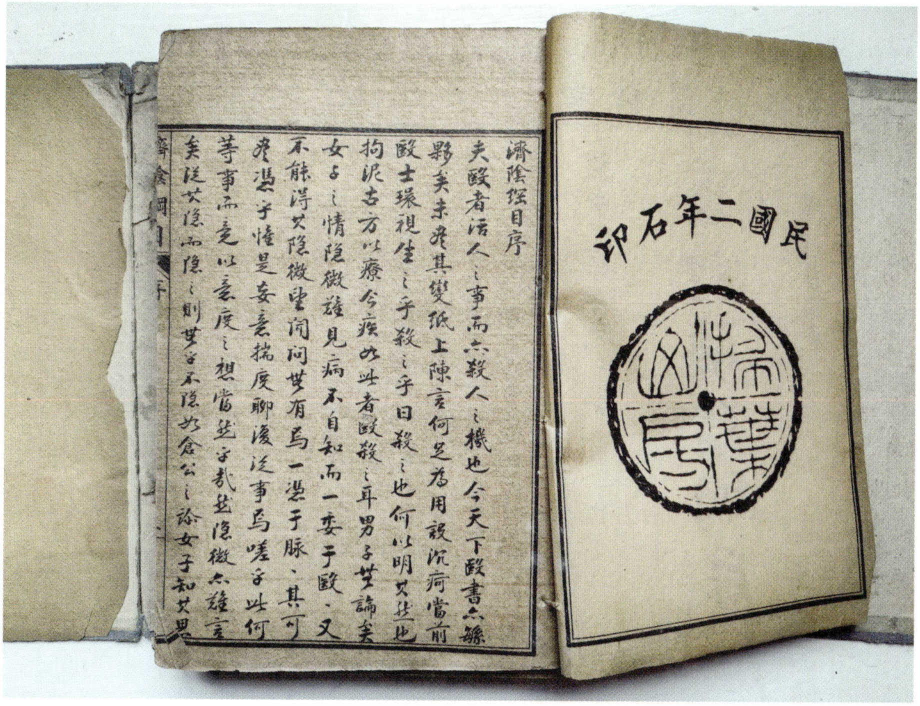

图4 《济阴纲目》版权页“民国二年石印　扫叶山房”及《济阴纲目序》第一页

一向低调做事、不事张扬的他，也只是觉得做了自己应该做的事儿而已。每当有人问起这件事，他只是轻描淡写地一笑而过。

在人们观念中多子即多福的那个时代，他却只有外祖父一个独子，且外祖父在七岁时生病发烧，被庸医“扎风”而导致聋哑，落下了终生的残疾。不久之后，他的二太太生病时也因针灸而导致了双腿瘫痪，痛心疾首的他购置了各种医书，拼命地研究医学知识，希望能用传统的医术帮助需要的人，不再让庸医误人。我珍藏的这本《济阴纲目》就是其中的一本。前些年，我的老师想把积攒了一辈子的针灸技术传给我，回家跟母亲提起，她坚决不同意，说“腿不针不瘸（qué）”。通过她的讲述，我才知道她从小就给瘫痪了的二奶奶端便盆，因为二奶奶的腿被针灸针得伸不直，连睡觉也是身下垫上两床被子两个枕头、趴着睡，直到去世，其痛苦可想而知。亲人的不幸遭遇，让母亲对针灸一直心有余悸。

三

母亲说，外祖父和外曾祖父长得很像，看见外祖父就如看到了外曾祖父。每次望着笑眯眯的外祖父，我都会想象他们父子站在一起的样子。慈眉善目的外祖父虽然不能开口说话，也没有机会将外曾祖父的家业发扬光大，但却在新中国成立后组建的运输公司里，用助人为乐的品德和仁慈之心赢得了同事好友的一致赞誉。

常言说，不是一家人不进一家门。工作生活在一起的外祖父和父亲意气相投、情如父子，外祖父才把自己的爱女、我的母亲嫁给了父亲。在唯成分论的年代，外曾祖父的财富和地位，没有给年幼的母亲带来荣华富贵，却留下了摘不掉的坏成分的帽子。在麻纺厂工作的她因此被辞退，报名支援新疆也被驳回，找不到工作的她只能回家做家庭主妇。即便如此，去世前因为尿毒症的浸淫，神智有时清醒、有时糊涂的母亲，每次想起外曾祖父都是无比崇敬：“我爷爷做过的善事说也说不清，我小姑就是他收留的要饭人的孩子。”母亲的小姑比她大不了几岁，是从临朐逃难过来的，要饭到外曾祖父家门口时，她父亲再也支撑不下去了。外曾祖父便收留了几乎要饿死的她，给她取名钟守芝，将她当亲生闺女一样看待，并送她去学堂念书，希望她像祥瑞的灵芝一样雍容华贵、幸运一生。在查三代祖宗家庭成分的特殊时期，与母亲同时报名支援新疆的她，因为与外曾祖父没有血缘关系，而比母亲幸运地获准去了新疆，在那里扎根安家，从此改变了一生的命运。

母亲生于庚时，外曾祖父给她起名钟玉庚。母亲识字后，做出的第一个决定就是将自己的名字改成钟玉洁，睿智果敢的秉性与他年轻时如出一辙。母亲的身上流淌着他的血，也继承了他朴实肯干、勤劳吃苦、任劳任怨的优秀品质。因大舅、二舅常年在外，作为长女的母亲，结婚有了自己的孩子后依旧承担着娘家里里外外的众多杂事——下地干活，回家做家务，侍奉双亲，照顾年幼的弟妹，参加各种学习。在那缺衣少穿的年月，宁肯自己苦点，也要匀出衣物、食品接济其他人，对待上门要饭的人尤其热心，她总是说："但凡有一点希望，谁愿意出来要饭吃。能帮的我们就一定要帮。"所以，她总是既给人家粥饭，又送人家衣物，虽然没有当年外曾祖父施粥那样规模宏大，但彼此乐善好施的心地却是一样的。

四

抚摸着这本民国初年的发黄发脆的线装《济阴纲目》，阵阵墨香里，我依稀看到年轻英俊的外曾祖父正秉烛苦读，摇曳的烛光映照着他青春的脸庞，"国家兴亡，匹夫有责"的信念鼓舞着他，也鞭策着我。虽然我从未见过他，他的照片和画像也毁于那场大火，但从母亲身上我看到了他勤奋努力、自强不息的风骨，从他读过的书中看到了他刻苦勤勉、不断进取的精神，从身边口耳相传的口碑中了解了他为国分忧、为民解难的担当……

虽然他已远去许多年，他的书籍、笔记等已被烧毁，也没有任何文字记载他传奇的一生，但就像那场大火烧不掉他的仁善之举和浩然正气一样，时间也不会带走他的博爱和英勇无畏的精神，他永远活在人们的心中。

（作者吴瑞芳，山东省作协会员。作品被《时代文学》《小小说选刊》《山东工人报》等省级报刊发表和转载，多次在全国性征文大赛中获奖）

滞 后

张延庆

滞后何以如白练，随风飘舞盈心间？

我读巴金的《家》时，这本小说已风行五十多年了。他八十多岁完成《随想录》，等我买来它时，他已经九十多岁了。巴金的散文集，多为一九四九年前的文字，我见到它们时，他已经故去十八年了。

图1　刘旦宅插图本《家》(人民文学出版社，1953年6月第1版，1981年9月第3版，2021年9月第1次印刷)；《随想录》(作家出版社，2009年1月第1版，第5次印刷)书影。

一

这些滞后，是怎么造成的？这些不安，让我感到了亏欠。深夜，我读他的散文，仿佛在旷野被洗劫一般，宝贝没了，只有绝望，只好去痛苦。

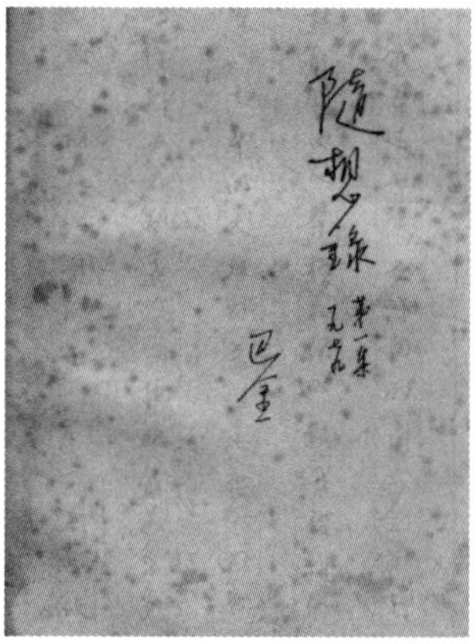

图2　巴金《随想录》发表出版后在文化界产生重要影响，不仅印量惊人，而且是我国新时期文学作品中版本数量众多的图书之一。南京师范学院学报编辑部编印的《随想录》(1979年第一集，1980年1月印行)是中国内地最早公开发行的版本。图为其封一。

他在《静夜的悲剧》[①]里写到："'阻止她！'我想大声叫；'马拉，当心！'我想叫。可是太迟了！我晚生了一百五十多年。"

这不是那个沉默寡言的巴金，但他感到了滞后，他惋惜的还有刺客："'是不是，你说？'我几乎要叫出声来。因为我的目光又落到那个在狱窗中沉思的少女的面颜上了。"

少女刺杀了马拉，随后热月政变发生，属于少女的这一派胜了。但巴金怀疑：这不是那个少女想要的。他的痛苦传染到我。

甚至对契科夫的小说，他也要大叫，他写到："有时候我读得厌烦起来，害怕起来，我觉得一口气憋在肚子里头快要憋死我了，忍不住丢开书大叫一声。"

《我们还需要契科夫》[②]是为了纪念而写。契科夫忧郁的笔调写出的，都是忧郁的人和忧郁的事。

这曾让巴金难过，这难过感染到了我。

在《一个中国人的疑问》[③]里，他写到："撇开大多数人的幸福和痛苦来谈道德，等于抓起一具枯骨来硬给他装上一个灵魂！"这是巴金

---

① 《静夜的悲剧》，收录于巴金散文集《静夜的悲剧》，最初发表于1947年10月1日《中国作家》第1卷第1号。

② 《我们还需要契科夫》，收录于巴金散文集《谈契科夫》，原文有副标题"纪念契科夫逝世五十周年"，最初发表于1954年7月7日《人民文学》7月号。

③ 《一个中国人的疑问》，收录于巴金散文集《废园外》之附录，最初发表于1943年12月《广州日报·漓水》。

的呐喊，是对战乱中空谈者的控诉。在这里，他还写到："世间绝无对人无利的道德，亦无教人求死的善行。"

这鲁迅似的反击，感染到了我。

巴金的肉身再不会活过来了。活着的时候，他这样回答自己影子的质疑："我知道，我的脚踏在寂寞上面，我的步子就显得更有力。寂寞会成为我的忠实伴侣。"

在《撇弃》[①]里，全是这些犀利的对话，这不是那个沉默寡言的巴金。在《死去》[②]中，他梦到自己死了，有人来砍他的棺盖。他写到："'难道你们还要来一个鞭尸的表演么？'我想着，觉得愤恨把我的心烧热了。"

这是那个躺在棺材里，已经"死去"的巴金的沉默，这又感染到了我。

这里是呐喊，那里是呐喊，无处不是呐喊，这便是巴金吗？他早期的散文，虽有欢快，但更多的，则是对灵魂和不公的拷问。

这些散文有十册之多，我并没有读完，但沉思已经弥漫。抓住时间的一面，便感到了满足，这是过去的浑浊的我。虽在浑浊中思索，终究无答案。当时间的另一面转来，我才发现更为广阔的视野，于是对过去的自己，就不再感到满意。

我的滞后，就这样被巴金的散文击碎。

二

从鲁西北的县城，赶到有泉城之称的济南，我的工作从教师变为编辑，在文字往还之间，我开始读史抄史，也开始写出所思所想。但滞后感时常袭来，这促使我想到《随想录》，促使我去看巴金这些晚年的沉思。

打开巴金的《随想录》，我的心总会被烧热。在开篇的《合订本新记》中，他说："我说过'随想'是我的'无力的叫喊'。"

真的是这样吗？在《怀念烈文》的开头，他这样写到："忽然有什么东西烧着我的心，我推开面前摊开的书，埋着头在抽屉里找寻什么，

---

① 《撇弃》，收录于巴金散文集《龙·虎·狗》，最初发表于1941年11月1日《萧萧》半月刊第1期。

② 《死去》，收录于巴金散文集《龙·虎·狗》，最初发表于1941年11月25日《自由中国》第1卷第4期。

我找出了一份剪报，是一篇复印的文章。‘黎烈文[1]先生丧礼……’”

他接着写到：“这几个字迎面打在我的眼睛上，我痛了一阵子，但是我清醒了。”

不是因为愤恨，而是因为怀念，他要讲出实话，讲出真话。晚年的巴金，定然是敏感的，在激荡大半生后，他的大脑更为澄澈了。

“昨夜梦见萧珊，她拉住我的手，说：‘你怎么成了这个样子？’我安慰她：‘我不要紧。’她哭起来，我心里难过，就醒了。”

这是《再忆萧珊》的开头，几次看到这些话，我忍不住悲咽。对夫人的怀念，是他晚年的课题，萧珊的骨灰，就一直放在他的卧室。

“我挥动胳膊，只是保护自己，大声叫嚷，无非想吓退鬼怪。”

在《说梦》中，他继续写到：“为什么在梦里我也不敢站起来捏紧拳头朝鬼怪打过去呢？我在最痛苦的日子，的确像一位朋友责备我的那样，‘以忍受为药物，来纯净自己的灵魂’。”

几次看到这些话，我总会唏嘘。火伴着泪，还将燃烧下去，直到今天，依然没有熄灭。

《随想录》多的是苦痛。这些苦痛的声音，徘徊在我的耳畔，不肯离去。我怀疑，这么多的苦痛，究竟能惊醒多少人？人们不能醒来，难道是因为真话没有了力量？

平静的泉城，有平静的流水。我偏爱的《左传》，处处展示了因果轮回，“二十四史”里面，也充斥着天人感应，这是史家的痛苦、无奈和呐喊。望着和史书并排的《随想录》，愈发感到讲真话的艰难和可贵。于是，在那些平静的夜晚，我有了激越的心境。

三

共鸣让我的大脑开始澄澈，但滞后并没有消除。我的内心时常呐喊：是因为肤浅，因为障眼法，因为无药可救吗？我的思想是肤浅的，但巴金的深沉思考，如雪泥鸿爪，在我的思想肤浅处，留下深刻的印痕。

巴金的肉身不会活过来了，但他留下的这些文字，却让读者回到过去那个风云激荡的时代，也让我的内心激荡起时代变幻的风云。当

---

① 黎烈文（1904—1972），湖南湘潭人，病逝于台湾；中国现代作家、翻译家。

《家》最初以《激流》之名连载于报章时，沉默寡言的巴金，在中国广大读者尤其是青年读者心中，掀起阵阵狂飙。

梅芬[1]死了，是死于肺病，也是死于礼教。吊唁离开时，觉慧[2]望着棺材，愤懑地说："一些哭声，一些话，一些眼泪，就把这个可爱的年轻的生命埋葬了。"

他甚至喊出："梅表姐，我恨不能把你从棺材里拉出来，让你睁开眼睛看个明白：你是怎样给人杀死的！"

瑞珏[3]死了，是死于难产，也是死于礼教。瑞珏在房内呻吟，但木板门隔开了她和觉新。觉新狂叫："珏，我在这儿，我在这儿！珏，我来了！开门！快放我进来！她要见我！你们放我进来！"

他捶门，他伤心，他绝望。婴儿的啼声传出时，房门打开了，但瑞珏死了。

《家》里写的，远不止这些。愤懑、彷徨、呐喊，交互传递，交互激荡，充斥着读者心灵的每个角落。这个时候，我刚刚考上大学，我读着它，也被它激动着。与《随想录》一样，《家》也有着灰色的书衣，它虽感染到我，但狂热过后归于平静，其后偶有涟漪泛起。

甚至当我在鲁西北的一个小县城里，写下板书，大声给学生讲他的散文《灯》时，虽触摸到了善恶，但尚不能真正感受其中的沉闷、希望和激越。我甚至大声对学生说：你们得背过它！但这要求又太过苍白和无力。

甚至多年以后，我看到巴金在《观察人》[4]里叙说《家》时，也没有被很深地触动。他说："有人责备我'美化'了高老太爷，说这是我的'败笔'。其实我的小说中处处都是这样的败笔，因为我的那些人物都是从生活里来的，不是从书本上来的。"

这些滞后，远远地站在那里望着我。岂止是滞后，甚至还有些懵懂。

四

现在，我买来新的《家》，把它和《随想录》放在一起，和巴金的

① 梅芬，觉新的恋人。

② 觉慧，觉新的弟弟。

③ 瑞珏，觉新的妻子。

④《观察人》，见巴金《随想录》。

图5　张延庆书架上的“二十四史”

图6　张延庆著《读史札记（壹）》《读史札记（贰）》书影

散文放在一起，和《二十四史》等众多的史书放在一起，我的心开始变得熨帖[①]。2021年我开始写读史札记，写出来了，也出版了。到了2022年，我又写了第二本，很快也出版了。这两本书里有读史的体会，更有巴金的影响。

治史者的严谨、克制，和着巴金的外冷内热；历史长河的激越、澎湃，和着文学家巴金的愤懑与呐喊。现实和理想，史学与文学，毫不违和地汇集一处，流进我的心海，酝酿着思想的惊涛骇浪。

我在《读史札记》的《正心》篇呼吁，“亲情可以断，友情可以断，惟有家国不可断”；我在《凌厉》篇呐喊，“铮铮之声，铮铮之骨，铮铮之节，铮铮之人。铮铮如此，亦复何求”；我在《不忍》篇慨叹：“世上唯一不需努力就可以得到的是时光，世上唯一无论怎样努力也换不回的也是时光。时光里含着生老病死，也含着无尽的不忍和不舍。”

《读史札记》里的忠孝节义，伴随声声吐纳，穿越历史，激荡心扉，我宁愿相信，那是巴金带给我的底气。

［作者张延庆，央媒新媒体编辑。在多家央媒发表非遗人物、紫砂评论等文章，在《品读》月刊发表系列散文，开办“张延庆微观文化频道”微信公众号。出版专著《读史札记（壹）》《读史札记（贰）》等］

① 熨帖，音yù tiē，释义是（用字、用词）贴切、妥帖；心里平静。

清代扬州藏书简史

曾学文

黄宗羲《天一阁藏书记》云："藏书，非好之与有力者不能。"这是说，藏书家必具备两个条件，一是喜欢书籍，二是具有一定的经济实力。清代，扬州文化学术繁盛，盐业经济发达，文人学士、富室大户多，读书、藏书、著书、刻书氛围浓厚，藏书家与藏书楼之盛，胜于他郡。清费轩《扬州梦香词》："扬州好，佳句记还无。名士总胜三斗酒，贫家都有五车书。领袖有鸿儒。"这是对清代扬州崇儒好书风尚的真实写照。

清前期：顺康雍时期

明清易代之际，扬州经历了惨烈的"扬州十日"，城市凋敝，居民亡散，藏书灰烬。未久，扬州从废墟中再次崛起，学术文化重兴，本籍、寓贤、名宦之藏书家日渐增多。

郑侠如，字士介，号俟庵，安徽歙县人，业盐居扬州，著籍江都，为扬州休园主人。其藏书室曰丛桂堂，藏书极富，黄宗羲晚年好聚书，搜抄稀有书籍，于鄞县（今浙江省宁波市鄞州区）范氏天一阁之外，多从郑氏丛桂堂借抄。

周亮工（1612—1672），字元亮，号栎园，河南祥符（今开封市祥符区）人。顺治二年起任两淮盐法道、淮扬海防兵备道，居于扬州，离任后又常往来于此。周氏通文学，精篆刻，喜收藏。游宦所至，访求故籍不遗余力，见心仪之书，即购之寄回家中。兵燹劫后之扬州，藏书家多无力收贮，周氏购获颇丰。家有赖古堂，为藏书之所。《周亮工藏书纪事》尝记曰："我原在扬州买宋板《文苑英华》一部，共计二三十套，原用银五十两。昨见楼上未有此书，可查了。”

顾图河（1655—1706），字书宣，号颖砚，江都大桥人。康熙三十三年高中榜眼。少负异才，嗜书如命，读书寒暑无间。家住城东70里外，每入郡城，必载书数车随读。书室曰雄雉斋，相传有雄雉飞集梁上而得名，藏书甚富。其父顾九锡亦为饱学之士，考授儒林郎，其读书处名春江草堂。此处成为清初文人雅集之地，汪懋麟、孙枝蔚、宗元鼎等时相过从，讲文论诗，上下谈艺，颇耽风雅。雄雉斋一直为顾氏后代沿用，至晚清光绪时期，仍是顾氏读书、藏书、刻书之处。

曹寅（1658—1712），字子清，号荔轩，别号楝（liàn）亭，为曹雪芹祖父。康熙年间任两淮巡盐御史，受皇帝之命在扬州天宁寺主持刊刻《全唐诗》。生平泊然，无他嗜好，惟性耽书籍，政事之暇，以购书、藏书为乐事，有“书淫”之目。他常往来于南京、仪征、扬州之间，在三地均建有园林宅第，各有藏书室。曹寅在金陵家中的藏书室名楝亭，藏书达十万卷，其《曝书》诗曰：“十五年间万卷藏，中年方觉曝书忙。遥怜挥汗缤缙处，时有微风送古香。”康熙四十六年九月，朱彝尊到两淮巡盐御史驻真州的批验盐引所拜访曹寅，见到曹氏所藏

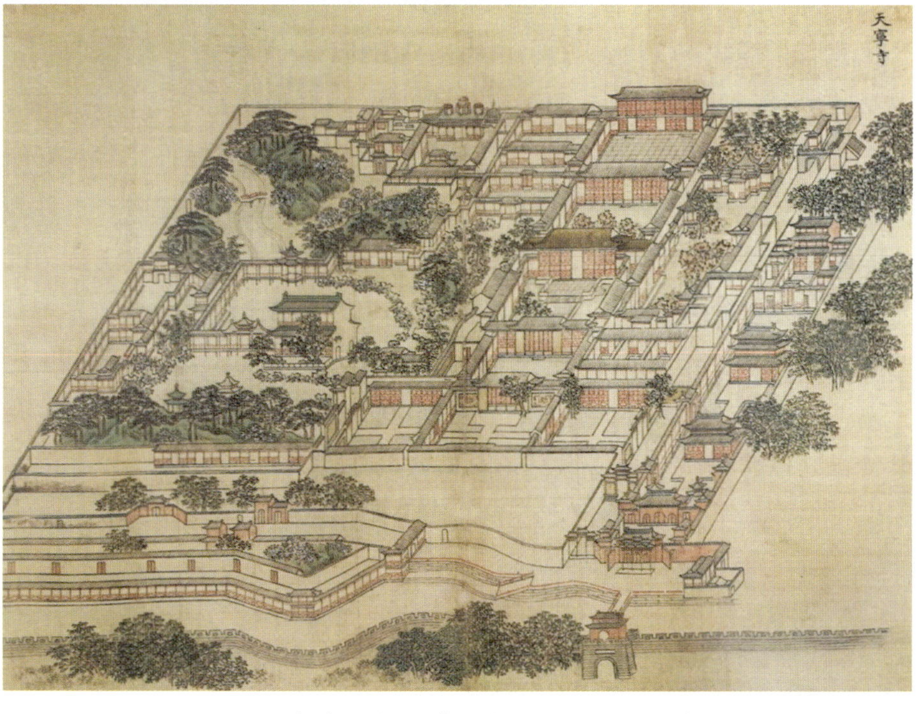

图1　天宁寺（选自《江南园林胜景图册》）

南宋周应合所著《景定建康志》，大喜过望，请求借回家抄录，曹欣然应允。曹寅也从朱彝尊的曝书亭藏书中抄录过大量珍贵典籍，如《攻媿先生文集》等，两大藏书家相互补充，丰富了各自的藏书。叶昌炽《藏书纪事诗》对此描述道："绿树芳秾小草齐，楝花亭下一尊携。金风亭长来游日，宋椠传钞满竹西。"金风亭长即朱彝尊。

蒋继轼（1668—1738），字蜀瞻，号西圃，江都人。少有文名，性真诚，笃于孝友，沉酣经史，善属文，工书法，与孔尚任交好。尝与修《明史》《扬州府志》诸书。酷嗜藏书，有室名赐书楼，藏书印有"西圃蒋氏手校钞本""赐书楼"等。丁忧归里后，"萧然一室，图书外一无所营"。[①]"性淡泊，于纷华无所好，独喜聚书"。"每于岁暮出诸书于庭，陈酒肴而拜之，因名其斋曰拜集斋，自号拜集老人"。[②]尤好抄书。"官京师，四方都会，闻人有秘本，必亲往求之，手自抄录，校正遗脱，刊改讹误，又遍访之诸家，以求是正。"[③]晚居邗（hán）上，搜集益广，得唐宋元人珍本集三百余部，多为世所不传之抄本。江藩云："吾乡西圃太史、半槎征君两家，藏书万卷，秘籍琳琅，甲于天下。"[④]如所抄之《广陵集》，得汲古阁旧抄校勘，为难得之善本，现藏于上海图书馆。

安岐（1683—1745？），字仪周，号麓村，别号松泉老人，朝鲜人。先后在天津、扬州经营盐业，富甲天下。好书画，精鉴赏，喜收藏，其书斋名古香书屋，书画藏贮之富，有清一代唯梁清标可比肩。安岐业盐扬州，居安家巷约园，曾任两淮总商，与山西亢氏齐名，被称为"北安西亢"。据《清稗类钞》记载，安氏恭慎守法，且以好士称，江淮间文士之贫而不遇者，多依以为生。其藏书多珍善之本，且大多获自扬州，其藏书印有"安歧之印""安仪周家珍藏"等。编撰有《墨缘汇观》一书，为书画鉴赏名著。曾石刻孙过庭《书谱》，该书后被扬州盐商汪廷璋购得。

---

① 光绪《增修甘泉县志》卷十四。

② 〔清〕王懋竑：《白田草堂存稿》卷十九《翰林院编修蒋君西圃墓志铭》。

③ 〔清〕王懋竑：《白田草堂存稿》卷十九《翰林院编修蒋君西圃墓志铭》。

④ 《江苏诗征》卷一一四。

图2 修葺一新的街南书屋

马曰琯（1688—1755），字秋玉，号嶰谷；马曰璐（1695—1776），字佩兮，号半槎，并称“扬州二马”。祖籍安徽祁门，业盐居扬州。马氏兄弟居街南书屋，“独以古书、朋友、山水为癖”，风雅好客，是清代扬州盐商以贾好儒、好文、好礼、好善的杰出代表。筑丛书楼，搜藏珍籍甚夥，藏书之丰富，名声著于大江南北。钱塘陈皋与兄陈章寓居扬州，“君甫壮即随兄章同馆于扬州马氏玉山堂。嶰谷、半查两君广储载籍，插架十万卷，君得以恣其渔猎，见闻日富”。[①]江宁诸生严长明，亦曾馆于马氏家，与诸名士切磋质难，遂博极群书。全祖望《丛书楼记》说：“百年以来，海内聚书之有名者，昆山徐氏、新城王氏、秀水朱氏其尤也，今以马氏昆弟所有，几几过之。”难能可贵的是，马氏藏书不是敝帚自珍，而是公诸同好，对学者开放，助学者研究之用。著名学者厉鹗就曾住丛书楼数年，博览群书，编纂成《辽史补遗》《宋诗纪事》。袁枚尝有诗咏之：“山馆玲珑水石清，邗江此处最知名。横陈图史常千架，供养文人过一生。”马氏藏书印有“马氏丛书楼珍藏图记”“小玲珑山馆”等。乾隆年间编《四库全书》，马曰琯之子马裕奉旨进献书籍达776种，位列全国第一。乾隆谕旨对其褒赞有加，并御赐

① 〔清〕李桓：《国朝耆献类征初编》卷五十七。

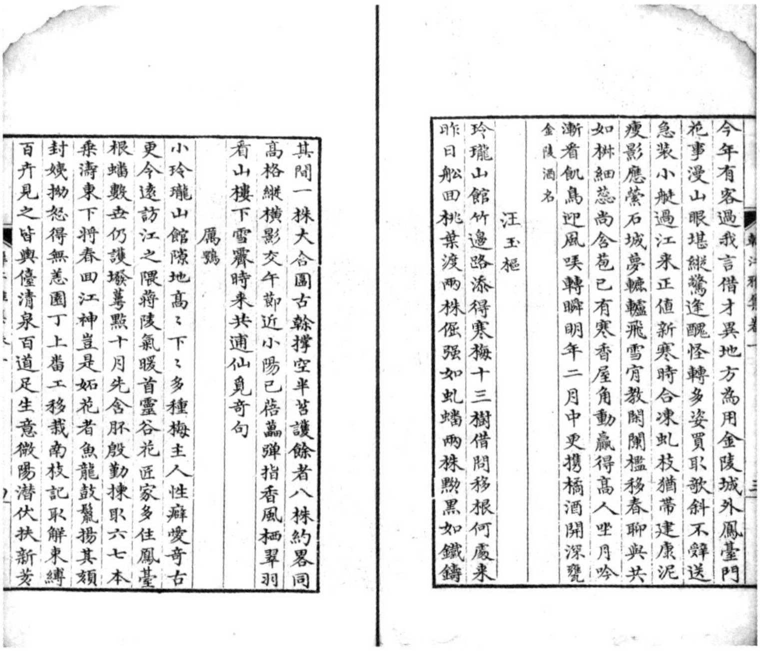

其間一株大合圍古榦撑空半皆護餘者八株約畧同
高格縱横影交午節近小陽已蓓蕾彈指香風栖翠羽
看山樓下雪齋時来共逋仙覓奇句
厲鶚
小玲瓏山館隙地高〻下〻多種梅主人性癖愛奇古
更令遠訪江之隈蔣陵氣暖首靈谷花匠家多住鳳臺
根蟠數缶仍護撥蕢點十月先含胚殷勤揀取六七本
乘濤東下將春回江神豈是妬花者魚龍鼓鬣揚其頰
封姨拗怒得無恙園丁上番工移栽南枝記取解束縛
百卉見之皆輿儓清泉百道足生意微陽潛伏扶新荄

今年有客過我言借才異地方爲用金陵城外鳳臺門
花事漫山眼堪縱驚逢醜怪轉多姿買取欹斜不辭送
急浆小艇過江来正値新寒時合凍虬枝猶帶建康泥
瘦影應縈石城夢轆轤飛雪宵教閑闌檻移春聊與共
如椕細蕊尚含苞已有寒香屋角動贏得高人坐月吟
漸看飢鳥迎風咲轉瞬明年二月中更携橘酒開深甕
金陵酒名
汪玉樞
玲瓏山館竹邊路添得寒梅十三樹借問移根何處来
昨日船田桃葉渡兩株偃强如虬蟠兩株黝黑如鐵鑄

图3　乾隆十二年马氏刻本《韩江雅集》书影

《古今图书集成》一部，马氏之荣耀，在藏书家中可谓前无古人、后无来者了。马裕字竹泉，室名謏闻斋，藏书印有“竹泉珍秘图籍”等。惜马裕卒后未久，小玲珑山馆易主，丛书楼之藏书逐渐散佚。

清中期：乾嘉道时期

清代中期，随着盐业经济的发达，康乾二帝多次南巡，扬州文化学术臻于极盛，出现了扬州学派、扬州画派等具有全国影响的学术与艺术流派，盐商、学者、官员竞相刻书藏书，皇家藏书楼文汇阁兴建，《四库全书》入藏，成为扬州藏书史上的鼎盛时期。

钱穆《国史大纲》曰：“明季以来，江浙两省藏书家之多，尤胜前代远甚。而扬州为盐商所萃，其经济力量，足以沾润江浙学士者更大。乾隆朝《四库全书》凡七本，内廷占其四，而江浙亦占其三。此亦可见当时学术偏聚江浙之一斑。”徐谦芳《扬州风土记略》云：“藏书之家，旧为马氏小玲珑山馆，与陈穆堂瓠室，收弆最富。旧城文汇阁贮有颁定《图书集成》与《四库全书》。兵燹后，独山莫氏、江阴何氏寓扬，所藏多精本。江西何氏、仪征吴氏收藏亦富。”清代扬州官方藏书自然以文汇阁《四库全书》为最，私人藏书之声名显著者则非止上述数家。

《四库全书》的编纂与贮藏，都与扬州有紧密关系。编纂四库，规模巨大，意在尽可能将分藏于各地众人之手的珍秘图书网罗汇集，因此搜访遗书成为地方官员的一项重要工作。两淮富庶之地，藏书家云集，尤其是马氏藏书久负盛名，自然格外受到重视。乾隆三十八年（1773）闰三月三日，高宗颁布诏谕，敦促两淮盐政加紧搜访遗书："淮扬系东南都会，商人中颇有购觅古书善本弆藏者，而马姓家蓄书更富。……著传谕李质颖，即遵旨妥办，查访藏书内流传已少，及现在并未通行各书，向其家借出，缮录副本呈送。"[①]该年闰三月二十八日，乾隆再颁谕旨，令在扬州就近借抄马氏藏书。丹徒籍藏书家、鉴赏家蒋宗海，多年主讲仪征乐仪书院、扬州梅花书院，曾受命鉴定遴选扬州藏书，然后进呈。据清人李宝泰《蒋春农传》记载："四库馆开，江浙藏书诸大家各

图4　文汇读书（载《鸿雪因缘图记》）

① 《高宗实录》卷九三〇。

图5 复建后的文汇阁

为录目上之，馆阁诸公推扬州所进为第一，皆先生别择手定者也。”[①]

为了表彰马氏积极献书，乾隆御赐其《古今图书集成》一部。《四库全书》于乾隆四十七年（1782）正月告成。七月，乾隆颁布谕旨，命于北京等地建文渊、文溯、文源、文津四阁，各缮写一份，以备贮藏。后来又命再缮写三份，分别安置于扬州大观堂文汇阁、镇江金山寺文宗阁、杭州圣因寺文澜阁，是为江南三阁。为了加强四库藏书管理，便于阅读利用，以免束之高阁，乾隆四十九年二月又颁布诏谕，不仅准许读书嗜古之士“就近钞录传观”，而且“如有愿读中秘书者，许其陆续领出，广为传写”，以嘉惠士林。[②]文汇阁的建立，对于扬州文化发展大有裨益。清末两江总督端方光绪三十四年七月《创建图书馆摺》[③]云：“江浙地方建立文宗、文汇、文澜三阁，尽出四库之藏，以惠东南人士，而扬州、镇江得其二。由是江左学风，冠冕全国。”可惜咸丰三年太平军攻陷扬州时，书与阁均惨遭焚毁，令人扼腕痛惜。

① 郑伟章：《文献家通考》上册，北京：中华书局，1999年6月，第291页。

② 《高宗实录》卷一一九九。

③ 此处“图书馆”指江南图书馆。

程晋芳（1718—1784），字鱼门，号蕺园，祖籍歙县，初居扬州，后迁淮安。乾隆十七年进士，授翰林院编修，后任《四库全书》总目协勘官。嗜书若渴，藏书颇丰，博通经史，著述斐然，是乾隆时著名的学者、藏书家。“乾隆初，两淮殷富，程氏尤豪侈，多蓄声色狗马。君独愔愔好儒，罄其赀，购书五万卷，招致方闻缀学之士，与共讨论。”[1]程晋芳藏书室名桂宧，四方文士来者，觞咏其中。他在《桂宧藏书序》中说：“且购且钞，积三十年，而有书三万余卷。其后家益贫，不获已则以书偿宿负，减三分之一。”但因不善营生，老年时贫病交困，其藏书大多散佚。程晋芳向四库馆献书三百余种，在两淮仅次于马氏。

汪畚[2]，字中也，号雪礓[3]，别号龙尾山农，约卒于乾隆五十五年（1790）。工诗词，师事厉鹗、陈撰，与当时名士交游颇广。擅经营，家赀丰厚，马氏兄弟卒后，购其小玲珑山馆。喜收藏，精鉴赏，蓄古书画及古铜玉器甚夥。嘉庆时，知不足斋主人鲍廷博叙述《南宋群贤小集》（又称《江湖群贤小集》）“传录始末”时，谓此书宋刻珍本始由两淮巡盐御史曹寅收藏，辗转归于扬州马氏小玲珑山馆，后流落吴门书肆，书贾“以售汪君雪礓。不数年，雪礓客死金阊，平生所藏书画尽化为云烟，而是书遂不可踪迹矣。”雪礓又藏有《湖语》一书抄本，亦颇珍贵。

江春（1721—1789），字颖长，号鹤亭，原籍安徽歙县，自其祖父江演起侨居扬州，以盐筴[4]起家。喜吟咏，好藏书，其康山草堂亦以藏书丰富而知名。所藏有宋元椠本，尤多明清抄本，如明彭龙池手抄本《高士传》、《松筹堂遗集》、江氏秋声馆抄本《缙云文集》、旧抄本《古玉图谱》、马氏旧藏《宋遗民录》、述古堂钱氏抄本《吴越备史》等，又藏有日本山井鼎考文、物观补遗之《七经孟子考文补遗》。其藏书印有“江氏随月读书楼藏书记”“康山草堂”等。

---

① 〔清〕袁枚：《小仓山房文集》卷二十六《翰林院编修程君鱼门墓志铭》。

② 畚，音běn，古同“本”。

③ 礓，音jiāng，石子、小石。

④ 筴，音cè，指夹子；盐筴，指盐务。

秦黉[1]（1722—1794），字序堂，号西岩，江都人，石研斋主人，好读书藏书。乾隆南巡时，御赐其“旧城读书处”匾额。其子秦恩复（1760—1843），字近光，号敦夫，更广搜珍秘之本，藏书达数万卷，尤以校刻书精善著称，时称“秦版”。秦氏藏书印有“三朝侍从之臣”“石研斋秦氏印”等。好友江藩评价曰：“敦夫蓄书数万卷，日夕检校，一字之误，必求善本是正。”[2]秦恩复对江藩说：“有聚必有散，吾子孙焉能世守勿替？暇日编《石研斋书目》上下二卷，以志云烟之过眼云尔。”江藩之前藏书亦富，与秦氏相埒，后因遭遇饥荒，以书易米，书库一空。道光中，秦氏藏书先遭盗窃，后遇火灾，损失已多。咸丰中，再遭太平天国之乱，据时人记述，秦氏石研斋与阮氏文选楼“皆牙签万轴，多人间未见书，不啻琅嬛福地”，太平军至，皆付之一炬，或用以熏蚊烧茶[3]，损毁大半，剩余部分后来亦陆续散佚。当时翁同书在江北大营辅佐琦善处理军务，利用各种渠道广搜古籍，曾购得秦氏石研斋所藏善本数十种，内多秦恩复手校之本，包括秦氏藏抄本《平庵悔稿》《雪山集》《李元宾文集》等。他在所购《雪山集》的跋中说：“此本出李南涧家，与《永乐大典》本不同。秦敦夫先生校正精抄，手跋其尾，当时珍秘可知。”聊城藏书家杨以增亦购藏了部分石研斋藏书，丰富了海源阁藏书。另有少量书为秦氏后人所藏，传至秦恩复玄孙秦更年（1885—1956，号婴闇）时，藏书至万余卷；秦更年精于版本鉴别，坊间有“北有藏园，南得婴闇”之称，为近代收藏大家，其藏书印有“婴闇秦氏藏书”“蔓青手校”等。秦更年去世后，其藏书散落四方，部分珍本被南开大学图书馆收藏。

刘椿龄，字华荫，南通吕四场人，为名诸生，以业盐居扬州。张謇《刘君墓碣》云：“有清乾嘉之世，淮南北盐业之盛冠一国，而扬州所谓八大商者尤有名，南通吕四刘椿龄其一也。”刘氏喜好藏书，所藏多海内奇书、名人书画，每吸引士大夫前来观赏。李斗《扬州画舫录》卷十称：“淮南藏书，以吕四刘氏为最。”

---

① 黉，音hóng，古代学校。

② 刘梅先《扬州杂咏·秦敦夫石研斋藏书》注。

③ “中国近代史资料丛刊”《太平天国》（三），上海：上海人民出版社、上海书店出版社，第311页。

陈本礼（1739—1818），字嘉会，号素村，别号邗江逸叟；其子陈逢衡（1778—1855），字履长，一字穆堂，江都人。父子并好诗文，研治经史，精于考订。陈氏家道殷实，富藏书，陈本礼于广陵南郊甪[①]里村筑瓠室，以为藏书之所。“藏书数十万卷，秘本尤多。世以比范氏天一阁、毛氏汲古阁、马氏玲珑山馆、阮氏文选楼云。”[②]高邮金长福所撰《陈征君传》称“扬州藏书之家，向推马氏玲珑山馆。其有与马氏匹敌者，惟陈氏瓠室，最知名于时”。至陈逢衡，性慷慨，好施舍，家道中落，藏书亦多散佚。后江都薛寿在为陈逢衡晚年所纂《续博物志疏证》所作序中说：“信惟藏书之多，故著书之博如此。是书行，而曩日所藏者特其糟粕耳。彼琅嬛福地，茂先尚不能久居。是则藏书之亡，不足为先生惜；而著书之传，有足为先生信也。”[③]陈本礼著有“瓠室四种”。陈逢衡有读骚楼，精于鉴别古籍，校刻书甚多。

江都汪中（1744—1795，字容甫）、汪喜孙（1786—1847，字孟慈，号荀叔）父子之问礼堂，所藏多宋元别集之抄本。乾隆五十年，汪中应两淮盐政戴全德之聘，司文汇阁所藏之四库书，又曾入镇江文宗阁、杭州文澜阁校书，四库江南三阁都留下了他的足迹，因此得见诸多人间罕见秘本，并抄录藏于家。另外收藏金石碑版亦多，尝从射阳湖项氏得汉石阙孔子见老子画像，珍藏于室，并署曰“问礼堂”，并自拟一联：“家有射阳画象，身典金山秘书。”汪中好友刘台拱称其“藏书多善本，朱墨烂然，横列座右，杂以金石彝器之属，凡数十年，未尝去手”[④]。其藏书印有“容夫校定”“甘泉汪氏秘钞书”“江都汪氏问礼堂收藏印”等。至其子喜孙，博学好古，能绍家学，藏书更富，达数万卷。同为藏书家的喜孙友人瑞安孙衣言赠诗云：“藏书十万卷，不能疗朝饥。仕宦二十年，妻孥[⑤]犹铺糜。日种梅花夜读史，世间贤者宁有此。”汪喜孙藏书印有“喜孙校读”“孟慈收藏”“喜荀审定”等。可惜至喜孙子延熙时，问礼堂藏书已陆续散出。聊城海源阁第二世主人杨

---

① 甪，音lù，常用于地名；甪里，古地名，在今江苏省苏州市吴中区西南。

② 《江苏诗征》卷二十八。

③ 丁锡根编：《中国历代小说序跋集》，北京：人民文学出版社，1996年，第47页。

④ 刘台拱：《容甫汪君传》，《宝应刘氏集》，广陵书社，2006年6月，第18页。

⑤ 孥，音nú，儿女。

绍和撰《楹书隅录》云："宋巾箱本《春秋经传集解》，向为青浦王德甫先生所藏，后归扬州汪孟慈太守。道光己酉，先公于太守之子延熙处得之。"

张敦仁（1754—1834），号古愚，山西阳城人，晚岁寓居江宁。数学家，藏书家。嘉庆九年（1804）任扬州知府，聘顾广圻、彭兆荪等寓府署校书。彭兆荪有《扬州郡斋杂诗》二十五首，其二首云："维扬剧郡雄财赋，太守清寒似我曹。绝学九章都探遍，只输能吏算钱刀。""牙签压架万琳琅，官阁新开六一堂。我有贪心同脉望，神仙三字要分尝。"自注曰："古余太守藏书最富，于郡廨[①]东偏葺六一堂，奉欧阳公像，而储图籍其中，设小吏掌之。"其藏书印有"开卷一乐""文章太守"等。张敦仁博学，精于考订，公暇即事著述，著有《辑古算经细草》《开方补记》。喜刻书，校刊《仪礼》《礼记》《盐铁论》诸书，多称善本，并为学者所重。

焦循（1763—1820），字理堂，一字里堂，扬州甘泉人，扬州学派代表人物。博闻强记，于学无所不通，于经无所不治，一生著述达四百余卷，号称通儒。其家居三十六湖之滨，据水木最胜处，原有书室曰半九书塾，后以参与纂修《扬州府志》的脩脯[②]筑雕菰楼[③]，为藏书读书著述之所。焦循科举失利后，曾长期居于家乡黄珏，足不入扬州郡城凡十余年。长居乡间，而著述宏富，涉猎广博，其家中丰富的藏书对其治学自然起了重要作用。后来家道中落，遇荒年，生计无着落，然于心仪之书，不惜倾囊购藏，如乾隆五十一年，得夫人脱簪易银相助，始购置《通志堂经解》一部。每得一书，必记其颠末。兴化学者李详尝寓居扬州，所撰《甲辰二月移馆扬州花园巷，闲日出游得诗八首》其五有句曰："雕菰涛外水拍天，里堂最录至今传。"注云："昔见里堂手批《资暇集》《苏鹗演义》两种于运司街书坊，今复见里堂藏书数种，皆有题识，朱印灿然。"

阮氏文选楼、琅嬛仙馆以藏书、刻书丰富而著称于世，以阮元

---

① 廨，音xiè，旧时官吏办公的地方。

② 脩脯，音xiū fǔ，旧时称送给老师的礼物或酬金。脩，干肉。

③ 菰，音gū，本意是植物名，即茭白，禾本科，菰属；"菇"的异体字。

（1764—1849，字伯元，号芸台）地位之崇高、影响之深远，以及阮氏家境之优渥、家风之绵长，在清代扬州藏书家中，除了马氏兄弟，罕有出其右者。文选楼建于扬州旧城文选巷，为阮氏藏书、读书、刻书之所，楼之东厢即琅嬛仙馆，以其名刻书甚夥。文选楼中所藏珍稀版本，如嘉庆十二年，阮元获南宋淳熙无锡尤氏贵池学宫刻本《文选》，极为宝重，藏诸楼中，别为校勘记，并为之作序。又藏有珍本《太平御览》，鲍崇城依此本校刻，其《仿宋刻〈太平御览〉序》曰："文选楼阮氏藏书，甲于邗[1]上，且多秘简，《太平御览》其一也。其中有依宋雕校者，有从影宋旧钞过录者，并属至精之册，洵为艺林之鸿宝。"家藏宋嘉定、元至顺写本《镇江志》两部，乃乾隆六十年宣城张焘所赠，嘉庆间进呈内府，又抄录两副本，分藏于文选楼与焦山书藏，后请刘文淇校勘，由丹徒包良丞刊刻行世。流传至今的《文选楼藏书记》收书约2600余种。道光二十三年三月三日，阮氏老屋福寿庭不慎失火，文选楼所藏图书、文物毁损严重。后所藏渐次散佚，莫伯骥《五十万卷楼群书跋文》卷三《尔雅》跋云："是文达

图6　阮元像（陈重庆题雷堂盦主像，扬州博物馆藏）

① 邗，音hán，本意指边境城堡；也指水名邗沟；还指春秋时代古国名；引申意思为"防御"，也表示"边防要塞"。邗上，古代指扬州，今扬州市有邗江区。

图7　阮元家庙

藏本曾遭火厄。然吾家所藏文达公固有多种，最佳者为宋刻史炤《通鉴释文》，此书（指《尔雅》）则其次也。”阮元用过的藏书印颇多，有“雷塘庵主”“琅嬛仙馆秘藏”“小琅嬛室鉴藏”等。

乔载繇（1776—1845），字孚先，号止巢，宝应人，为乔莱后裔。淡于仕进，好藏书，其先世藏书存者二千余卷，他竭尽二十年之力搜求，复得三千卷，以明刊本居多，其中不乏罕见之本，词本尤富。晚得汲古阁初印《六十家词》，伏案苦研不辍，成一代词家。家有藏书处曰吾园、裁云馆、妙华仙馆等，编撰有《吾园书目》一册，不分卷，著录图书600余种，以元、明、清初抄本居多。藏书印有“止巢居士”“宝应乔氏吾园珍藏”“臣繇之印”等。

甘泉薛传均（1788—1829，字子韵）与仪征刘文淇（1789—1854，字孟瞻）同居郡城，同肄业于梅花书院，相知相善，“相勉为根柢之学，遂相约购书，积三载，各得五七千卷，有无相假阅、是非相质难者且十年”①。二人志同道合，相约购书，互相借阅，互通有无，终成一代

① 〔清〕刘文淇：《文学薛君墓志铭》，《青溪旧屋文集》卷十。

学者。刘氏青溪旧屋藏书传至第五代刘葆儒，刘师培外甥梅鹤孙记曰：“刘氏累世藏书，皆以木架承之，不下数十架，……明刻本稍多。”[①]

清晚期：咸同光宣时期

晚清时期，扬州政治经济地位下降，文士、富商减少，复经太平天国战乱，藏书星散，藏书家亦屈指可数。

李祖望（1814—1881，字宾嵎）、李汝麟父子，晚清时扬州人，家有藏书室曰半亩园，杂植花树，藏书甚富。藏书印有“江都李氏选楼藏书”“江都半亩园李氏印”“滨翁”等。父子均受聘任淮南书局校勘。

何栻（1816—1872），字廉昉，又作莲舫，号悔馀，江阴人。道光二十五年（1845）进士。咸丰中，入曾国藩幕，颇获赏识。后经商致富，在扬州购得东圈门某氏宅，整治修葺，建成壶园（后改称瓠园），为隐居之所，颇擅林亭之胜。日与诗人觞[②]咏唱和，有累月不去者。增筑精舍三楹，名曰悔馀庵，藏书达四万卷。瓠园藏书，内多精品，民国年间大部售予上海商务印书馆的涵芬楼，张元济曾登门观书。据张氏日记所载，有“明版三千七百三十二本，抄本五百五十四本……殿版一千零九十九本，普通书三万四千八百九十八本，总共四万零三百七十五本”。其中珍本如宋版《洪盘州集》等，由张元济亲自押书回沪。何氏藏书有的也被其他藏家购得，郑振铎在《清代文集目录序》中说：“扬州何氏、无锡丁氏诸家藏书散出，予皆有所得。”

徐廷珍、徐兆丰父子，晚清江都人，家藏图书甚富。藏书印多为“江都徐氏藏书”朱文竖长方印，所藏多清康乾时刻本。不少为清毕沅经训堂刻本，如毕沅著、乾隆四十六年经训堂刻本《关中金石记》8卷，毕沅著、乾隆四十九年刻本《经典文字辨证书》5卷，乾隆四十九年刻本《三辅黄图》6卷《补遗》1卷，毕沅疏证、乾隆刻本《释名疏证》8卷等。又藏有康熙间刻、清吴震方著《说铃》，康熙至乾隆间刻、清田雯著《古欢堂集》，康熙时刻、明黄道周著《黄石斋先生九种》等。清末

---

① 梅鹤孙：《青溪旧屋仪征刘氏五世小记》，上海：上海古籍出版社，2004年，第76页。

② 觞，音shāng，古代酒杯。

两江总督端方为京师图书馆采购书籍，其来源主要有杭州丁氏八千卷楼藏书、湖州姚氏咫进斋藏书及扬州徐氏藏书。宣统元年八月初五日，学部上奏《筹建京师图书馆摺》，其中说："近年各省疆臣，间有创建图书馆，购求遗帙，以供众览者。江宁省城经调任督臣端方首创盛举……并购得湖州姚氏、扬州徐氏藏书数千卷，运寄京师，以供学部储藏。"此处仅称扬州徐氏，未讲明具体名氏，也给后人带来了疑惑。结合考察晚清扬州文化学术界的境况，此处"扬州徐氏"应指徐兆丰。

吴引孙祖父吴次山曾建有福读书堂，藏书颇丰，咸丰三年（1853），遭战火焚毁，荡然无存。吴引孙（1851—1920），字福茨，原籍仪征，居扬州。立志复兴藏书，于宦迹所至，广购旧籍，弆藏日富。所筑测海楼，不仅建筑风格别具一格，为扬州浙派建筑之代表，其藏书更名重一时，与天一阁、铁琴铜剑楼并称。他注重对藏书编目，先编有《仪征吴氏有福读书堂藏书简明总册》，抄本，颇精致，版心上标"有福读书堂书目"，下标"仪征吴氏藏书"。辞官归里后，悉心编刻成《扬州吴氏测海楼藏书目录》12卷。其自序说，宋元旧椠、明清精刊价值昂贵，难于购致，"余惟视力量所及，耳目所闻，不拘一格，凡元明刊本、旧家善本、寻常坊本、殿刻局刊各本，随时购觅，意在取其完备，不必精益求精。自宦游浙、粤十余年来，节省廉俸，广购储

图8　扬州吴氏测海楼

藏，得八千零二十种，计二十四万七千七百五十九卷，间有刊印不同，重复购存者”。吴氏每购一书，必钤藏印于首页，其藏书印曰“真州吴氏有福读书堂藏书”，复分门别类，妥善保管。光绪十九年十月，编成《有福读书堂书目》，分为经史子集艺丛医试说教缺十一类。其中“缺”类，即残缺之书，“凡有难得之书，不以缺少数卷而弃置者，特另编缺类附之，以俟异时购配”。此为书目之创见。

翁长森（1857—1914），字铁梅，江都人，诸生，晚清藏书家、农学家。尝官浙江云和知县，导农种棉，复建课农别墅，刊印《农业汇要》颁布四乡。又构津寄藏书楼，购置古今图书万卷，俾诸生借阅。少勤于学，家藏图书甚富，尤留心地方文献，旁搜博采，辑成《金陵丛书》，交由蒋国榜刊行。光绪中，参与刊刻朱绪曾所辑《金陵诗征》。

扬州藏书家少有书目传世，如江藩所说：“吾乡收藏之富，如马半槎、蒋西浦，皆甲于大江南北，而独无目录，不数十年，宋椠元刻，秘本精抄，散失无存，良可慨已。”[①]今所见除了上述《吴氏测海楼藏书目录》及《文选楼藏书记》，晚清时又有《墨香书屋藏书目》一册，收书800余种，有“云蓝阁制”笺纸抄本传世。

藏书往往蓄聚难而散佚易。如《清波杂志》所谓：“聚而必散，物理之常。”《清稗类钞·鉴赏类上》记载，乾隆、嘉庆时镇江丹徒人张若筠，好藏书，精鉴赏，藏书逾二万卷，“扬州某氏藏书，为江淮间第一，其子孙不能守，若筠闻之，即冒风雪渡江，购得宋椠书数部以归。（其侄）崟[②]为作《风雪载书图》，一时名士皆为之题咏”。

吴晗有言：“藏书之风气盛，读书之风气亦因之而兴，好学敏求之士往往跋涉千里，登门借读，或则辗转请托，迻[③]录副本，甚或节衣缩食，恣意置书，每有室如悬磬而弃书充栋者。亦有毕生以钞诵秘籍为事，蔚成藏家者。版本既多，校雠之学因盛，绩学方闻之士多能扫去鱼豕，一意补残正缺，古书因之可读，而自来所不能通释之典籍，亦因之而复显于人间。甚或比勘异文，发现前人误失，造成学术上之疑

---

① 〔清〕江藩著，高明峰整理：《江藩全集》，南京：凤凰出版社，2023年，第789页。

② 崟，音yín，高耸，高峻。

③ 迻，音yí，同“移”。

古求真风气。藏家之有力者复举以付剞劂[①]，辑为丛书，公之天下。数百年来踵接武继，化秘籍为亿万千身，其嘉惠来学者至多。”[②]藏书、读书之风气浓，则学术、文化成果丰，城市底蕴深，民众素养高，文明进步快。从藏书之兴盛，亦可窥见清代扬州经济文化之繁荣。

黄宗羲《天一阁藏书记》云：“尝叹读书难，藏书尤难，藏之久而不散，则难之难矣。”历来聚书艰难，散书容易，多少藏书楼，兴盛一时，毁于一旦，几多珍本秘籍，忽焉易主，甚或亡佚，良可慨叹。扬州清代藏书的命运，大体亦如此。幸有扬州图书馆、扬州大学图书馆等公共图书馆，保存了相当数量的典籍，新出版图书的购藏，亦有序进行，保证了扬州藏书事业的继往开来，不断发展。

（作者曾学文，广陵书社原总编辑、编审，江苏省出版协会副会长、扬州文化研究会副会长。长期致力于古籍整理与地方文化研究，著有《扬州刻书文化研究》(即出)，点校整理有《扬州著述录》等）

---

① 剞劂，音jī jué，刻镂的刀具，雕版，刻印。

② 吴晗：《江浙藏书家史略·序言》，北京：中华书局，1981年，第118页。

先祖"北大四马"与藏书（一）

马庆芳　马　捷　马　星

一、引言

马庆芳的五位祖父，即二祖父马裕藻（字幼渔，1878—1945）、四祖父马衡（字叔平，1881—1955）、祖父马鉴（字季明，1883—1959）、七祖父马准（字绳甫，1886—1943）、九祖父马廉（字隅卿，1893—1935）五兄弟，曾在20世纪前半叶民国期间，同时在北京大学（马鉴在燕京大学任教，解放后燕大并入北大）任教。

与当时北大钱玄同，周树人、周作人两兄弟，沈尹默、沈兼士、沈士远三兄弟，同为北大著名文科教授。"一钱、二周、三沈、五马"，成为当时北京文史界的一道风景线。

2003年10月31日，北京大学为纪念五马兄弟和北大图书馆成立100周年，举办了"马氏五兄弟纪念研讨会""五马纪念展"和《不登大雅文库珍本戏曲丛刊》出版新闻发布会。北大校长许智宏在纪念活动开幕式上说：

> 通过举办马氏兄弟纪念活动，我们将再次回顾北大和北大图书馆的百年历程，缅怀学界前辈，弘扬光大祖国的传统文化和丰富的文化遗产。马氏与北大渊源深厚，马氏五兄弟马裕藻、马衡、马鉴、马准和马廉曾先后在北京大学和燕京大学任教，声名卓著，道德文章为世所推崇。马裕藻先生曾任国文系主任，马鉴先生曾任燕京大学国文系主任，马准先生曾在北大教授文字学和目录学，

于民俗学也颇有造诣。马裕藻、马衡与马廉先生且与北大图书馆结下不解之缘。马裕藻先生的两万一千册藏书于一九四六年入藏北大图书馆；马衡先生于一九二三至二九年任北大图书馆古物美术部主任，二九年至三一年任图书馆长；马廉先生的不登大雅文库所藏五千三百三十四册小说戏曲，也于一九三七年为北大图书馆入藏。曾有研究者指出："倘若你有意去翻阅中国知识分子家族的几千年变迁历史，就不难注意到十九世纪七十至八十年代，曾经降世了一批这样的人物：他们是古代最末一批封建士大夫，也是中国第一批近代知识者。他们身上，似乎跨越了两个时代、两重历史和两种文化，他们分割着历史的时间，同时又在空间上将之联结起来，是承受着新旧转换的时代桥梁。无疑，这是一代具有特殊意义的中国知识者。"我想，马氏兄弟马裕藻、马衡、马鉴、马准、马廉就是这一代知识分子的杰出代表。

参加会议的有北大学校领导和有关专家教授、校外专家教授、各大媒体新闻记者和一些马氏第二代、第三代后人。会上有十余位专家做了专题学术报告。马临教授在会上发言，并代表马氏后人，将蔡元培老校长1940年前后在香港题赠马鉴先生的一副对联赠与北京大学。对联上联是"万卷藏书宜子弟"，肯定了马鉴是藏书家，丰富的藏书有益于培养后代；下联是"十年种木长风烟"，以植树造林比喻教书育人，表扬马鉴多年从事教育工作，桃李满园。马泰教授（马裕藻的幼子）在会上发言："纪念我的父亲马裕藻先生。"著名文史专家，时任国家博物馆研究员、中国收藏家协会会长史树青先生，将收藏的马廉"平妖堂"书斋斋额赠与北大，并将他撰写序言的《仓石武四郎中国留学记》（2002年中华书局出版的中译本）赠送给马临。史先生说："1945年大学毕业时，从来薰阁书店陈济川先生手中买到的钱玄同先生，墨笔为马隅卿先生书写的两方斋额——'不登大雅堂'及'平妖堂'。1947年胡适先生在北京征集钱玄同先生书法，我曾写信给胡先生，告知我收藏的两件斋额，未能得到回应。"新中国成立后，他将其中"不登大雅堂"斋额赠给了老朋友吴晓铃。史先生还说：20世纪30年代有一位叫仓石武四郎的日本人在北平留学，他写有《留学日记》，日记中

图1　马临（左一）代表马氏后人向北大捐献蔡元培为马鉴写的对联

图2　史树青向北大捐献钱玄同为马廉书写的“平妖堂”斋额

详细地记载了他在北大求学于马幼渔、马叔平、马隅卿诸先生的情况；可见，三位先生的学术成果早已传入日本，影响了日本。史先生还特别感谢1953年马衡为他的父亲书写墓碑碑文。

诚如许校长所言，先祖北大五马生活在一个新旧交替、东西交融的变革时代，中国经历了变法维新、辛亥革命和五四运动的洗礼，一部分先进知识分子去封建、专制、封闭的陈腐观念，存传统仁爱中和、正气道义，迎近现代民主、自由、科学潮流，成为中国现代化的积极推动者。作为藏书家，五位先祖是最后一代旧时代私人古籍藏书家，又是中国现代公众图书第一代图书馆馆长或管理者。在晚清和民国时代，存在两个图书市场，一个是面向大众的新书市场，另一个是面向文史学者、收藏家等的古籍图书（清代及清代以前图书）小众市场。后者在民国结束后，因为古籍图书的上市量和需求量的减少以及其他原因，便基本消失了。与五马同时代的北大文史教授，也多是藏书家。史学系主任朱希祖先生的“郦亭书室”（先生因收藏海内孤本郦道元《水经注》而名其书斋），在全盛时期藏书多达4000余种25万册上百万卷，且多善本、珍本、孤本，蔚然大家，名满天下。鲁迅先生也是大藏书家，“首先是喜欢收藏旧书”“最主要的是藏以致用……鲁迅一生中所取得的学术的伟大成就，和他长期坚持不懈的藏书活动密不可分”。鲁迅的藏书有一些是善本，但多数是普通而有用的古籍。据统计，鲁迅从1912年5月到1936年10月17日（即他逝世前两天），先后花费了10913.65元大洋，购买了14000多册图书，平均每册书价仅为0.78元。这对于月薪300余元大洋的大学教授价格不算高，但其中的珍本、善本古籍还是很贵的。

中国古代没有面向公众的图书馆，只有少数私人藏书室和与百姓无缘的官府藏书机构。19世纪最后十年，才在大学和维新团体内出现了现代公众图书馆的雏形，直到清宣统元年（1909）清政府颁布了《京师图书馆及各省图书馆通行章程》，现代公立大众图书馆才在我国逐渐普及，四位马氏先祖才有可能成为“公私兼顾”的藏书人。

马衡、马鉴、马廉三人有古文士之风，都有自己的书斋名和斋额，他们的藏书甚至本人，有时也以斋名称呼。上述三马的斋额保存至今，也成为文物。

四位先祖的藏书，在抗日战争中多保存在学校中，虽经战乱，但保存完好。四人身后，藏书完整捐献给故宫博物院或出让给北京大学及海外名校，使这些藏书得以发挥最好的文化价值，实为四位藏书家之大幸！

四位先祖毕生从事教育或文博工作，访书、读书、教书、藏书、著书是他们的工作，也是他们的兴趣所在。读书开阔视野、启迪思想、增长知识、认清大势、催人进步，所以四位先祖能在政治上与时俱进，学术上不断提高。读书可以净化心灵、丰富精神生活、提升道德操守，所以虽然四位先祖都是名教授，收入较高，地位不低，但都不贪、不腐、不色、不赌、不纳妾、无绯闻，生活清白，政治进步。这些都应当与读书有关。

下面简要叙述四位先祖即马裕藻、马衡、马鉴、马廉的生平与藏书往事。

二、马裕藻与藏书

图3　中年马裕藻像

马裕藻幼年在家中私塾接受了六年蒙学教育，打下了国学与新学基础。蒙师叶瀚（字浩吾，1861—1932）是维新人士，曾留学日本学习师范，兼具中西学知识，有著译多种。民国时期曾与马氏弟子在北大同事，任史学系教授。1894年马裕藻父马海曙在宝山县任上去世，马裕藻带领弟弟们扶灵回到宁波。幸得天一阁主人特许，马氏兄弟可以进入天一阁读书自学。1898年马裕藻与妻子陈德馨到上海，先后结识了蔡元培、章太炎、张元济、吴敬恒、陶成章等著名维新进步人士，得到张元济创办的商务印书馆附设编译所所长蔡元培的赏识，出任该所主任编辑。1904年反清革命组织光复会成立，蔡元培被推举为会长，马裕藻与陶成章、徐锡麟、鲁迅、许寿裳、柳亚子等人，都是该会会员。

1905年浙江省选派一百名公费留学生赴日本专攻师范，马裕藻夫妇双双入选。马裕藻入早稻田大学学习物理化学，后又转入东京帝国大学；陈德馨入日本目白大学学习博物学，与何香凝同学。在东京，马裕藻与徐锡麟合租了一栋二层小楼。马家四口人住楼上三四间，楼下五六间住陶成章、徐锡麟、秋瑾、王金发、竺绍康等光复会革命志士。章太炎因苏报案入狱，1906年出狱后到东京，主持同盟会机关报《民报》并在住处开课讲授国学，前来听课的有黄侃、朱希祖、钱玄同、许寿裳、鲁迅兄弟、沈兼士、吴承仕、钱均夫（钱学森之父）、马裕藻等三十余人。这些人通称“太炎弟子”，在民国时期的文教界有相当影响力。马裕藻与鲁迅志同道合，成为终生挚友。《鲁迅日记》中提及马裕藻及其家人有200余处，可见彼此交往之密切。

1911年，马裕藻夫妻学成回国。1913年，马裕藻任北京大学中国文学系教授。直至1945年因病去世，其间有18年担任北大中文系主任。他对音韵学、文字学、训诂学有精深研究，是我国第一部官方法定汉字注音字母的首倡者之一。

马裕藻唯一的嗜好，是收藏古旧书籍。闲暇时，喜欢到北京市最大的古旧书市琉璃厂访书购书，因此渐与该地书店老板熟悉，书店进书后，常主动与他联系。二十余年藏书过万卷。1937年日寇占领平津后，为防止藏书被劫掠散失，他将藏书分装于几十个大木箱，藏入孔德学校书库内，直至抗战胜利都得以完整保存。1946年，其子马巽（1903—2011，毕业于日本庆应大学，曾任1929年西湖博览会和1930年杭州全国运动会总干事，抗日战争时期任国民政府交通部司长）将藏书整理编目，共2.1万余册，整体出让给北大图书馆，成为该馆的重要藏书。这些藏书大多用红笔标点过，批注也不少。这是中国传统文人批注式的学习方法，可见马裕藻藏书大多是为教学和研究使用，而且多是普通书。王国维先生曾写道："邻居马幼渔藏普通书颇多，一瓻①之借，反较沪上为便也。"

图4　马裕藻、陈德馨夫妇留学日本时的全家福。大男孩为马巽。东京1907年（原照存于马星处）。

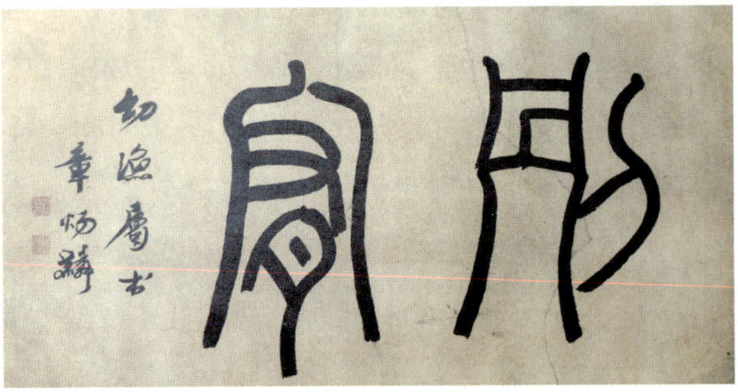

图5　章太炎书赠马裕藻《别宥》。"别"，意为区分、甄别、分别；"宥"同"囿"，指桎梏、束缚。"别宥"二字，意为打破旧束缚，破旧立新（墨宝现存于马巽之子日本庆应大学教授马挺处）。

① 瓻，音chī，古代一种陶制的酒壶。古人借书常以此酬谢。

图6　章太炎与弟子后学合影。前排左起马裕藻、刘半农、章太炎、钱玄同、朱希祖，二排左二为马准，左四为魏建功。摄于1932年北京大学二院。

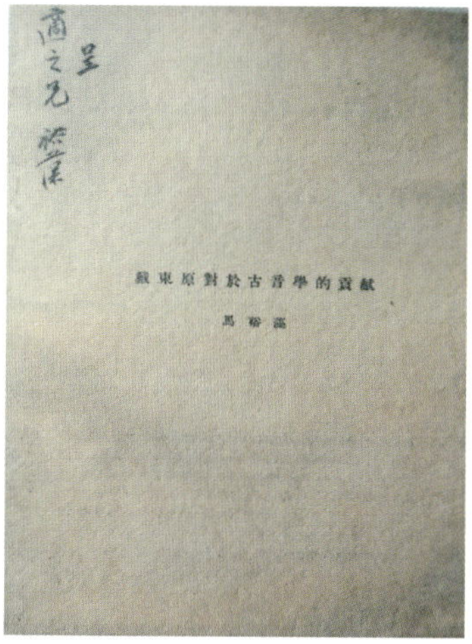

图7　马裕藻题赠胡适的《戴东原对于古音学的贡献》书影

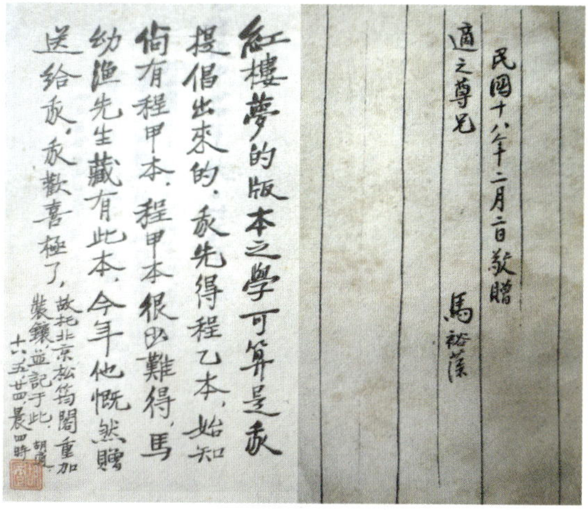

图8　马裕藻赠胡适程甲本《红楼梦》书影。左为胡适题记，右为马裕藻题记。

但他的藏书中也有少量善本，例如1929年赠与胡适的东观阁原本《红楼梦》（该书现藏北大图书馆）。该书第二页有胡适题字，目录页有马裕藻赠书题词。此外，他还藏有另一种程甲本《红楼梦》。后者是书目文献出版社1992年和北京图书馆出版社2001年两家出版社，联合出版的《程甲本红楼梦》影印版的底本。此书底本上印有“马陈德馨”“鄞马裕藻藏书”“马巽”印章。

1928年，国民政府改我国最先建立的国家图书馆“北平京师图书馆”为“国立北平图书馆”。蔡元培先生也将他“兼容并包”的办学思想带到了图书馆，聘请了胡适、陈垣、陈寅恪、马裕藻、李四光等专家学者为图书馆采书委员会委员。

三、马衡与藏书

马衡可称为北大五马中的“马氏白眉”，他的品德、学术和贡献都广受世人尊敬。前文化部副部长兼故宫博物院院长郑欣淼，在纪念马衡先生逝世五十周年发表的长文《厥功甚伟 其德永馨》中说：“他为保护中华民族珍贵的文化遗产的劳苦与功绩，永载青史。他又是著名的学者，金石学大师，中国近代考古学和博物馆事业的开拓者。古人云：‘太上有立德，其次有立功，其次有立言。’此乃人生之‘三不朽’。人生在世求之其一已属不易，而马衡先生在德行、功业、著书立说三个方面都有所立，都令我们永远感念。”

1899年，马衡与马鉴兄弟二人经县试、府试、院试，双双考取秀才；同年，二人放弃过时的科举仕途，又同时考入南洋公学中院，接受新式教育。二人同班，学习成绩都名列前茅，深得监院（校长）

图9　少年马衡

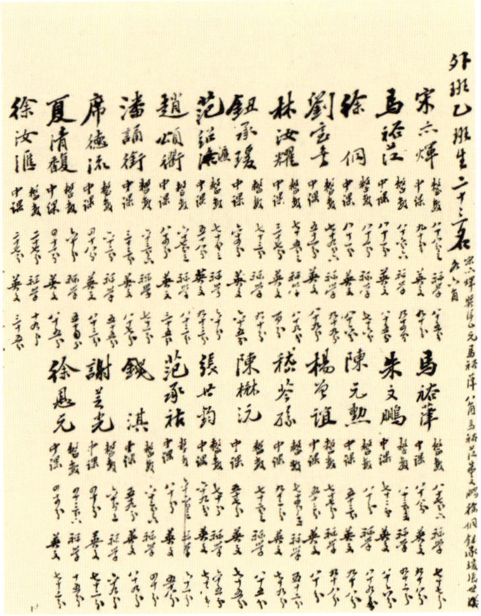

图10　马衡、马鉴南洋公学成绩单。成绩按“整数”即三科平均分计算，马裕藻（马鉴族名）成绩为全班第二名，马裕荘（马衡族名）为第三。二人均获得奖学金。

美籍教育家、汉学家、慈善家福开森的赏识。福开森与二人保持了终生友谊。1902年，马衡与著名企业家、慈善家叶澄衷次女叶薇卿在上海结婚，开始了长达15年的自学与工作兼顾的生活。好在工作不忙，马衡又不事享乐，学习时间较多。他学习刻苦，悟性较高，沪上著名学者如吴昌硕、罗振玉、王国维、刘鹗都是他的老师。经过十余年努力，在金石学、古文字学已有较高的造诣，史学、书法、印学也颇具水平，当时被于右任先生誉为“金石第一人”。1917年，马衡应北京大学附设国史编纂处之聘，开启了北大16年的学术生涯。马先生深厚的国学功底和较强的组织能力，以及待人谦和友善，“为人公正，即衡且平”，性格幽默的亲和力逐渐得以发挥，职位不断提升，社会影响力和贡献度逐渐扩大。他对20世纪上半叶四大文献即甲骨文、明清档案、敦煌文物及居延汉简的保护和研究，均有重要贡献。

1925年10月10日故宫博物院成立，马衡即兼任其古物馆副馆长；1933年7月任故宫博物院代理院长，并辞去北大一切职务；翌年8月，实授故宫博物院院长。他为故宫博物院工作长达27年，直至1952年11月离开故宫，专任北京文物整理委员会主任。1955年3月26日，马衡因肺癌离世。弥留之际，他十分清醒，再三叮嘱在场子女马彦祥和马瑛：一定把他的一生所集，全部捐献给国家，捐献给他日夜惦念的故宫博物院。在任院长期间，为避日寇掠夺，他主持了故宫文物的南迁及西迁。抗日战争后，又主持故宫文物回迁。解放战争时期，拒绝故宫文物迁台。这是他对国家的重大贡献。

1928年国民政府成立了“古物保管委员会”，该机构一直工作到1937年抗日全面战争爆发。在此期间，马衡始终是古物保管委员会委员兼北平分会主任委员，积极参与文物保护工作。1928年6月，流氓军阀孙殿英制造了震惊中外的“东陵盗宝案”。马衡得到尊古斋主人黄伯川密报后，立即报告当时的北平警备司令李服膺，同时向社会各界发出呼吁，要求国民政府严办盗掠行为。1930年6月，孙殿英得势后，公报私仇，通缉追捕马衡。马衡得到密报后，从燕下都考古现场匆匆化名“马无咎”，在胡适和日本友人仓石武四郎护送下，经天津乘通州轮赴沪暂避。此事在《仓石武四郎中国留学记》有记载，日记

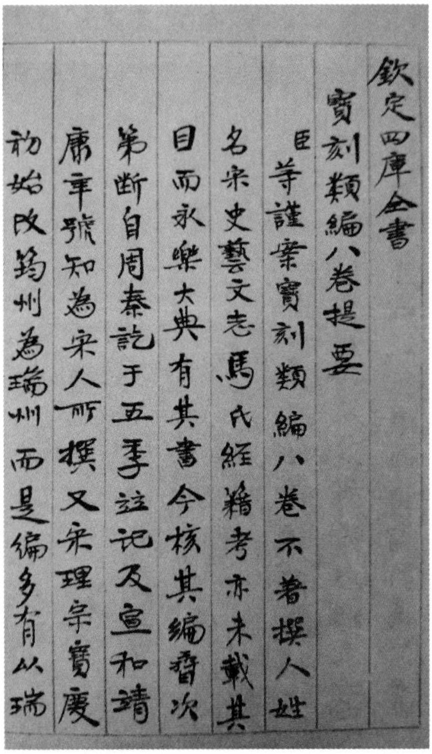
欽定四庫全書
寶刻類編八卷提要
臣等謹案寶刻類編八卷不著撰人姓
名宋史藝文志馬氏經籍考亦未載其
目而永樂大典有其書今核其編脊次
第斷自周秦訖于五季並記及宣和靖
康年號知為宋人所撰又宋理宗寶慶
初始改筠州為瑞州而是編多有以瑞

图11　马衡藏书《宝刻类编八卷》手抄本书影。此书为宋无名氏撰，《文渊阁书目》有记载，仅见于《永乐大典》。此书经明文徵明等人收藏且流传有序，为珍贵抄本。

时间是1930年6月14日。该书是仓石先生1930年1月1日至8月6日的日记。在此期间，仓石先生访书、购书、校书竟达近800种，可见其用功之勤。购书均记录书价，价格是大洋数元至数十元，可见当时普通古籍的价格不高。他在离沪返日前两天的8月1日日记中写道：“早赁汽车到中国书店，嘱代寄书包。所谓禁输令并未实行，为之抃（qiá）跃。乃又收《群经识小》（三元）、《汪容甫文笺》（一元）、《周易通义》（三元）、《钱氏四种》（一元）……正德刊《花间集》（五十元）。下午二点回院。”从这篇日记可看出，当时为防止古籍大量外流，古物保管委员会已制定了限制文物古籍外流的“禁输令”，但在上海“并未实行”。闻听此讯后，仓石在欣喜之余又购买了26种古书，价格都很便宜，最贵的明正德（1506—1521）版《花间集》也不过50元，约合现人民币250元左右。

马衡仰慕宋朝金石学大家赵明诚，因赵有著作《凡将集》，故将其书斋命名为《凡将斋》，1904年请著名画家、篆刻家、西泠印社首任社长吴昌硕先生题写斋匾。马衡也是西泠印社早期社员，并在吴先生去世后，接任西泠印社社长一职。

马衡在1929—1931年任北京大学图书馆主任。在任期间，对图书馆进行了一系列整顿。比如，对积压的大量西文图书进行清理编目；为改变借阅工作的混乱，制定了新的《图书馆借书规则》；创办出版了《北大图书部月刊》等。为20世纪30年代北大图书馆迅速发展成为国内领先的图书馆，奠定了基础。

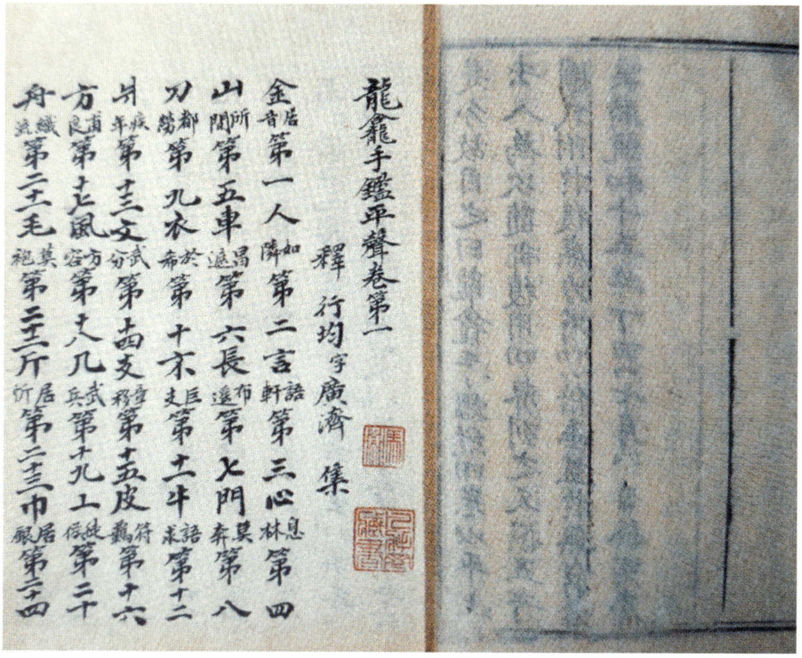
龍龕手鑑平聲卷第一
釋 行均字廣濟 集

图12　马衡藏书四卷本《龙龛手鉴》书影。此书为辽代僧人行均所撰，作者由通解问学而领悟佛典。书中俗体、或体、讹体与正体字杂然并列，是研究文字学的宝贵资料。马衡在书中多有批注，极有研究参考价值。

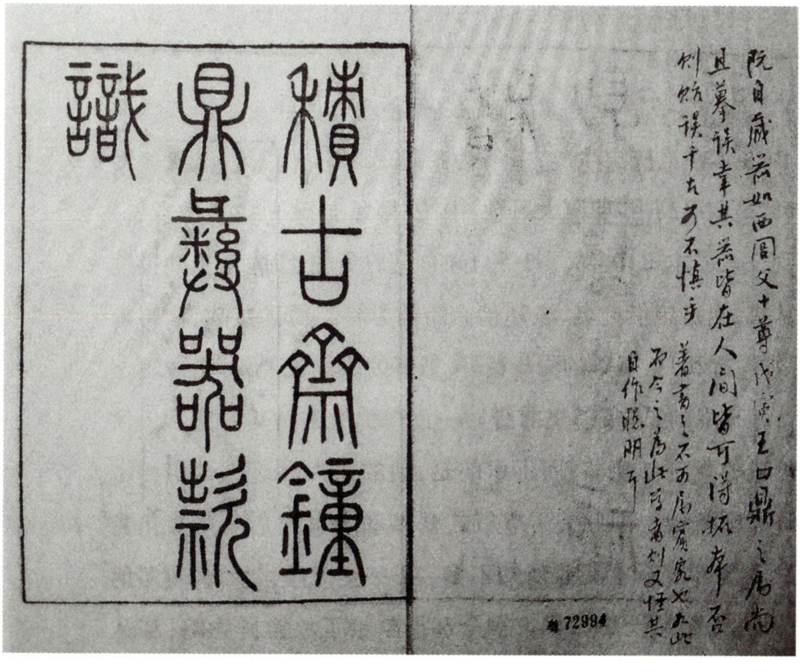
積古齋鐘鼎彝器款識

图13　马衡藏书《积古斋钟鼎彝器款识》

图14　1925年北大友好欢送陈万里赴敦煌考察合影

图15　马衡（右坐者）等1945年在重庆天风琴社听荷兰汉学家高罗佩抚弹古琴。高罗佩是马衡友人，也是外交家、作家和翻译家，通十五国语言。其著作《大唐狄公案》被译成多国文字出版。他时任荷兰流亡政府驻华使馆一等秘书，其身后为傅振伦。

马衡对书籍制度做过认真研究，著有《中国书籍制度变迁之研究》。此文最先发表于1926年，侧重研讨书籍的材质和形制而非内容。从最早竹木制成的“简册”，至缣帛制成的“卷轴”，直至公元2世纪出现了纸质“册页”。论文发表后，立即引起王国维的重视，王氏专门致函马衡请其提供资料。半个世纪后，该论文仍被学术界评价为系统论述书册制度史的“第一篇文字”。

图16　马衡《凡将斋印存》书影

马衡著作甚丰，2020年清华大学国学研究院主编、江苏人民出版社出版的《马衡文存》收录较全，将其著作分为金石学、考古学、篆刻书法、金石题跋、书序、杂文六大类，共43万字。马衡是印学大师，著有《凡将斋印存》（见图16）。另有《马衡日记（1948—1955）》和《王国维与马衡往来书信》。二书均由马衡长孙马思猛辑注，三联书店出版，共50余万字。

笔者马庆芳少年时，常去四祖父马衡住宅东城区小雅宝胡同48号大院，院内有一栋独立带阳台的二层小楼。二楼四间房子都是文物书籍收藏室。四祖父有10个子女，他们的少儿读物也都堆在房间里，我每次去四祖父家都从这些少儿读物中挑选一些借回家阅读。四祖父仙逝后，家属将这些房间全部封存，交故宫博物院接收。经整理统计，故宫博物院接收马衡藏书1600余部，经整理和详细着录的为1275部，共计14962卷。其藏书专业特色浓厚，种类丰富齐全，囊括《四库全书》中的35个小类。马衡藏书，以嘉道以来精版初印者居多，其中亦不乏旧抄罕传之本，于相关专业领域、版本学研究、藏书源流等方面，均具较高价值。其题跋对于后人研究其生平及学术思想亦颇有裨益。

（未完待续。后续部分见《藏书家》第27辑）

（第一作者马庆芳，高级工程师，退休前在中国科学院及航天第五研究院从事传热学和卫星研制工作，获航天部科技进步二等奖2次，出版著作7种、译著5种，发表历史文化散文10余篇）

最早记载大禹功德的历史文献

——周青铜器《燹公盨》铭文新解

吕茂东

一

周青铜器《燹[①]公盨[②]》铭文是最早记载大禹功德的历史文献。

《燹公盨》是一件日常使用的青铜制作的食器，高11.8厘米，口径24.8厘米，重2.5千克，器盖缺失。2002年，北京保利艺术博物馆购于香港古董市场，并为其珍藏。

图1　燹公盨

①② 燹，音xiǎn，兵火；盨，音xǔ，古代盛食物的青铜器。

《豩公盨》载有铭文10行，98个字：“天令禹敷土，堕山浚川。乃本方执征，降民监德。乃自作配飨，民成父母。生我王作臣，厥顯唯德。民好明德，寡在天下，用久邵好。益养懿德，康王不懋。考友盂，明经齐，好祀无魄。心好德，婚媾亦唯协。天釐用考，神复用髪（发）禄，永御于宁。豩公曰：民唯克用兹德，亡诲。”

首句，“天令禹敷土，堕山浚川”。“天”，天子，舜帝也。“敷”，分也，分土布州，“堕”，随也。此句言大禹奉舜帝之命治理洪水，分土设州。

《国语·周语·太子晋谏灵王壅谷水》载，尧舜之时，洪水泛滥，黎民遭难。舜帝命禹治水，又命共工从孙伯益辅助。禹、益吸取前人用壅堵之法治水失败的教训，改“堵”为“疏”，理水导流，引水入海，水患得平，百姓得救。舜帝嘉奖大禹，禅让他天下，赐姓“姒”，氏曰“有夏”（地在今山东日照）。又嘉奖伯益，任其为侯伯，赐姓“姜”，氏曰“有吕”（地在今山东莒县）。

每二句，“乃本方执政，降民监德”。“乃”，然后也。“本”字此形，金文首见，有学者释为“尚”或“差”，“尚”或“差”与此形差别很大，笔者释其为“本”。“本”，依据也。“方”，地方土地也。“征”，贡赋也。“降”，君王临幸民间也。“监”，鉴也，镜也，自照自视也。此句说大禹治水成功并登上帝位，然后依据各州土地的肥瘠和物产设定贡赋，治理天下。禹帝又亲临民间，了解贡赋轻重、百姓疾苦、民众诉求，以民心所向为监，致力于造福百姓。

第三句，“乃自作配飨，民成父母”。“乃”，于是也。“自”，自发、自愿也。“飨”，享也。“配飨”，配合主要受祀人享受祭祀。此句是说，百姓感谢禹帝恩德，祭祀神灵、祖先时，自发地以禹帝为配飨，禹帝成为民众的父母官。

第四句，“生我王作臣，厥顯唯德”。“生”，帝赐姓也，天子立有德之人为诸侯，因其出生的氏族而赐姓，因其封地而命氏。“厥”，其也。“顯”字，有学者将其释为“沫”或“贵”，形义皆不合。“顯”，《金文编》卷九释其为顶，鼎之顶也。鼎是国家政权和国祚的象征，是国之重器。舜帝认为伯益有能力辅助大禹养育万物生民，所以任命伯益为诸侯之长，辅助禹帝执政。禹登帝位，以伯益为执政大臣，号称

“四岳”。此句是说，舜帝和禹帝重用贤臣伯益，体现了国家的最高利益、最大福祉。禹之鼎，德之顶也。

第五句，“民好明德，寡在天下，用久邵好”。“好”，爱好，拥护。“明”，彰明。“寡”，少也，指少有的圣贤君王。如《尚书·康诰》周公告康叔，称武王为“寡兄”，“寡”是称颂赞美之词，非君王自谦的“孤家寡人”。“邵”，又作召，古邑名，在今陕西省岐山县西南，周文王子召公奭（shì）的封地。《诗·召南甘棠序》曰：“甘棠，美召伯也，召伯之教，明于南国。”此句是说，人民拥护德政，圣贤君王德治天下，就会像召伯之政那样长久。

第六句，“益养懿德，康亡不懋”。“益”，伯益也。“养”，修养也。“懿德”，美德也。“康”，帝太康也，禹帝之孙。“亡”，死亡。“懋”，盛；“不懋”，不盛也。

《孟子·万章》载，禹登帝位，以伯益为大臣，并荐其为继承人。禹帝卒，伯益让位给禹帝之子启，启建立了夏朝帝位父死子继的家天下。《尚书·夏书》载，帝太康淫于游猎，不恤民事，被后羿、寒浞所逐，不得返国。据《古本竹书纪年》载，太康避居于斟寻（在今临朐县境）。太康传位于仲康，仲康传位于帝相，帝相被寒浞所杀。后来，帝相的遗腹子少康长大，灭寒浞，恢复了夏朝政权。夏朝复兴，迁都中原，吕国的一支迁到河南南阳，为夏朝镇守南疆。伯益有让位于夏后启之德，有建立夏王朝之功，故曰“益养懿德”。《古本竹书纪年》说：“益干启位，启杀之。”司马迁作《史记·夏本纪》，采用《孟子·万章》记载，而不用《古本竹书纪年》之说，认为益让位于夏后启是事实，而“益干启位，启杀之”则有违史实。《豩公盨》“益养懿德”的记载，证实了《孟子·万章》所言是信史。此句铭文是说，豩公的先祖伯益有作为大臣的美德，而帝太康却德不配位，导致失德失政而亡。

第七句，“考友盂，明经齐，好祀无赆”。有学者释“考”为“孝”，释“盂”为“盟”，释“赆”为“废”，但笔者另有见解。“考”，察也。“友”，友邦也。“盂”，食品礼器也。“经”，经营也。“齐”，小麦也。“赆”，《汉语大字典》贝部释其音kui，义通馈，缺乏。“不赆”，不缺乏。此句意为，考察友邦的祭品祭器，就知它们小麦生产经营管理得如何。好的祭祀，要以最好吃的小麦食品作为供品，这是不可或缺的，此乃敬神之德。

第八句，“心好德，婚媾也唯协”。“协”，和谐。有德之人，婚姻和谐并有嗣。《尚书·虞书》载，尧帝之子丹朱不贤，妻妾众多而无嗣。大禹治水，娶涂山女，辛日娶妻，甲日复往治水。后来过家门，闻子啼哭，心有戚戚，但其公而忘私，治水十三年三过家门而不入，被世代传颂。大禹结婚四日得子，是他有德行，此乃良婚之德。

第九句，“天釐用考，神复用髮（发）禄，永御于宁”。“天”，上帝。“釐”，从小麦之义“来”。周人认为，最好吃的小麦是上天所赐。“考”，死去的父亲。“髮”（发）字，有学者释其为“祚”和“祓”，周青铜器《召卣二》（《集成》10·5416[①]）和《史墙盘》（《集成》16·10175）有此字，容庚著《金文编》卷九释之为髮（发）。《史墙盘》铭文“髮（发）禄”，可释为“福禄”。此句意思是，用上天所赐的瑞麦祭祀去世的父亲，反复享用福禄的父亲神灵就会保佑他的子孙永享安宁。

第十句，“燹公曰：民唯克用兹德，亡诲”。“燹”字，有学者释其为“遂”，周金文有“遂”写作“”（《中山王嚳昔方壶》，《集成》15·9735），其字形与此字差别很大，故不释为“遂”。容庚《金文编》卷十和唐兰《卫盉》释此字为“燹”，“燹”音“险”[②]，是也。铭

图2　燹公盨的底部铭文

图3　燹公盨底部铭文拓片

① 中国社科院考古研究所编，中华书局2007年1月出版之《殷周金文集成》，以下简称“《集成》”；《集成》后第一组阿拉伯数字指卷次，中圆点之后数字表器物编号。

② 唐兰：《陕西省岐山县董家村新出西周重要铜器铭辞的释文和注释》，故宫博物院编：《唐兰先生金文论集》，北京：紫禁城出版社，1995年，第194页。

文“𤼈”是国名，“公”是爵位，“𤼈公”是国君。“亡”，无也。“诲”，《说文解字》释其为谋，办法也。此句意思是，君民只有践行这些美德，国家才会长治久安，除此别无他法。

全文十句，赞颂禹帝舍私为公、治水平土、治国理政、亲民爱民、实行德政，以及重用贤臣、人民拥护、祭祀无缺，良婚有嗣、孝亲敬老、道德教化的恩德，倡导践行德政，造福于天下黎民百姓。

二

李学勤先生将此器释为《遂公盨》虽然有待商榷，但他推断此器作于西周中期后段，当周孝王、夷王前后[①]（前891—前878年），是可信的，因为盨器最早见于孝王时期。

西周中期以后，王室由盛变衰。《史记·周本纪》载，西周昭王（前995—前977）之时，“王道微缺”；穆王（前976—前922）之时，“王道衰微”；懿王（前899—前892）之时，“王室遂衰”。懿王崩，不立懿王太子，而立共王之弟辟方，是为孝王。孝王在位五年，崩，诸侯复立懿王太子燮，是为夷王。夷王在位也只有七年，发生了震惊天下的烹杀齐哀公的大案、冤案。

西周初年，东夷诸国多未归周。纣王子武庚与徐、奄、丰、薄姑，趁“三监”之乱，兴兵反周。周成王东征，授予齐太公“东至海，西至河，南至穆陵，北至无棣，五侯九伯，实得征之”的大权，并将丰与薄姑之地封给齐国，齐国由此强大。纪国是齐国的邻国，齐国的强大让纪侯感到威胁，纪侯遂阴谋削弱齐国。周夷王时，纪侯在西周王朝中任司寇，他策动封在薄姑的齐乙公庶子齐幽公篡夺齐国政权，并向周夷王进谗言，诬告齐哀公在丰地天坛祭天，有违王制，图谋不轨。周夷王听信纪侯谗言，将齐哀公处以烹杀的极刑。《史记·齐太公世家》记载此事起因，曰“纪侯谮之周”，一个“谮”字，道出纪侯是制造齐国内乱、烹杀齐哀公的幕后主谋。

这是一场蓄谋已久的阴谋。《古本竹书纪年》载，“夷王二年，蜀人、吕人来献琼玉，宾于河，用介圭”。此吕人即食采于薄姑的齐乙公

---

① 李学勤：《遂公盨与大禹治水传说》，《中国社会科学院院报》2003年1月23日。

庶子齐幽公与其子吕静。史载，周夷王贪财，卫顷侯便是通过贿赂周夷王而成为诸侯的。齐幽公父子用美玉买通了周夷王，第二年周夷王烹杀了齐哀公。

齐哀公被烹杀，周夷王另立齐幽公之子吕静，是为齐胡公。齐胡公废弃齐都营丘，而以薄姑为齐都，齐人不服，陷入内乱。于是，周夷王亲命齐胡公之子吕引接替其祖父幽公，兼司齐师之职，又调兵遣将，会同南夷、东夷诸侯到齐平乱，周铜器《引簋》和《史密簋》记载了此事。

周夷王"烹哀立胡"，导致齐国三十多年内乱。周夷王五年，齐哀公的同母少弟吕山不满胡公篡位，率领营丘党羽攻杀薄姑胡公而自立，是为齐献公。献公元年，吕山将胡公的儿子赶出齐国，并把国都迁到临淄。齐国传位到齐厉公时，齐厉公暴虐无道，引起齐人不满，胡公之子乘机潜回齐国，带人杀死了齐厉公，胡公之子也在混乱中被杀。齐人又立厉公之子赤继位，是为齐文公。文公即位后，诛杀参与攻杀厉公者七十多人。至此，这场内乱才算结束。

纪侯谮之周，致哀公被烹，从此与齐结下世仇，招致灭国之灾。齐襄公五年（前693），齐师取纪郱、鄑、郚三邑，迁其民。二年后，纪侯之弟纪季带着酅（xī）邑投靠了齐国。齐襄公八年（前690），齐师再次伐纪，纪侯出逃，纪国灭亡。①

夷王烹杀齐哀公，自毁长城，伤及周王室自身。《古本竹书纪年》载，"夷王衰弱，荒服不朝"。夷王八年，夷王卒，子姬胡立，是为厉王。厉王十七年（前841），国人暴动攻入王宫，流放厉王于彘（音zhì，今山西霍州），王室大乱，政权由大臣周定公和召穆公共同执掌，称为"共和"。又七十年，犬戎杀周幽王，西周结束。

齐哀公是齐太公吕尚第四代孙，周朝的建立，太公吕尚的功劳最大。周夷王贪财受贿，相信谗言，将齐哀公处以烹杀极刑，是残忍无道，恩将仇报，君德尽失，致西周灭亡。《㸚公盨》作于周孝王之时，或已见西周王道渐失，故有"康亡不懋"之告诫，阐述了只有实行以民为本的德政，国家才能长治久安的治国之道。

---

① 吕茂东：《解读高青县陈庄西周遗址》，《管子学刊》2011年第4期，第115-118页。

三

《𤼷公盨》最大的争议，莫过于其国族身份。学者初将《𤼷公盨》释为《豳公盨》，继而释为《遂公盨》。豳在今陕西省旬邑县西南，是姬姓周太王最初的国都。遂国妫姓，舜帝后裔，春秋时为齐国所灭，其故地在今山东省宁阳县西北。笔者认为，𤼷公既不姓姬，也不姓妫，而是姓姜。

铭文“生我王作臣”和“益养懿德”一语，已言明𤼷公的先王乃禹帝大臣伯益，这与文献记载的舜帝因伯益辅佐大禹治水有功，而让他辅助大禹执政的记载相吻合。

伯益是炎帝后裔。安作璋主编《山东通史》指出：“阪泉之战的结果是炎帝失败，失去了在中原地区的立足之地。炎帝部落的大部分不得不东迁至黄河下游的东夷之域，山东地区所以有诸多炎裔之国如姜姓的齐、莱、淳于、纪、向等等，原因即在于此。”①

尧、舜之时，炎帝族首领伯益成为东夷部落联盟首领。伯益辅佐大禹治水有功，舜帝赐其“姜”姓，氏曰有“吕”，建吕国于今莒县。《史记·秦本纪》说伯益有大廉、若木二子。《路史·国名纪七》和《古今人名考》说，伯益还有一子曰恩成。今以周铜器《𦯬簋》铭文“季姜”考之，若木实为伯益季子。由此可知伯益有三子，一曰大廉，封地在嬴（今曲阜）；二曰恩成，封地在吕（今莒县）；三曰若木，封地在费（今鱼台）。历夏、商、周三代，伯益子孙散居各地，西戎𤼷人是伯益季子若木的后裔。

中国社科院考古研究所编《殷周金文集成》，载有西周中期数件有“𤼷”字的铜器。在《五年卫鼎》（《集成》5·2832）、《𦯬簋》（《集成》8·4195·2）、《静簋》（《集成》8·4273）、《裘卫盉》（《集成》15·9456）铭文中，“𤼷”字均为氏名。在《善鼎》（《集成》5·2820）中，“𤼷”字则为国族之名。这些铜器多与西土有关，其中《五年卫鼎》和《裘卫鼎》是1975年2月由陕西省岐山县董家村窖藏出土，《善

① 安作璋主编，本卷主编李启谦、副主编王钧林：《山东通史·先秦卷》，济南：山东人民出版社，1993年，第52页。

鼎》是刘喜海在长安所得。

《莔簋》载，周王命莔和叔燹父率众远道馈送两件青铜食器给师黄夫人吴姬，得到了师黄和吴姬的赏赐的尊簋并将其用作礼器，祭祀其先祖季姜。此器，陈梦家《西周铜器断代》断其为周孝王时期。[①]可知莔和叔燹父是季姜若木的后裔，燹是姜姓。燹人与周孝王关系较好，后来得到周孝王封国赐爵，于是作《燹公盨》进献孝王。

《善鼎》载，周王令善佐胥侯"监燹师戍"，可见其时燹国已成为周王监视防范的对象。

刘雨、卢岩编《近出殷周金文集录（一）》，收录有西周晚期的两件燹王鬲。[②]燹王之"燹"字，两器写法不同，一器下部从"火"，另一器下部从"土"，都不从"山"。我认为此字当释为"燹"，器名当作燹王鬲。此器通高12厘米，口径16.3厘米，1978年在陕西眉县出土，现藏西安市文物中心。《燹王鬲》载有铭文六字："燹王作姜氏齐。"（见图4）此姜氏是燹国之姓。"齐"字之义为小麦，"齐"通"齍"，是盛小麦食品的祭器。

《近出殷周金文集录》（二）还收录一件《王作姜氏簋》[③]，有铭文六字："王作姜氏尊簋"（图4），年代为西周晚期，曾载于《文物》1999年第9期，现藏北京保利艺术博物馆。此器虽然省去了国族之名，但铭文内容和阳文制法与《燹王鬲》相同，也应是燹王祭祀姜姓祖先的礼器。

图4　两件《燹王鬲》铭文

《燹公盨》作于西周中期，其时，燹国国君称"公"，"公"是周王封给燹侯的爵位。《燹王鬲》改"公"

---

① 陈梦家：《西周铜器断代》上册，北京：中华书局，2004年，第228页。

② 刘雨、卢岩编著：《近出殷周金文集录》（一），北京：中华书局，2002年，第302页、第303页。

③ 刘雨、卢岩编著：《近出殷周金文集录》（二），北京：中华书局，2002年，第305页。

为“王”，说明西周晚期㚇国已与周王朝分庭抗礼了。

《㚇王鬲》的出土地在今陕西眉县，西周时这里属于西戎和秦国。

《史记·秦本纪》载，西周孝王时，伯益长子大廉的后裔非子居犬丘（雍州始平县东南十里）。周孝王闻非子善于养马，召而用之，马匹从此大量增加。非子之母是申侯之女，当年为与西戎和好，申侯将她嫁给非子之父大络，之后才有周孝王时期的西部安定。非子养马有功，申侯为非子向周王请求封地。周孝王称：“昔伯益为舜主畜，畜多息，故有土，赐姓嬴，今其后世亦为朕息马，朕分土为附庸。”于是，封非子于秦邑（今甘肃天水市秦州区），号曰嬴秦，嬴秦由此兴起。及至战国，嬴秦扫灭六国，统一天下，建立了秦朝。

《史记·秦本纪》又载，夏桀之时，伯益次子（按：季子）若木的玄孙费昌弃夏投商，为商汤驾驶车马，大败夏桀于鸣条。费昌的后裔，有的在中原地区，有的在夷狄边地。

《史记·周本纪》载，周宣王不修籍田于千亩，虢文公谏其不可，宣王不听。三十九年（前789），周王军队与姜戎战于千亩，“王师败绩于姜氏之戎”。《史记集解》引韦昭注曰：“姜氏之戎”是“西夷别种，四岳之后也”。此姜氏之戎即《史记·秦本纪》记载的伯益季子若木后裔在夷狄的一支，周孝王时受封于㚇地（在今陕西省眉县），建立了㚇国。西周夷王昏庸无道，烹杀齐哀公，天下诸侯离心，㚇国称王反周，作《㚇王鬲》以告先祖。千亩之地在今山西省中部的介休县。千亩之战，姜戎㚇国战胜周王军队，足见其国力强大。

图5　王作姜氏簋及其铭文整体效果图

图6　“王作姜氏簋铭”铭文

燹为姜戎之国，故《燹公盨》是姜戎燹国所作青铜器。

燹国不见于史书记载，《燹公盨》和《燹王鬲》可补史书之缺失。

四

《燹公盨》对于大禹治水的记载，源于山东龙山文化晚期的历史文化传承。

美国弗利尔美术馆收藏的一件山东龙山文化晚期的玉刀，长37.5厘米，宽18.4厘米，玉刀上刻有两条吃人的鳄鱼和一个治水的龙神，龙神背后的长发绘刻成一个卷起的大浪和龙首。[①]这是一幅讲述大禹治水成功而后成为龙神的图像。此图像说明，在那个洪水泛滥、鳄鱼逞凶、黎民遭难的年代，治水英雄大禹降伏了害人的鳄鱼，平定了水患，拯救了百姓。大禹降鳄治水成功，被禅让为帝，敬为神，化为龙。龙成为大禹的化身和标志，这是图腾的写照，是古人记载大禹治水的历史文献（图7）。

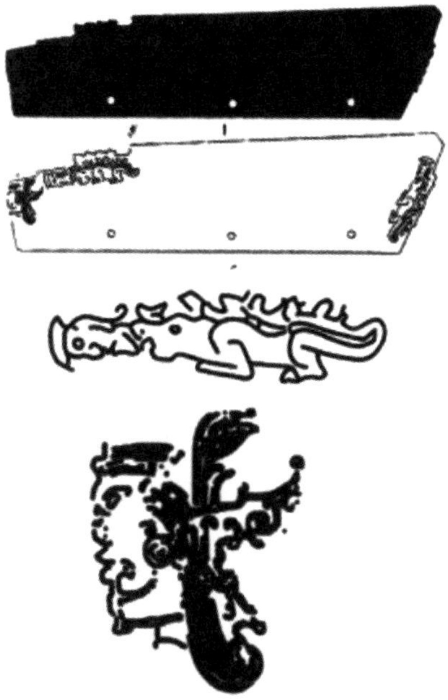

图7　美国弗利尔美术馆藏龙山文化玉刀

台北故宫博物院收藏的一件龙山文化晚期玉圭，长30.5厘米，宽7.2厘米，厚1.05厘米，两面皆刻有龙神头像。A面龙神戴一顶宫殿形王冠，两耳翻卷作浪花形。头像之下，刻一条双目浪花纹带，整个图像置于一个表示太阳的圆形之上。B面龙神的王冠、两耳皆作龙首形，两眼作大水漩涡状，纹带也作双目波浪纹。[②]此图像说明，治水英雄大禹此时已经受禅为帝（图8）。

① 杜金鹏：《中国龙·华夏魂》，《夏商周考古学研究》，北京：科学出版社，2007年，第172页。

② 杨小菁、赵国靖、王青：《临朐西朱封龙山文化玉器研究》，杜金鹏主编，张友来副主编：《山东龙山文化玉器发现与研究综述》，北京：科学出版社，2015年，第55页图15-3。

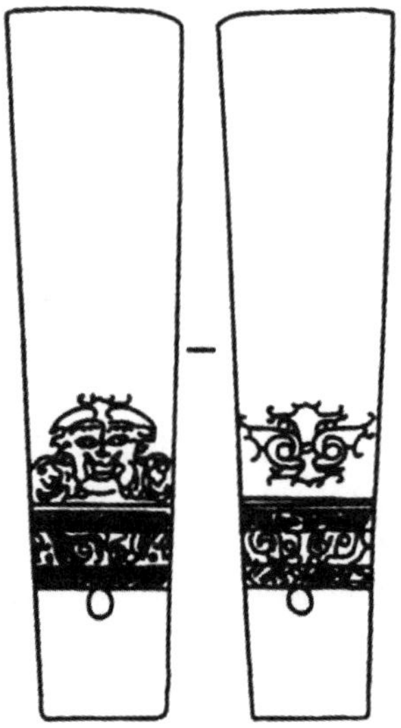

图8　台北故宫博物院藏玉圭

龙山文化晚期的玉圭是帝王祭祀神灵和会盟朝聘时所执礼器，是帝王身份的标志。台北故宫博物院收藏的这件龙山文化玉圭，呈现了禹夏文化“龙”和“夏”的两大本质特征，当是禹帝所用礼器。

1963年，山东大学考古系刘敦愿教授在日照两城镇龙山文化晚期遗址，采集到一件玉圭和一件玉铲。玉圭长18厘米，上宽4.5厘米，下宽4.9厘米，两面皆刻有龙神头像。A面龙神的王冠由龙门和宫殿组成。龙门由两条耸立的巨龙守卫，龙门大开，显示出里面的大壑和宫殿。龙神巨大的两眼作大水漩涡状。B面龙神图像与台北故宫博物院玉圭的B面相似，王冠作龙宫、龙首形，两眼也作大水漩涡状，嘴作浪花形。[①]禹帝之子曰夏后启，他开启了夏朝帝位父死子继的家天下。玉圭开启龙门日出的图像，含有夏后启的文化信息，记载着夏朝家天下的开始，玉圭应是夏后启遗物。玉圭图像说明，龙已经成为历代夏王共有的化身和标志（图9）。

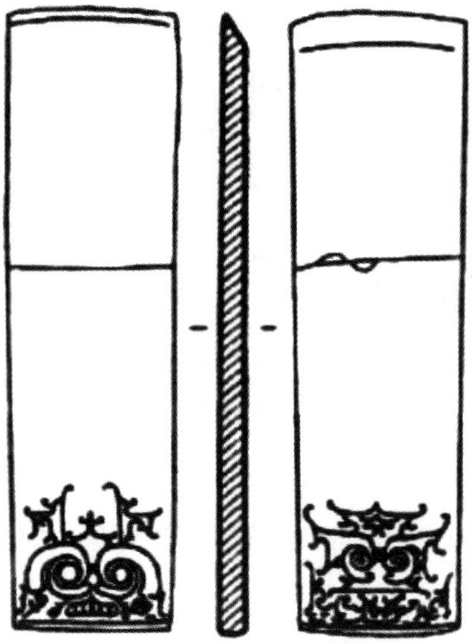

图9　日照两城镇遗址出土玉圭

台北故宫博物院收藏的玉圭与日照两城镇出土玉圭的龙神创意和两面雕刻的制法，如出一人之手，说明台北故宫博物院收藏的玉圭很可能是日照两城镇遗址的出土之物，后被带去了台湾。由此推理，日照两城镇有可能是夏朝的发迹之地。

① 刘敦愿：《记两城镇遗址发现的两件玉器》，《考古》1979年第4期。

夏朝龙山文化晚期玉刀上大禹降鳄治水的图像，进化为早期的“禹”字。

河南偃师二里头遗址是夏朝晚期的都城。在二里头遗址出土的陶制礼器上，发现有20多个刻划符号，它们应是夏朝时期的图像文字，其中有大禹和其父鲧（gǔn）的名字。

中国社科院考古研究所编著《中国考古学·夏商卷》，载有二里头遗址出土的刻划符号18个。其中载于VH52:4号和81YLVH81:1号、ⅧH72:32号陶尊上的图像“”、“”和“”[①]，与殷金文《祖辛禹方鼎》上的禹字“”（《集成》4·2111）和周金文《禹鼎》的禹字“”（《集成》5·2833）的上部相似，这些应是禹字初创时的图像形态。甲骨文臽（陷）字作“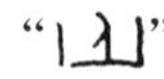”，于省吾释之曰“象陷人于坑坎之中”[②]。《甲骨文字典》卷七与于省吾对此释读基本相同。二里头遗址的这个图像文字“”，则如陷鳄鱼于坑坎之中，是降伏鳄鱼之意。商周时，陷鳄的坑坎进化为降伏鳄鱼用的工具棍“—”或叉“”，并成为大禹名号的载体。禹字本身，就是一面降鳄治水的旗帜及其历史缩影。

2022年5月20日，腾讯新闻转发“掌上洛阳客户端”消息称，在二里头遗址出土的大口尊和陶盆内壁，刻划有一个“”形图像，它与甲骨文鱼字相同。但在我看来，它不是现实生活中的鱼，而应是禹帝之父“鲧”的写照。汉字初创时期，鲧字尚未创造成复合形声字，鲧字写作独体字“鱼”。

臧克和先生对“鲧”的解释是：“有关文献记载，鲧也作为治水之‘象’。我们可以将它视为与禹同类，也是一种治水仪式的描摹；鲧字从鱼，鱼也是‘水象’。容庚《金文编》卷十一《鲧还鼎》作“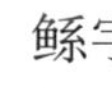”，从丝系鱼；而《史墙盘》作，又从又（手），皆是对鱼施加控制。与禹字构形同象。唐兰在《略论西周微史家族窖藏铜器群的重要意义》中说：‘鲧字象用绳索系大鱼。此从又，象用手牵……从手持绳索系束缚大鱼，和从力施加于龙蛇，都是属于对水神进行巫术控制的仪式

---

① 中国社科院考古研究所编著：《中国考古学·夏商卷》，北京：科学出版社，2021年，第126页。

② 于省吾：《甲骨文字释林》，北京：中华书局，1979年，第272页。

类型，这与传世文献中二者都是作为治水之神的面貌出现是相契合的，因而有关鲧的文献材料也是可以拿来作为释禹的参照的。”[①]所言是也，“鲧”字像是以绳索缚鱼精，“禹”字像是用棍叉降鳄神，禹与其父鲧都是那个时代的治水英雄。

在二里头遗址出土的图像文字中，还有《史记·夏本纪》里记载的“芬”“扃”“甲”“高”（皋）、“癸”（桀）等夏王的名字，不仅证实二里头遗址是夏朝晚期的都城，也说明夏朝之时已经有了文字。《史记·夏本纪》对于夏王的记载是基本可信的。

五

《豳公盨》是最早用成熟的文字记载大禹功德的历史文献，98个字的长篇铭文，树立起一座禹帝德政的丰碑，堪称国之瑰宝，开先秦文献记载大禹治水之先河。

大禹治水是真实的历史，还是虚构的传说，学术界为此争论了近百年。

《豳公盨》的发现证明，早在2900年前的西周时期，人们就已经在广泛传颂大禹治水的功德，春秋战国时期文献《国语》《尚书》《墨子》《孟子》对大禹治水作了更为详细的记述。

《孟子·滕文公下》称：“当尧之时，水逆行，泛滥于中国，蛇龙居之。民无所定，下者为巢，上者为营窟。《书》曰：‘洚水警余。’洚水者，洪水也，使禹治之。禹掘地而注之海，驱龙蛇而放之菹。水由地中行，江、淮、河、汉是也。险阻既远，鸟兽之害者消，然后人得平土而居之。”

尧、舜时代发生洪水之事，已被现代考古研究所证实。1990年，南京大学徐馨与沈志达在综合20世纪90年代以前中国东部气候环境变化的多学科研究成果的基础上，提出了中国东部晚更新世—全新世气候期划分意见并绘制成表。[②]按其所述，考古学所称大汶口文化晚期和龙山文化时期（距今5000年至4000年）大体处于第三次新高温期，气

---

① 臧克和：《释禹》，《尚书文字校诂（三）》，古文字诂林编纂委员会编纂：《古文字诂林》第九册，上海：上海教育出版社，2004年，第382页。

② 徐馨、沈志达：《全新世环境——最近一万年来环境变迁》，贵阳：贵州人民出版社，1990年，第11页。

温比现在高2℃～1.5℃。尧舜时代，正处于第三次新高温时期，中国中东部地区气候温暖而多雨。

20世纪50年代，徐旭生考证了尧舜时代洪水的性质、发生的地域和共工、伯鲧、大禹、伯益治水的方略等，认为洪水发生的主要区域在黄河下游和济水之间的兖州地区，次要区域在豫州、徐州境内，其余各州并无大洪水发生。禹平水土遍九州的说法，是后人把实在的历史逐渐扩大演绎而成[①]。

1978年，在兖州王因大汶口文化遗址出土了42类7000多件古生物标本，标本中水生动物很多，其中就有扬子鳄[②]。可知现今兖州地区从大汶口文化到龙山文化时期是一片水乡泽国，因而成为鳄鱼等水生动物的家园。这也印证了《孟子·滕文公下》该地区“蛇龙居之”的记载。

《孟子·滕文公下》记载的龙，其实就是现实世界中的鳄鱼。

考古发现证明，距今两亿年，地球上确实有一种被称为恐龙的庞然大物，但到距今7000万年时它们已经绝迹。即使是最早的人类也没有见到恐龙，人类没有关于恐龙的直接记忆与记载。古人在玉器上、铜器上绘制的“龙”，是氏族宗神图腾的写照，呈现出现实世界中的鳄鱼、蛇等多种威猛生物的特征。古人“鱼龙不分”，将现实世界中的鳄鱼和人们宗教教信仰中的“龙”混为一谈。

据《左传·昭公二十一年》记载，虞、夏之际，有善于驯服和饲养龙的豢龙氏和御龙氏。显然其驯服和饲养的龙即鳄鱼。

《左传·昭公十九年》：“郑大水，龙斗于时门之外有洧渊。”

《周易·乾卦》：“初九，潜龙勿用。九二，见龙在田，利见大人……”于此可见鳄鱼的生活习性。

鳄鱼通水性，知云雨，懂季节，冬眠而春出，古人认为它是与洪水发生有关的水中精灵。

《说文解字·内部》释禹曰：“，虫也，从厹，象形。古文禹。”《说文解字》将禹字释为虫，学者顾颉刚则将禹字释为蜥蜴，两者皆欠确当。

① 徐旭生：《中国古史的传说时代》，北京：科学出版社，1960年，第161页。

② 胡秉华：《山东兖州王因新石器时代遗址发掘简报》，《考古》1979年第1期。

夏朝初创的禹字形态到殷商时已进化为成熟的文字，虽然至今尚无甲骨文禹字释出，但甲骨文中肯定有禹字，因为殷铜器《祖辛禹方鼎》的禹字，已被写作“”（《集成》4·2111）。《燹公盨》的禹字写作“”，鳄鱼之身首写作箭头形“”，降鳄的工具写作叉形“”。这些文字或部首的写法，已将禹字“降鳄治水”的本义，表达得比较清楚，且为周代金文所本。

毋庸置疑，大禹是中国古代真实存在过的历史人物，大禹治水是真实发生过的历史事件，大禹因治水成功而被禅让为帝，敬为神，化为龙，创造出丰富多彩的龙文化，因此龙成为夏族部落的图腾崇拜，也成为此后中华民族共同的文化信仰。

（作者吕茂东，山东省莱州市广播电视局、原主任编辑，中国殷商文化学会会员，出版著作《过国探原》等）

球图宝，骨肉情
——翁方纲鉴藏《大观帖》卷六

杨 括

“球图宝，骨肉情”是张大千的著名闲章，钤在他最珍爱的书画上（意谓其如天球河图，乃无价之宝；与主人情同骨肉，血脉相连），淋漓尽致地说出了很多藏家对最宝爱的藏品那份珍重和亲密，如乾隆帝与《快雪时晴帖》、翁方纲与《大观帖》卷六、吴湖帆与“四欧宝笈”等。他们用各种方法打造出属于自己的藏品面貌，其自身的地位、学问、书艺、品味等又提升了藏品的文化价值。

图1 《大观帖》卷六面板

翁方纲（1733—1818）是顶级金石学者，最爱鉴赏、题跋碑帖书画；《大观帖》卷六（以下简称“卷

图2 翁方纲画像

六”)是一流名帖神品，尤为其钟爱。翁与卷六如珠联璧合，熠熠生辉。翁藏卷六这份国宝级文物现藏南京大学，影印收入《中国法帖全集》。2017年曾展出原件，精美震撼世人。有些画家的独特风格被称作“某家样”，借用这种说法，翁方纲塑造自家藏品的风格也可称作“翁家样”。那么，他是如何把卷六打造成翁家样的呢？这要从最初的购藏说起。

购藏卷六与题名“晋观堂”

翁方纲与卷六的情缘始于乾隆四十七年壬寅(1782)，时年五十岁。七月九日，他在卷六之后作跋，记录了购藏之事：

> 予方欲取旧拓《大观》与《宝贤》细对，适借友人所藏旧拓《大观》谛审之……恰值辨验之顷，有持此第六卷残本来者，因购得之。虽纸质墨色不敢定为(北)宋拓，而其字实佳，正如手书。卷尾年月亦是蔡京手笔，非若今所行《大观帖》题字之板滞无神气者。存此以俟足本而精校焉。

上述文字语气平淡，并无如获至宝、欣喜若狂之感，盖因初得此卷，未觉其宝贵。括号里的“北”字是后来补写的，可见一开始他连它是不是宋拓都不能确定，只是把它当作一种残缺不全的研究资料而已。

此跋明确说他已购得卷六，虽未必购于七月九日，亦应在此前数日之内。沈津《翁方纲年谱》说：“八月，得宋拓本《大观帖》第六卷，始自题其屋曰‘晋观堂’。(《家事略记》)”复按《家事略记》：“是年(壬寅)秋，得宋拓《大观帖》第六卷，始自题其屋曰‘晋观堂’。”这里并未明确具体到购于八月。旧历七月即“秋七月”，正合“是年秋”，故翁方纲得卷六的时间，应在乾隆四十七年(1782)七月上旬。

翁方纲非常重视藏品的来源，如王世贞本《大观帖》来自朱忠僖家等，凡有这种信息，他都详细抄录。可是，关于自己珍藏的卷六，他却没有说明来自何人、购价几何，只是非常模糊地说“有持此第六卷残本来者，因购得之”。从卷六本身来看，除了个别难以判断者，几乎所有印章和题跋都是翁方纲及其以后的，可见翁氏购得时它尚十分光素。如此，卷六应是翁方纲从上门求售的无名之人手中，以较普通的价格购得的，此前未经名人递藏。

《家事略记》云：“是年秋，得宋拓《大观帖》第六卷，始自题其屋曰‘晋观堂’。”其实，从壬寅（1782）七月到癸卯（1783）年底，翁方纲在卷六上的题跋并没有出现“晋观堂”。直到甲辰（1784）正月四日，他才将长诗《晋观堂歌》题于帖后，小楷誊录工整，显得庄重正式。诗起调极高：“我藏大观半卷帖，已压邺侯三万签。居然晋法具于此，例以淳化毋乃谦。”这种表达或许有些夸张，但主人的自豪之情溢于言表，完全到了“球图宝，骨肉情”的程度。诗中有句话值得重视：“焚香不敢躁心玩，扫径今取堂颜拈。擘窠[①]自题借虞法，意溯江左诸王兼。”这是说当天因《大观帖》自题了“晋观堂”。

复按翁方纲《复初斋诗集》，此诗在卷二十八开篇。该卷所录诗歌起自甲辰正月，以下五卷皆名《晋观稿》，足见自题晋观堂一事有多么重要。《晋观堂歌》在诗集中的位置、诗卷命名和誊录的正式程度，都说明翁方纲到甲辰正月才以“晋观堂”名斋，《晋观堂歌》等于命名公告。之后的“晋观堂”印，当为新刻。堂有东晋书圣法帖，故曰“晋”字；帖名为《大观帖》，故曰“观”。

得帖和命名“晋观堂”之间，时间相隔一年半，是因为刚得到卷六时翁方纲并没有那么重视它，但随着不断的研究、品评、交流，他逐渐发现它的价值，于是越来越珍重，并以其名斋。若按时间顺序梳理其题跋，便不难发现翁氏态度的变化过程。所谓“得宋拓《大观帖》第六卷，始自题其屋曰‘晋观堂’”，大概是因为翁方纲晚年作《家事略记》时态度早已转变，故下意识地将两件事直接联系到了一起。

---

① 擘窠，音 bò kē，写字、篆刻时，为求字体大小匀整，以横直界线分格，叫“擘窠”。这里指大字。

打造翁家样

购得卷六后，翁方纲立即开始对其加以研究和鉴赏。每有心得，他就记录在侧，还会精心书写题跋，对藏品进行改头换面和丰富补充，翁家样遂渐次形成。

《大观帖》刻成后不久，就发生了“靖康之变”，战火纷飞之下，拓印活动不会太多，能流传下来的拓片更少。其实，就连翁方纲这样的大鉴赏家此前也没有见过《大观帖》真本，能拿来和卷六比对的主要是《大观帖》的前身《淳化阁帖》（简称“阁帖”，宋拓原本亦极罕见，翁方纲一般用明肃王府翻刻的肃府本和乾隆重刻内府毕士安本）、明晋藩《宝贤堂帖》、明锡山华氏《真赏斋帖》、清初涿州冯氏《快雪堂帖》，以及怀仁集王羲之书《圣教序》等。

翁方纲查阅了大量文献，凡可资考证《大观帖》者，都被他抄录

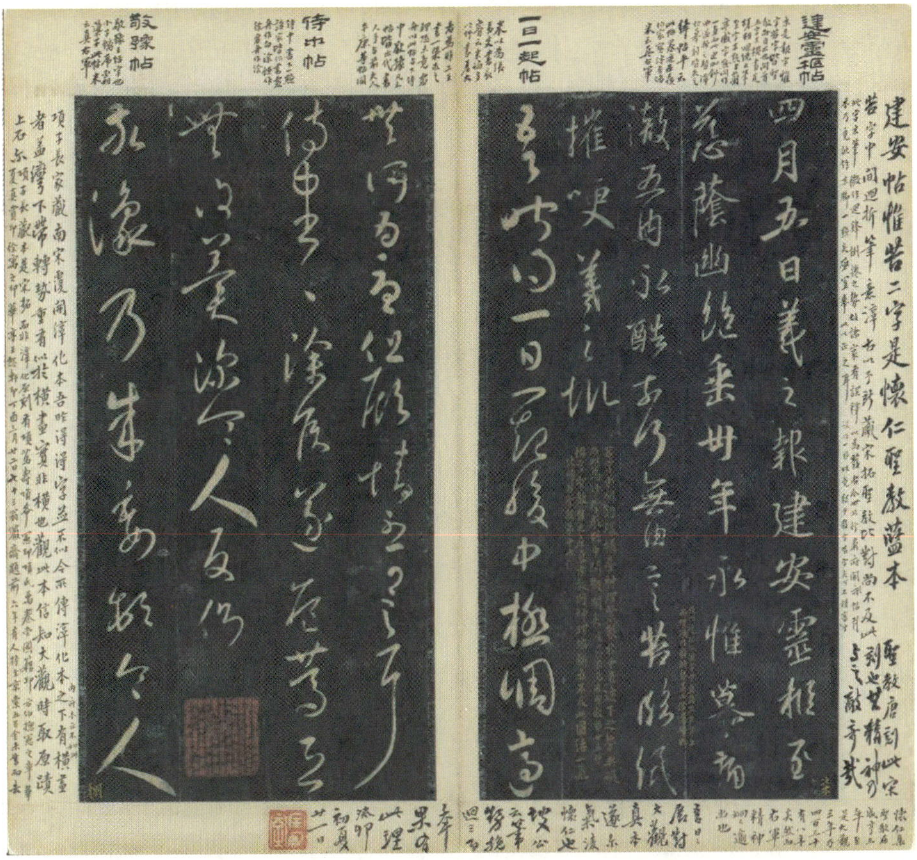

图3　翁方纲考证题跋《大观帖》卷六内页

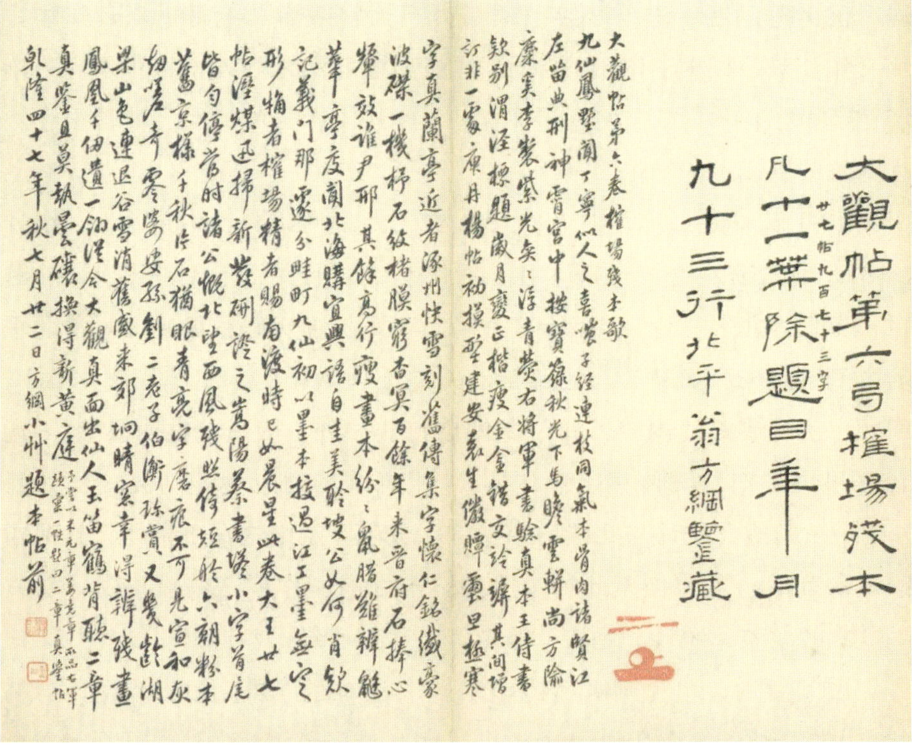

图4　翁方纲统计、题诗《大观帖第六卷榷场残本歌》

在卷六之后，并给出分析论证。比如，结合王澍[1]《淳化秘阁法帖考正》等，在各帖周围论辩笔画与真伪，蝇头小字密批密校，对中间的法帖形成衬托。他摘抄过的文献还有宋黄伯思（长睿）《法帖刊误》、董逌（yōu）《广川书跋》、曾宏父《石刻铺叙》、曹士冕《法帖谱系》、李心传《建炎以来朝野杂记》、明顾从义《法帖释文考异》、王世贞（弇州）《弇州山人四部稿》、董其昌（香光、文敏）《容台集》、张丑（米庵）《南阳法书表》、清孙承泽（退谷、北海）《闲者轩帖考》、徐用锡（坛长）《圭美堂集》等；既有书画鉴赏类著作，也有史部、集部之相关者。其征引摘抄，旁征博引，不遗余力。

得到卷六后，翁方纲首先用阁帖校对其内容，发现《不得临川问帖》后有一行字为阁帖所无，断之为《知庾丹杨帖》，进而反驳了曾宏父“大观视淳化无增减”的说法。循此轨辙，他继续探究一帖数见、

① “澍”有两种读法：shù或zhù。读作shù时，其基本含义是及时雨。此处用作人名，读shù。

先后优劣等问题，连作小字跋语于九日大字跋后。七月十八日，翁方纲又作长跋，根据王澧翁跋判断："予所收此第六卷残本，正是当日榷场[①]粗墨之本……在今何啻星凤矣！"经过十多天的研究，他得出卷六为南宋榷场残本的结论。

七月廿二日，翁方纲为卷六题签"大观帖第六卷不足本"，统计出"大观帖第六卷榷场残本凡十一叶（廿七帖九百七十三字），除题目、年月，九十三行"。用金墨在每页下角标上页码，最后注明"北平翁方纲鉴藏宋拓真本"。他还赋诗一首《大观帖第六卷榷场残本歌》，回顾了前述诸跋的内容，如"其间增订非一处，庚丹杨帖初模型""近者涿州快雪刻，旧传集字怀仁铭""粗者榷场精者赐，南渡时已如晨星"……题签、统计与此诗均置卷首，金色鉴定结论写于帖尾，其他题跋逐次列后，翁家样至此初步成型。与之前所作零散题跋不同，翁方纲这次的题签、统计、题诗、鉴定等，有做小结的意味。

展阅卷六，可见其页面钤印累累，装饰性很强。初步统计，全帖共有190余枚印章（其中约20枚据影印本难以辨识），基本可判属翁方纲的约有86枚（包括官印和重出者），几乎占了钤印总数的一半。尚待判断的印章中可能还有属于翁方纲的，这样他在卷六中的存在感会更强，钤印总次数应达90次左右。如此高频率地在一件藏品上钤印，足见翁方纲对其重视程度和把玩频率之高。

翁方纲的印章可分为以下几类：一是名章，如翁方纲（与"正三"配套小印）、翁方纲（双边白文印）、翁方纲（白文小印）、翁方纲印（朱文印）、翁方纲印（白文印）、方纲临本、方纲双联印等；二是字号章，如正三、覃谿鉴藏、覃谿（双边白文印）、覃溪、覃谿（朱文小印）、覃谿（朱文大印）、覃谿（朱文大印下边线断）等；三是职衔章，如文渊阁校理翁方纲藏、宫詹学士、少詹学士、讲官学士、祕阁校理、抡才桑梓等；四是斋号章，如彝斋（朱文大印）、彝盦（朱文小印）、苏斋（长方印）、苏盦（方印）、苏斋金石文、苏米斋、宝苏室、晋观堂（方印）、晋观堂（长方印）、小蓬莱阁金石、石墨书楼等；五是闲章，如及见落水兰亭、诗境、十年书等。

---

① 榷场，宋辽金元时期位于民族政权交界地区所设的互市市场。

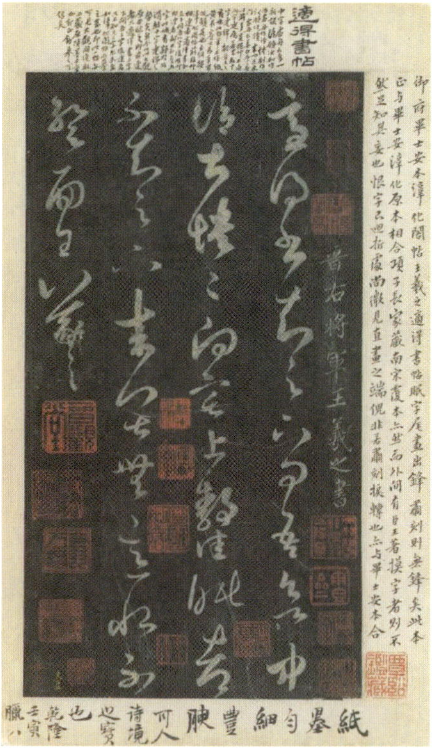

图5 《大观帖》卷六首页钤印累累

图6 钤印密布的《大观帖》卷六尾页

其中，很多的印章内容相同，却一刻再刻，花样迭出，其装饰性显然大于实用性，比如因卷六而来的“晋观堂”章。还有四枚官印——提督山东学政关防、詹事府印、提督江西学政关防、鸿胪寺印。这种关防大印并无文人雅趣，为什么要盖在卷六之后呢？因为做文化、教育、考试方面的高官，对翁氏来说是值得纪念的大事，所以要在卷六上留下这类印记。因此，此帖已成为其专属纪念品。

通过题签、题跋、题诗、考证、鉴定、钤印等，翁方纲一点点地把卷六打造成了翁家样，并不断加强和丰富之。墨黑、金黄、印泥红交相辉映，隶书、楷书、行草书变化出场，使卷六页面花笺掩映、纸色斑斓。兼具文物性、学术性、艺术性的翁家样，已成为一道亮丽的文艺风景。

无心插柳——董其昌信札

购得卷六后不久，翁方纲又收藏了董其昌致陈懿卜讨论重刻《大观帖》的两通手札。

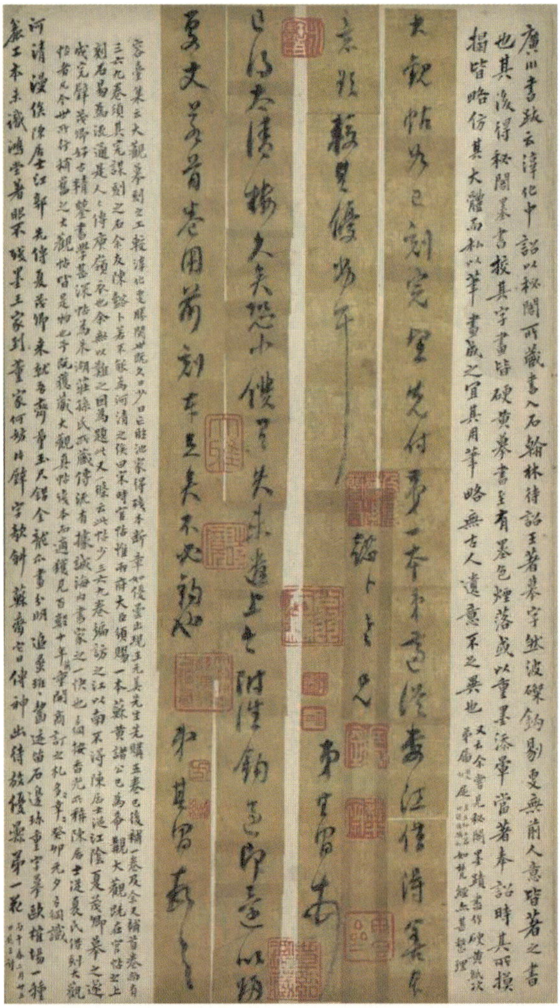

图7 《大观帖》卷六后附董其昌信札

癸卯(1783)元夕[1]，他将其剪贴在纸上，附于卷六之后。手札内容如下：

《大观帖》若已刻完，望先付第一本。弟适从娄江借得善本，意欲较其优劣耳。懿卜老兄。弟其昌顿首。

已得“太清楼”久矣。恐小仆有失，未遣上。今附往，钩过即还，以归夏丈。若首卷用前刻本足矣，不必钩也。弟其昌顿首。

翁方纲在后面抄录了董其昌《容台集》中的相关记载：董氏欲重刻《大观帖》，已知王世贞有六卷（卷二、四、五、八、十，又得卷七），自己有卷一，还差卷三、六、九。其友陈懿卜从江阴夏茂卿处摹得，遂成完璧，可以重刻。这两封信正好反映了董其昌和陈懿卜在重刻此帖的过程中关于底本往来的交流。“予既获藏大观真帖残本，而适获见百数十年前重开商订之札，多幸！多幸！”据此，得此二札的时间大概就在癸卯元夕前数日之内。

丙午(1786)春二月廿五日，翁方纲又一次翻阅此帖，看到董其昌书札和自己的说明，有感于心，便在其后题了三首绝句，表达收藏卷

① 元夕，元宵节的别称。

六的得意、欣慰。一页之内，有原始资料，有相关说明，还有充满感情的诗歌，如此叠加，藏品的内涵越来越丰富，翁氏色彩也日渐明显。

遍阅诸本，翁方纲又作长跋讨论《大观帖》的版本问题。考证董氏重刻底本的情况，主要就靠这两通信札，其学术价值于其可见一斑。虽然他并未强调董札的文物价值，但在今人看来，董之片纸只字足可宝贵。这两通信札一定程度上弥补了卷六缺乏前代名人题跋的缺憾，提高了其文物珍稀性与学术资料性，价值早已超出翁氏预料，成为该帖一大亮点。

层叠累积的考证题跋

翁方纲与卷六相伴三十六年，不仅在家中朝夕赏玩，就是到千里之外宦游，他也携带同往，可谓“南北东西只有相随无别离”。在长期的研究和鉴赏中，翁方纲对同一问题的看法也在变化，或深入，或更正。卷六见证了他学术的进步，自身的文化含量也在逐渐增加。

围绕卷六，翁方纲关注的问题主要有《宝贤堂帖》冒充《大观帖》之事，冯氏《快雪堂帖》反映出的底本《大观帖》面貌，通过卷六《袁生帖》考查《真赏斋帖》刊刻水平及其底本真伪，见于文献记载和传说的各种《大观帖》版本特征及递藏过程，赵孟頫书法与卷六在帖学系统中的价值，宋拓真本的特征和鉴定方法等。他对这些问题表现出持久的兴趣，坚持研究、题跋，心得体会层叠累积，认识也越来越完善。

购藏卷六前后，恰好翁方纲正在关注《宝贤堂帖》，而此时正好有人以之冒充《大观帖》，他从友人处借来的所谓“旧拓《大观帖》”就是一件冒牌货。通过比对《宝贤堂帖》和那份“旧拓《大观帖》”，翁方纲得出结论：“今世所传高行而细瘦者皆《宝贤》旧本，贾人割弃其余，伪刻大观年月于卷末。”此时他对《宝贤堂帖》没什么好感，冒充《大观帖》则更不可取。过了二十六年，戊辰（1808）十一月望日，翁方纲在深入研究卷六和汪象先本后，认为《宝贤堂帖》“尚有端绪”，可供考证《大观帖》原本。这就从严辨真伪、划分原刻和翻刻的初级认识，升格为更客观、包容的高级认识，肯定了翻刻本的学术价值。

《快雪堂帖》据冯氏家藏《大观帖》摹刻，翁方纲借以研究卷六，自然关心其底本，有机会就打听、记录有关情况。壬寅（1782）七月十四日，翁方纲跟邹晓屏谈起冯氏《大观帖》；十五日，翁方纲想起小时候就听说涿鹿[①]冯氏藏有《大观帖》初拓本，就把这几天考证出的结论和邹晓屏的说法题于卷六之后；二十二日，翁方纲的表弟丁兆隆（受堂）从涿鹿回来，详细讲述了冯家藏《大观帖》之事，翁氏记录于其卷六之后；癸卯（1783）四月廿一日，翁方纲对比卷六与《快雪堂帖》，题跋于《旦极寒帖》侧；丁未（1787）春三月十九日，他在江西袁州（今宜春市袁州区）试院用《快雪堂帖》校对卷六，若合符节；嘉庆二年丁巳（1797），翁方纲第四女嫁给冯铨六世孙，他又作了记录；癸亥（1803）秋七月，他再次比对二帖，强调卷六"元气浑沦不可几及"，无异于直面真迹。关于这一问题，翁方纲持续研究、题跋逾二十载，突出体现了其思想认识层叠累积的特点。

随着研究的深入，翁方纲会补充、更正此前的题跋，从有关改动处可以看出其思想认识的变化。比如刚购得卷六后题"不敢定为宋拓"，后补一"北"字，说明已定为南宋本。他录曹士冕语："大观太清楼续阁帖，温陵刘焘无言模刻……此帖必无言早年所书也。"后来，他又对此更正道："今考刘无言书标目者乃《元祐秘阁续帖》耳，与《大观帖》无涉。"对比卷六和马半槎家藏《化度寺碑》，纸质墨色正同，故卷六应是南宋初拓本；后又补"榷场本是金朝所拓"，以避免对"南宋初拓本"之说产生歧义。毕竟帖石不在南宋辖地，称其为金拓本更严谨。甲辰（1784）九月，他据曾宏父《石刻铺叙》判断，"在宋时《淳化》《大观》皆无重刻"，丁丑（1817）十月则更正道："《淳化》帖在宋时有重刻耳，此予旧跋所未分析。"此时，距其生命终点仅剩三四个月时间，这位耄耋老人依然在孜孜不倦地研究卷六，订正题跋。与三十三年前那些精美的小楷相比，他补订的字迹稍显苍老——笔力已衰，初心未改。

层叠积累的题跋，最能体现翁方纲的治学特色：细心、耐心，持之以恒、严谨求实，堪称翁家样的"学术担当"。

---

① 此"涿鹿"为今涿州古称，现属河北省保定市，非张家口市下辖之涿鹿县。

共赏与交流

与友人共赏藏品，探讨、交流、题跋、唱和，是乾嘉文人的日常雅事。作为当时金石书画研究的领军人物，翁方纲更是乐此不疲。他得到卷六后便经常与别人分享，这种共赏活动本身也成为翁家样范式的重要组成部分。

壬寅（1782）七月廿四日，刚赋予卷六自家面貌的翁方纲就迫不及待地将其拿给郑际唐观赏。郑也有《大观帖》，与翁氏卷六一比对，才发现自己的藏本“字体肥瘦悬殊而讹缺甚多，远不及此本之精审”。腊月八日，翁氏好友张埙[①]（石公）获观卷六，夸赞此帖可宝。但他说标题是宋徽宗瘦金书，卷尾年月是监刻官所题而非蔡京书。当晚，翁氏在下方反驳其说，确认标题年月皆蔡京所题。请人家为其宝物题跋，人家却“唱反调”，这本是尴尬事，但翁方纲将这一正一误一驳视为文章起伏，认为这既给卷六增加了趣味，也证明了二人不分彼此的真挚情谊。癸卯（1783）十一月九日，翁方纲和张埙、周山茨等友人在书斋相聚，共赏卷六。周山茨原本认为孙退谷题跋的《澄清堂帖》是天下法帖之冠，看到卷六才咋舌叹服。丁未十月，翁方纲在江西任提督学政，于广信（今上饶市广信区）试院观成堂木芙蓉花下出示卷六，和林泰交、夏德音、程枝芬、夏敬颜、吴嘉谷、石树田共同观赏，由林泰交将此观赏活动记于卷六之后。

如此分享固然是乐事，但翁方纲更渴望看到《大观帖》其他版本，以便准确地衡量其所藏卷六的价值。甲辰（1784）八月，他借得明代汪象先旧藏宋拓《大观帖》一至四卷，终于如愿以偿，突破了耳闻书载，获得了目验真本的机会。八月十六日至廿七日，他废寝忘食地研究了十一昼夜，直到廿七日晚间一鼓，才依依不舍地将其归还，“延津风雨，伫立怅然”[②]。这次比对鉴赏，除了“细对”彼此异同，翁方纲还将“其跋

---

① 埙，音xūn，吹奏乐器。多用陶土烧制而成，也有木、骨或石制的，多为上小下大的鸡蛋形，有一至十几个音孔。此处作为名词用作人名。

② 翁方纲用此典出自《晋书·张华传》，说自己把汪象先本归还，就像雷焕之子持剑走到延津，剑突然跃入水中，风雨大作，只能怅然伫立，眼看着宝贝离去，极其不舍又无奈。

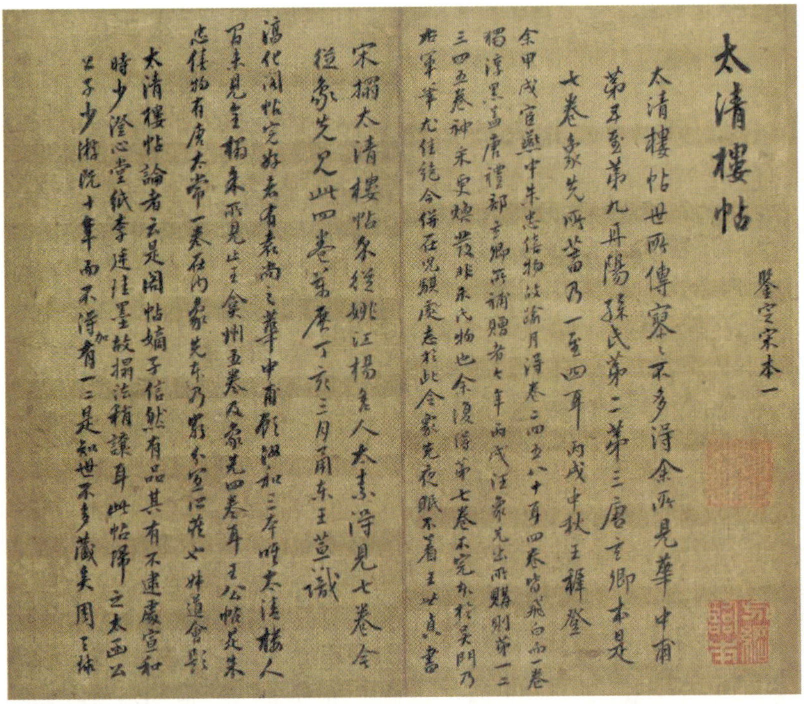

图8　翁方纲过录汪象先本《大观帖》明人题跋

备录于后”，又作《跋宋拓大观帖》，考证版本优劣、《大观帖》是否重刻、榷场始末、“亮”字磨去、石边破损等问题。据此跋，汪象先本由周公瑕（周天球）题签，内有王凤洲（王世贞）、麟州（王世懋）、周公瑕、王百谷（王稚登）、汪仲嘉（汪象先之叔）、王萓①、徐桂、郭第所作的八篇跋。但目前这八篇跋仅存五篇，分别落款王稚登、王世贞、王萓、叔道会（应即汪仲嘉）、周天球。翁氏说“备录”，就是全部抄录，他是竭泽而渔式的学者，不会无故遗弃，那为何只存五篇呢？可能是在翁氏身后流传中遗失了一开②，遂缺王世懋、徐桂、郭第三跋。

九月朔旦，翁方纲将《跋宋拓大观帖》题于卷六之后。原文过长，虽用蝇头小楷，亦不能纳于一幅，故作删节。删后正好写满一面，落款钤印恰当美观，可见此次必是精心考量之删节——预作草稿，算好字数，而后精楷录成。由此可见前辈藏家对藏品之珍重，及书家对作品效果之追求。重阳前一日，翁方纲把研究汪象先本的心得，写成《大观帖前四

① 萓，音huán，一种多年生草本植物。此处作为名词用于人名。

② 册页装基本单位，左右对开为一开。

卷榷场本歌》，以精美的行楷录于梅花笺纸。其开篇就说："吾斋新题晋观堂，半卷残帖喜欲狂。"这不仅体现了翁氏对卷六的珍重宝爱，也证明"晋观堂"之名刚用不久，若两年前得卷六即用，便不会有"新题"之说。张埙也作了一首同题诗，重阳节，翁方纲请他将其题于自己诗后。这些题跋、题诗并非为卷六，而是作为研究资料罗列于此，体现了乾嘉学人重视搜罗材料、以实证说话的学术精神。汪象先本今已不知存亡，所以翁氏过录的有关汪本的题跋和题诗就愈加珍贵。

辛未（1811）夏六月，翁方纲获观李宗瀚（春湖）藏宋拓《大观帖》卷二、四、五，应邀为之题签，作目录及题跋。他在卷二后临摹了汪象先本的周天球题签，"以识鉴藏风味"；汪本早已归还，翁方纲临摹此签应是据卷六上的临本再临。针对卷五《既移屋帖》小字问题，翁方纲以卷六论证其非小注，纠正了王澍的错误，可见卷六是他研究《大观帖》的出发点。二十四日，他在该跋后题了三首绝句，然后详细列举了所见诸卷中的石边小字的刻工名，其中自然包括卷六。二十五日，翁方纲在卷二后题长诗总结鉴赏三卷的体会，其中屡屡提到卷六，如"我藏大观真半卷""我藏第六卷正同""以我见闻真大观""吾斋箧一君函三"等，始终念念不忘卷六。这既是学术研究的需要，也是他对自家藏品特别上心的表现。"球图宝，骨肉情"，此之谓也。

结语：文人收藏的典范

翁方纲通过题跋、钤印、附录、研究、共赏等，打造了极具个人风格的《大观帖》卷六翁家样。此本之珍稀程度和书法价值，赖翁氏揭示、表扬；学术资料性与整体外观美，为翁氏所赋予、塑造。没有翁方纲的鉴藏，该藏品就不会如此精彩——翁方纲视卷六为"球图宝"，与之有"骨肉情"，故用数十年时间打磨出这样一份无与伦比的艺术瑰宝。这一案例可视作古代文人收藏艺术珍品的典范，对后世藏家如吴湖帆等人产生了深远影响；其包含的书学思想，体现出的文人生活、鉴藏观念等，也值得进一步研究。

（杨括，南京大学图书馆馆员，文学硕士，主要研究方向为明清文学与书法文化。著有《林则徐传》，发表《郑藏本琅嬛文集考论》等文章）

从《娇红传》到《娇红记》的社会意义

——近亲结婚的悲剧

周允中

我国的婚配制度源远流长，很早以前，人们就意识到近亲结婚的弊端。在商周时期，就已经明白近亲结婚不利于优生优育。所以，商朝的法律规定五世之内“近亲不婚”，西周更加严格规定“虽百世而婚姻不同”。汉朝以后，近亲以及不同辈分之间如果互相结婚则属于乱伦。到了唐代，《唐律疏义》规定禁止同姓及不同辈分的表亲结婚，违反者判处徒刑或者杖刑。宋代的《宋刑说》也明文规定，有亲属关系的男女不能够通婚。明清律法则规定“凡同一姓氏，不许近亲结婚”。

这些法律，虽然有利于民族的强盛和社会的健康发展，但也造成了不少婚姻的悲剧。

元人宋梅洞有一部两万字左右的传奇文言小说《娇红传》，是根据北宋宣和年间一个真实的故事而撰写的。当年曾经与元代王实甫的《西厢记》齐名，有数位名家将其改编为杂剧演出。据台湾学者陈益源统计，有七位作者先后对它改编过。其中较为著名的，有元明时期的文人刘兑改编的《金童玉女娇红记》杂剧，尤其是明代孟称舜将其改编为五十出戏剧《节义鸳鸯冢娇红记》后，书坊都以此《娇红记》的剧本形式印影出版，成为中国戏剧十大悲剧，而使得原属的文言小说却湮灭不彰。

丘汝乘的《娇红记杂剧序》里，有“事俱而文深，非人莫能读”，再加上是韵散相兼的诗文小说，由此有人推断此乃明朝前期的作品，而非宋梅洞之作，并且冠之以无名氏的作品。（见湖南人民出版社的

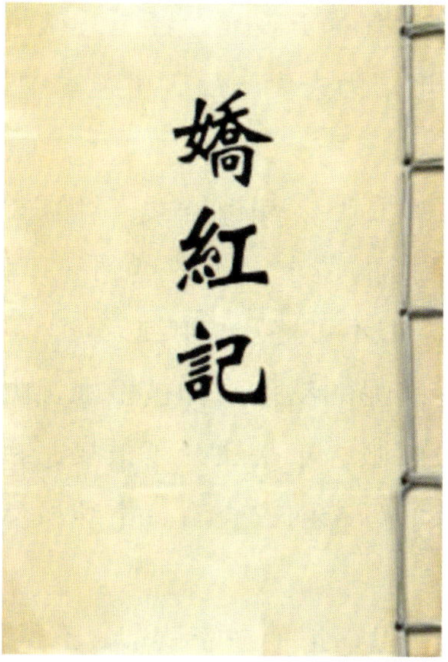

图1　古本《娇红记》封面

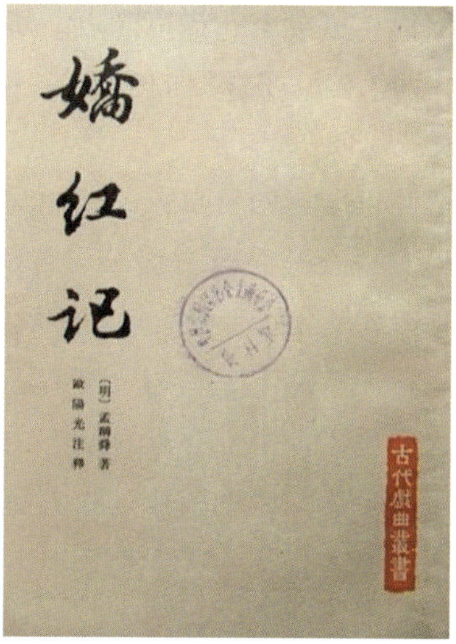

图2　孟称舜著、欧阳光注解的《娇红记》剧本封面

《明清文言小说选》）其疑端大可争论，此处不赘。

将元朝宋梅洞的文言文小说，发挥成为戏剧这一文学形式，并被后世公认为中国十大悲剧之一，可见《娇红传》对后世文学的影响是巨大的。即使《金瓶梅》这样的名作，其中也抄录了不少《娇红记》中的诗词和文字（见陈益源文），京剧《鸳鸯塚》更是源本于此。

然而，宋梅洞的《娇红传》在中国文学史上为何影响不大，究其原因不外乎三点：

（一）据孙楷第教授认为，此书虽然流传广泛，但却系诗文小说，所以，“其价值固极微”。另外，作为一部文言中篇传奇小说，不免“事俱而文深，非人莫能读”。（见丘汝乘《金童玉女娇红记序》）

（二）民国以来的一些专家，大多无视此书的价值，没有认识到此书在文学史上具有承前启后的作用。再加上对此书作者和写作时代，存在许多聚讼纷纭的见解，反而忽视了它的价值、地位和社会影响。

（三）更重要的是，此书反映的是表兄妹之间通婚故事，严重违反了当时的法律，即不准近亲结婚的规定，所以遭至正人君子的唾弃，在一定程度上影响了其在文学史上的地位。

这个真实故事发生在宋朝宣和年间，在四川成都寓居的文人申纯，因为考试落第，去舅舅王通判家散心闲居。通判有女娇娘，姿色美丽，他便停留在舅舅家，借以亲近，娇娘也有意于表兄，经过几次短暂的独处，两人建立了深厚的感情，一心想结为夫妻。后因申纯家中有事，离开舅家返回。

申纯再度返回舅舅家，暗中与娇娘私通，却被侍女飞红察觉。于是申纯只得公开向舅舅提出与娇娘结婚的请求，不料遭到一口拒绝，理由是“朝廷立法，内兄弟不许成婚，似不可违”。申纯无奈，终日闷闷不乐，无奈之下，又与飞红有了些亲昵的动作，却被娇娘发觉，于是两人发生了冲突。飞红见状，内心不服，于是展开了报复，在申纯与娇娘幽会后花园的时候，拉着娇娘的母亲前去查看，申纯虽然及时躲避，但自知不妥，只得悻悻告归。

这一别，两人后会无期，申纯的父母逼迫他在家读书，不得外出。娇红也随父亲赴任去了眉州。第二年申纯兄弟科考双双告捷，申纯去舅家报喜。不料有一女鬼假冒娇娘，迷惑申纯，飞红巧设计谋除去妖魔，兄妹两人和好如初。不料两个月以后，舅妈病死，申纯只得再次辞别归家。

王通判任满归家，侍女飞红获得专宠。飞红极力帮助申纯，王通判于是改变初衷，决定将女儿嫁给申纯。不料府尹公子闻听娇娘美貌无比，登门求婚，用权势威逼成婚，王通判无奈，只得忍辱改变主张，将娇娘转嫁府尹公子。申纯被迫含泪告别，伤心离开。

娇娘自从申纯离开，日夜悲伤，病情加重，终于忧郁而死。申纯闻讯痛不欲生，以娇娘所赠送的罗帕自缢，殉情而亡。

图3 《点石斋丛钞》上的《娇红记》插图

第二年清明节，王通判与飞红在濯锦江边的坟墓祭拜，只见江边一对鸳鸯上下翻飞，祭奠完毕，这对鸳鸯突然不见了。后人便将此故事写成戏曲《鸳鸯冢》。由此可见，《娇红记》的情节曲折而复杂，一波未平一波又起，构成了一幅幅缠绵悱恻的爱情图册。

1957年，我父亲周楞伽注释了明代传奇小说《剪灯新话》，在前言之中，他提及：传奇小说在唐代逐渐走向下坡路，宋人模仿的作品虽多，但功力已经远不如唐人。元代作者更是少得可怜，只有《娇红传》等几篇。

“文革”之中，复旦大学教授赵景深曾经来信告诉我父亲，日本学者伊藤漱平曾经著文高度评价了元代传奇小说《娇红传》，当时，我父亲曾经请赵教授复信介绍伊藤先生对《娇红传》的评论。

图4　周楞伽与赵景深的合影（身高者为周楞伽）

直到20世纪80年代，我父亲才见到了伊藤撰写的《〈娇红记〉成书经纬，其变迁及流传过程》。该文详细考证了《娇红记》作者以及成书经过，并且比较了其后戏曲演变之异同，阐述了此书流传之过程，以及在当时深受读者欢迎的状况。伊藤教授还找到了当年《娇红记》和《西厢记》两书并举的线索，证明元明时期“《西厢记》和《娇红记》已然树立青年男女典范读物之声威”。（见陈益源《从〈娇红记〉到〈红楼梦〉》）

其后，台湾学者陈益源教授更是在第十一届中国古典文学研究会的会议上，发表了《明清小说里的〈娇红记〉》，响应伊藤教授的高见，不仅指出《娇红记》对明清小说的影响，而且指出了该小说在中国文学史上应有的地位。程毅中教授也肯定了宋梅洞《娇红记》的艺术成就，以及对后世言情小说《金瓶梅》和《红楼梦》写作艺术的启迪和影响。

《娇红记》的悲剧主题、艺术成就，在青年男女典范读物中的声

图5　陈益源著《从〈娇红记〉到〈红楼梦〉》封面书影

望，与《红楼梦》中的风月笔墨描写，以及《贾宝玉初试云雨情》中的细腻描写，对女子的体贴关爱，尤其对宝黛婚姻的悲剧，林黛玉绝食而殒等行为，与王娇娘的行为几近相同。这一切无不说明前者对后者有极大的影响。

由于涉及近亲结婚，无意之中，《娇红传》这一部原本在元明清传奇小说之中具有领军地位的作品，失去了文学史上的应有地位，以至于为《百川书志》作序的高儒，对《娇红记》等六部作品评论道："以上六种，皆本《莺莺传》而作，语带烟花，气含脂粉，凿穴逾墙之期，越礼伤心之事，不为庄人所取。"

然而，值得肯定的是：《娇红传》在中国文学历史上，突破了文言小说篇幅简短的藩篱，开始向中篇传奇发展，对后世影响深远。另外，戏剧《娇红记》这一文学作品所表达出来的，男女青年争取婚姻自由的主题，达到了过去爱情小说前所未有的高度。无论在人物形象的塑造上，还是在反映当时社会现实的深度上，它都出现了创新的思想，和否定封建社会伦理道德的观念。

据台湾学者陈益源教授统计：明清以降，提及《娇红记》并且受此书影响的著作有《剪灯余话》《西湖二集》《钟情丽集》《五色石》《寻芳雅集》《刘生觅莲记》《怀春雅集》《春灯闹》《野叟曝言》《浓情快史》《三妙传》《金云翘传》《金谷怀春》等十余种。不仅日本学者在研究，韩国学者李燕山也曾经派专人来华收购此书。

可见，当年《娇红记》一书在社会上的影响可谓经久不衰，脍炙人口。然而，有些书商为了牟利，在书中加绘了春宫图，作为纵欲助兴的淫媒，于是此书被贴上封条，成为不能够出版和阅读的禁书。

申纯与王娇娘这对表兄妹的恋爱是一桩令人扼腕的爱情悲剧。近亲结婚所造成的社会后果确实是严重的负面的，不能不引起后人重视并引以为戒，近亲结婚在生理学和社会学上应予以否定。然而我们在分析《娇红记》这部文学作品的艺术价值和评定其文学地位时，则不应该因此而对其有所偏废和歧视。

（作者周允中，东北大兴安岭上海“老三届”知青，目前退休定居上海。在全国近百家报刊发表文章约二百万字）

东坡典籍里的“文化”

——明代成化、弘治年间刻本《苏文忠公集》释读

王富龙

《苏文忠公集》为北宋苏轼文集。苏轼（1037—1101），字子瞻，号东坡居士，眉州眉山人。唐宋八大家之一，北宋时期著名的政治家，文坛领袖，在诗、词、散文、书、画等方面取得了极高的成就。苏轼亦善书，工于画，尤擅墨竹、怪石、枯木等。有诗文集《东坡七集》、词集《东坡乐府》以及《东坡易传》《东坡书传》等传世。

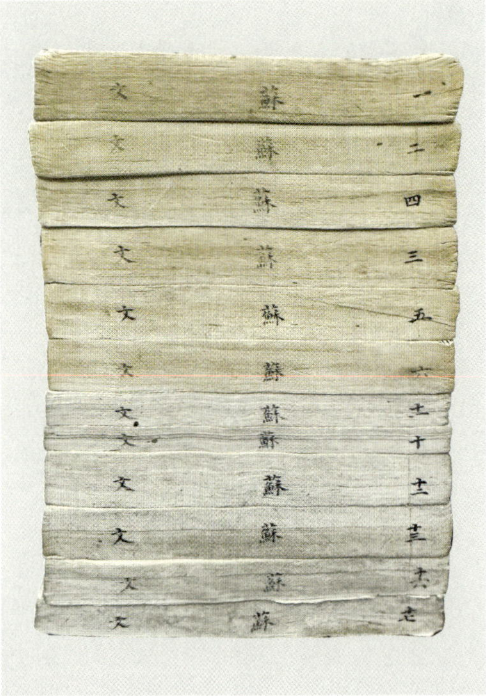

龙游斋主人所藏《苏文忠公集》(12册54卷)

《苏文忠公集》全书112卷。笔者（龙游斋主人）研究苏东坡书法和版本文献30多年，得遇此明刻本《苏文忠公集》(以下简称“龙游斋本”)，视为珍品。惜其不全，计12册54卷。内容分别是：

第一册，主要内容从卷一至卷四，为古赋和古诗。

第二册至第六册，主要内容从卷五至卷二五，为古诗和律诗。

第十册，主要内容从卷四〇至卷四二，为策问、策略、策别。

第十一册，主要内容从卷四三至卷四六，为策断和书。

第十二册，主要内容从卷四七至卷五三，为书、拟作、书简。

第十三册，主要内容从卷五四至卷五九，为书简。

第十六册，主要内容从卷七〇至卷七四，为记和碑。

第十七册，主要内容从卷七五至卷七八，为序和表状。

龙游斋本共十二厚册，未加衬纸和书衣，旧纸捻装，保留初装旧式。具备宋元版刻风貌的延续和明初刻本的显著特点，黑口，初刻初印。墨色如漆，开本宏阔，版式宽大。以上好洁白的白棉纸印制，印刷精美，当出良匠之手。

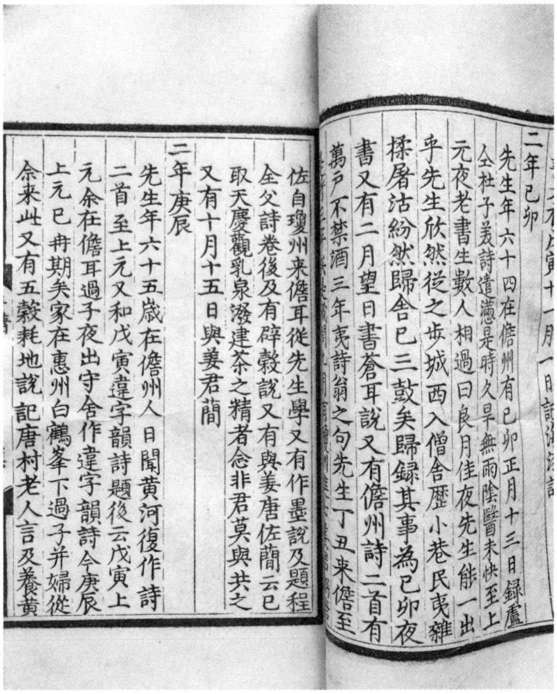

二年己卯

先生年六十四在儋州有己卯正月十三日録盧仝杜子美詩遺懣是時久旱無雨陰翳未快至上元夜老書生數人相過曰良月佳夜先生能一出乎先生欣然從之步城西入僧舍歷小巷民夷雜揉屠沽紛然歸舍已三鼓矣歸録其事為己卯夜書又有二月望日書蒼耳説又有儋州詩二首有萬戶不禁酒三年眞詩翁之句先生丁丑來儋至

佐自瓊州來儋耳從先生學又有作墨説及題程全父詩卷後及有辟穀説又有與姜唐佐簡云已取天慶觀乳泉潑建茶之精者念非君莫與共之又有十月十五日與姜君簡

二年庚辰

先生年六十五歲在儋州人日聞黃河復作詩二首至上元又和戊寅違字韻詩題後云戊寅上元余在儋耳過子夜出守舍作違字韻詩今庚辰上元已舟期矣家在惠州白鶴峯下過子并婦從余來此又有五穀耗地說記唐村老人言及養黃

龙游斋本第一册《东坡先生年谱》(卷一)

龙游斋本品相上佳，高28厘米，宽17厘米。内里版框高20厘米，宽13.2厘米。半叶十行，行二十字，四周双边。据《中国古籍善本总目》著录记载，中国国家图书馆和北京市委党校图书馆各藏一部。

据考证，中国国家图书馆所藏《苏文忠公集》(以下简称“国图本”)，是故宫博物院图书馆原馆长、著名收藏家傅增湘先生捐赠的。傅增湘先生曾对此书进行过深入研究，在他所撰的《藏园群书题记》中作有长跋，长跋名叫《明刊东坡大全集跋》，内容如下：

明刊本，半叶十行，行二十字，黑口，四周双阑，前后不载序跋，字体圆湛，刊工亦精美，颇似成、弘间风气。

按：《四库总目》言，苏集“风行海内，传刻日多”，“其体例大要有二，一为分集编订者，乃因轼原本原目而后人稍增益之”。“其一为分类合编者”，“宋时所谓‘大全集’者，类用此例”。今观此本，正所谓“大全集”也。考陈鹄《耆旧续闻》言，姑胥居世英刊《东坡全集》殊有序，又少舛缪，极可赏。是合编大全之本当自居世英始矣。自明以来，传刻纷纭，而迄少完善之本。《总目》言明代“有一百十四卷者，号《苏文忠全集》，板稍工而编辑无法”，其说颇似此本，而卷数不同。且此本分类编次，虽略繁琐，而颇有伦序，意必源于旧本，绝非明人率尔编排，任意揉杂者可比。余颇疑苏州居世英刻《全集》为合编最早之本，前人既推其善，今细绎此本，条理秩然，雕刻精雅，必从居氏《大全集》而出，独惜序跋无存，不能考其原委耳。又，此本传世极稀，编检各家目录，均未著录。余旧时获之南中，质之艺风、乙盦，均未曾寓目，无能考其究竟。嗣于吴门晤邓正闇同年，其群碧楼中所储坡集正是此本，且各卷缺叶皆预留格纸，无不尽同。然正闇穷探极讨，亦无由悉其源流，惟相与摩挲赏玩，各矜奇秘而已。坡集宋刻存世已无完帙，合编之本。独此为精，评其甲乙，若与成化本七集并称双璧，宁有愧哉！[①]

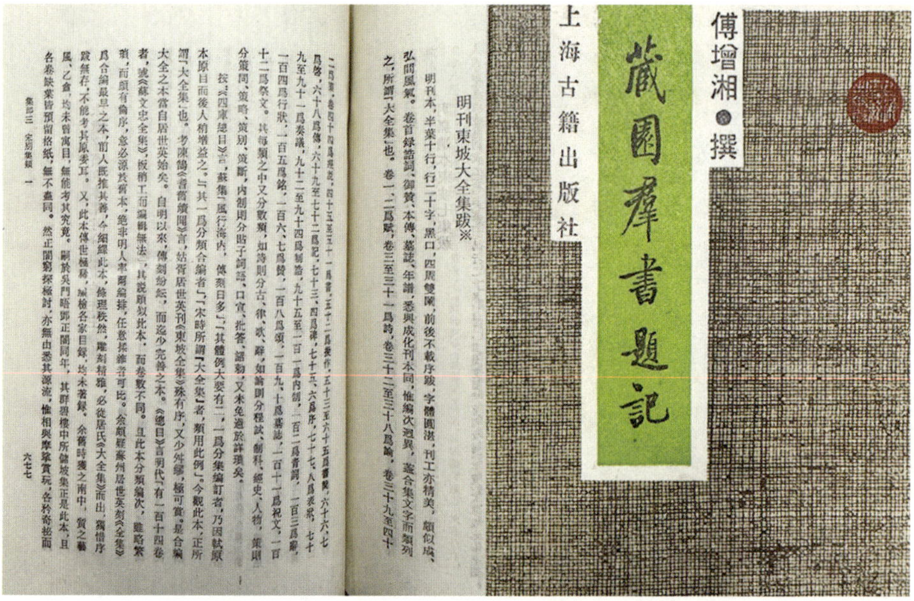

傅增湘所撰《藏园群书题记·明刊东坡大全集跋》

① 傅增湘：《藏园群书题记》，上海：上海古籍出版社，1989年，第677-678页。

通过傅增湘先生的跋文，综观《苏文忠公集》，其价值可以体现在以下七个方面。

第一，经考证确定，《苏文忠公集》传世极稀，堪称凤毛麟角。成化之后基本失传，从未大规模通行。傅增湘先生针对此书曾请教过著名学者缪荃孙先生和沈曾植先生，但二人均未见过。此书可谓现存分类合编本《苏文忠公集》最早的刻本，应是依据宋刻本翻雕而成，不是明代人随意编纂出来的。此书被认为是依据宋代苏州居世英刻《东坡大全集》本重雕而成，而居世英《东坡大全集》早被宋代人推崇为善本。所以，此书是一部孤本秘籍，具有十分重要的文物价值和文献价值。

第二，此书为名家名著，传世典籍。存世宋刻《东坡大全集》已无全本，而明代成化、弘治年间的《苏文忠公集》，“独此为精”。评其甲乙，若与成化本《东坡七集》并称双璧，也是当之无愧的。从中不难看出，傅增湘先生对此书评价甚高，足见此书之分量。

第三，此书系白棉纸印制，初刻初印，版刻佳善，字体圆湛，运笔流畅，雕版刀法娴熟，既有宋元手书上版之神韵，又有明成化、弘治的版刻风格。雕版印刷之精美，当出明初良匠之手，具有重要的版刻艺术价值。

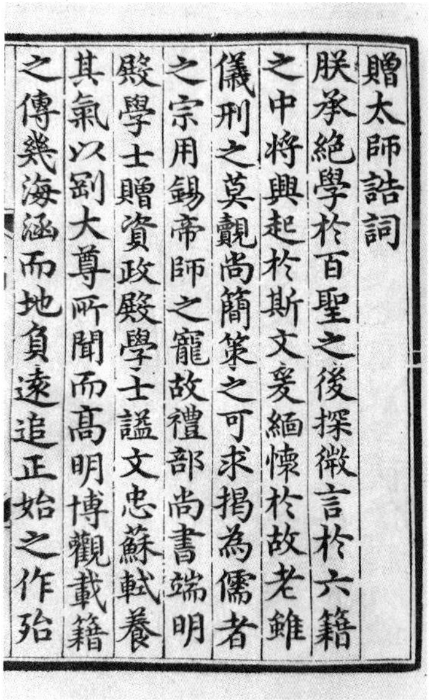
贈太師誥詞
朕承絕學於百聖之後探微言於六籍之中將興起於斯文爰緬懷於故老雖儀刑之莫覿尚簡策之可求揭為儒者之宗用錫帝師之寵故禮部尚書端明殿學士贈資政殿學士謚文忠蘇軾養其氣以剛大尊所聞而高明博觀載籍之傳幾海涵而地負遠追正始之作殆

龙游斋本第一册《赠太师诰词》（卷一）

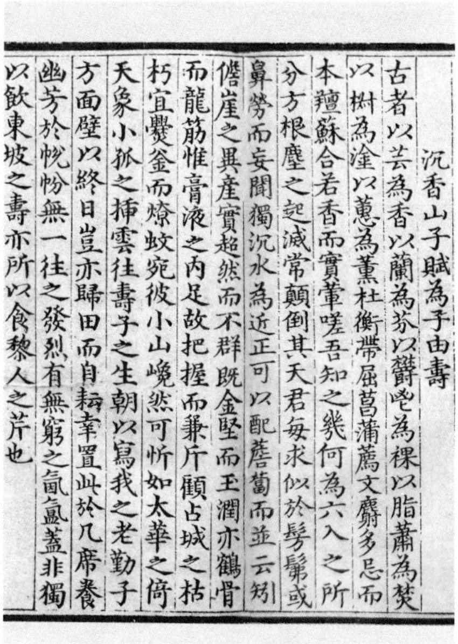
沉香山子賦為子由壽
古者以芸為香以蘭為芬以鬱鬯為裸以脂蕭為焚以椒為塗以蕙為薰杜衡帶屈莒蒲薦文麝多忌而本羶蘇合若香而實葷嗟吾知之幾何為六入之所分方根塵之起滅常顛倒其天君每求似於髣髴或鼻勞而妄聞獨沉水為近正可以配薝蔔而並云矧儋崖之異產實超然而不群既金堅而玉潤亦鶴骨而龍筋惟膏液之內足故把握而兼斤顧占城之枯朽宜爨釜而燎蚊宛彼小山巉然可忻如太華之倚天象小孤之插雲往壽子之生朝以寫我之老勤子方面壁以終日豈亦歸田而自耘幸置此於几席養幽芳於帨帉無一往之發烈有無窮之氤氳蓋非獨以歆東坡之壽亦所以食黎人之芹也

龙游斋本第一册《沉香山子赋为子由寿》（卷一）

第四，龙游斋主人所藏《苏文忠公集·东坡先生年谱》第37页有一个墨钉，未刻文字。中国国家图书馆所藏《苏文忠公集·年谱》第37页，在同版同位置刻了一个“蘇”字。此应是后印时补刻上去的。

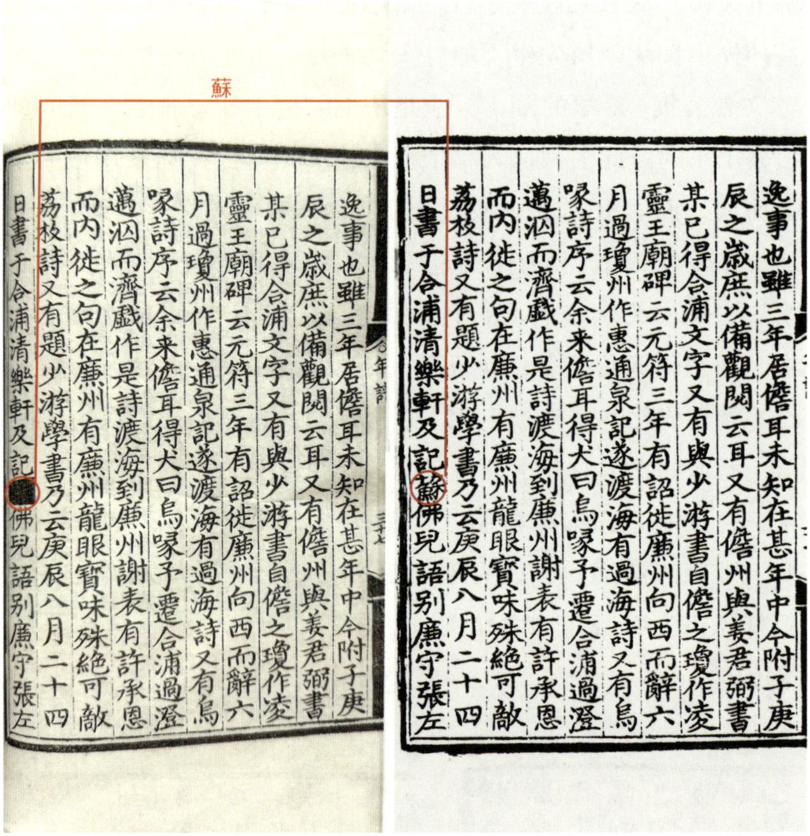
蘇

逸事也雖三年居儋耳未知在甚年中今附子庚
辰之歲庶以備觀閱云耳又有儋州與姜君弼書
其已得合浦文字又有與少游書自儋之瓊作凌
靈王廟碑云元符三年有詔徙廉州向西而辭六
月過瓊州作惠通泉記遂渡海有過海詩又有烏
喙詩序云余来儋耳得犬曰烏喙予遷合浦過澄
邁泅而濟戲作是詩渡海到廉州謝表有許承恩
而內徙之句在廉州有廉州龍眼實味殊絕可敵
荔枝詩又有題少游學書乃云庚辰八月二十四
日書于合浦清樂軒及記■佛兒語別廉守張左

逸事也雖三年居儋耳未知在甚年中今附子庚
辰之歲庶以備觀閱云耳又有儋州與姜君弼書
其已得合浦文字又有與少游書自儋之瓊作凌
靈王廟碑云元符三年有詔徙廉州向西而辭六
月過瓊州作惠通泉記遂渡海有過海詩又有烏
喙詩序云余来儋耳得犬曰烏喙予遷合浦過澄
邁泅而濟戲作是詩渡海到廉州謝表有許承恩
而內徙之句在廉州有廉州龍眼實味殊絕可敵
荔枝詩又有題少游學書乃云庚辰八月二十四
日書于合浦清樂軒及記蘇佛兒語別廉守張左

龙游斋本与国图本相校之一

龙游斋主人所藏《苏文忠公集》卷一，第11、12页内容为《飓风赋》。中国国家图书馆所藏《苏文忠公集》卷一，第11、12页为卷二第11、12页内容，说明后者卷一第11、12页缺失，也证明中国国家图书馆所藏《苏文忠公集》系后印时移动窜版所致。

龙游斋主人所藏《苏文忠公集》卷二，第11、12页内容为《明君可与为忠言赋》和《快哉此风赋》。中国国家图书馆所藏《苏文忠公集》卷二，第11、12页都预留有格栏的空白纸。经对比证明，是后印时原版窜至卷一第11、12页所致。

龙游斋主人所藏《苏文忠公集》卷四，第5页有一个墨钉，未刻文字，第18页有《再游径山》等内容。中国国家图书馆所藏《苏文忠公集》卷四第 5 页，在同版同位置刻了一个“麗”字，是后印时补刻上去的；第 18 页预留有格栏的空白纸，说明是后印时原版丢失，无法补充内容。

龙游斋主人所藏《苏文忠公集》卷一〇，第 10 页有两个墨钉，未刻文字。中国国家图书馆所藏《苏文忠公集》卷一〇第 10 页，在同版同位置刻了一个“樓”字和一个“廳”字，应是后印时补刻上去的。

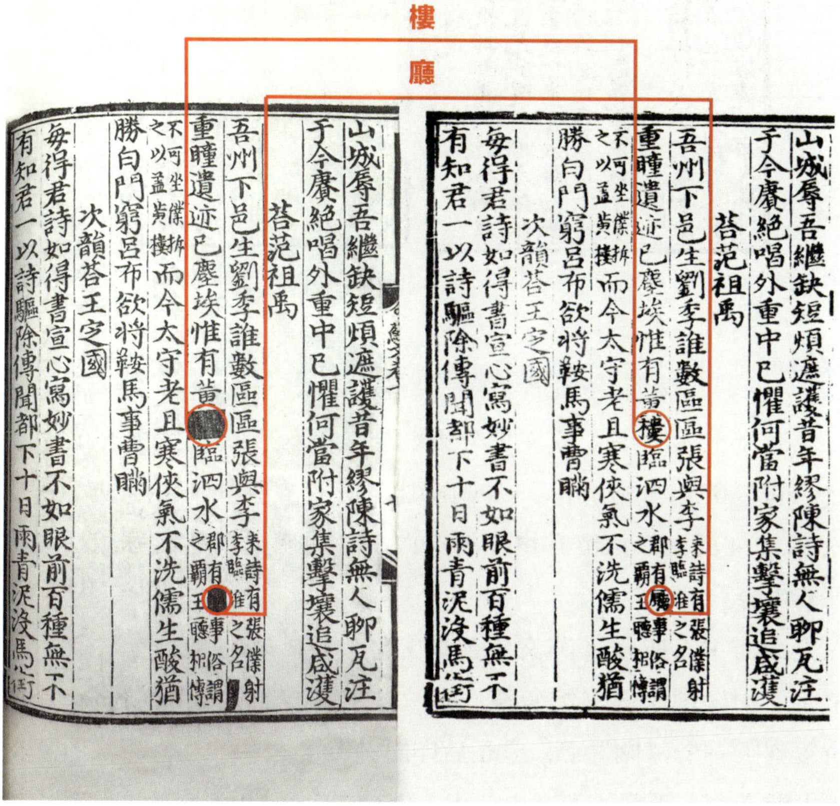

龙游斋本与国图本相校之二

龙游斋主人所藏《苏文忠公集》卷一六，第 17 页有一个墨钉，未刻文字。中国国家图书馆所藏《苏文忠公集》卷一六第 17 页，在同版同位置刻了一个“獨”字，应是后印时补刻上去的。

龙游斋主人所藏《苏文忠公集》卷一七，第 19 页印刷清楚无断板，第 22 页有一个墨钉，未刻文字。中国国家图书馆所藏《苏文忠公集》卷一七第 19 页，印刷字体模糊不清且有断板，第 22 页在同版同位置刻了一个“簪”字，应是后印时补刻上去的。

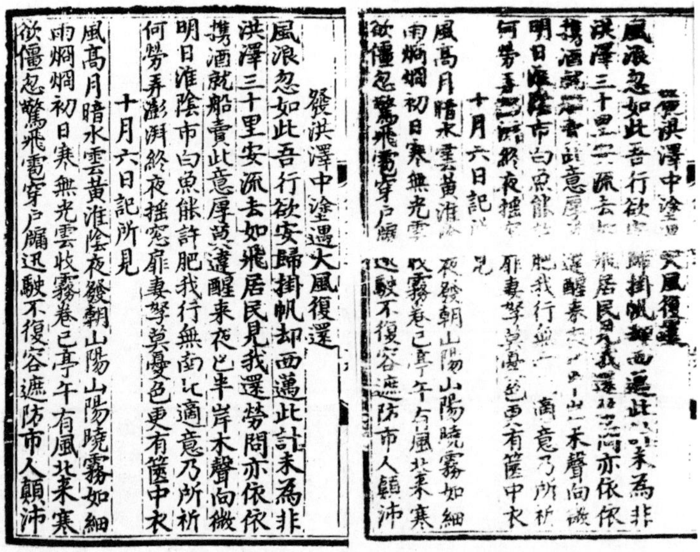

龙游斋本与国图本相校之三

龙游斋主人所藏《苏文忠公集》卷五六，第3、4页内容为《与蒲诚之六首》和《与杨济甫》。中国国家图书馆所藏《苏文忠公集》卷五六第3、4页，都预留有格栏的空白纸，说明是后印时原版丢失，无法补充内容。

龙游斋主人所藏《苏文忠公集》卷五七，第17页有一个墨钉，未刻文字。中国国家图书馆所藏《苏文忠公集》卷五七第17页，在同版同位置刻了一个“闊”字，应是后印时补刻上去的。

龙游斋主人所藏《苏文忠公集》卷七二，第2页内容为“广州东莞县资福禅寺”，第15页内容为“藏其书以待知者”。中国国家图书馆所藏《苏文忠公集》卷七二，第2页窜到第3页，第15页缺失，应是后印时窜版和丢失所致。

龙游斋主人所藏《苏文忠公集》卷七五，第14页有一个墨钉，未刻文字。中国国家图书馆所藏《苏文忠公集》卷七五第14页，在同版同位置刻了一个“與”字，应是后印时补刻上去的。

另外，《苏文忠公集》卷五，第1页前半页有断板间隙，龙游斋本只有一处而且略小，国图本有两处而且稍大。

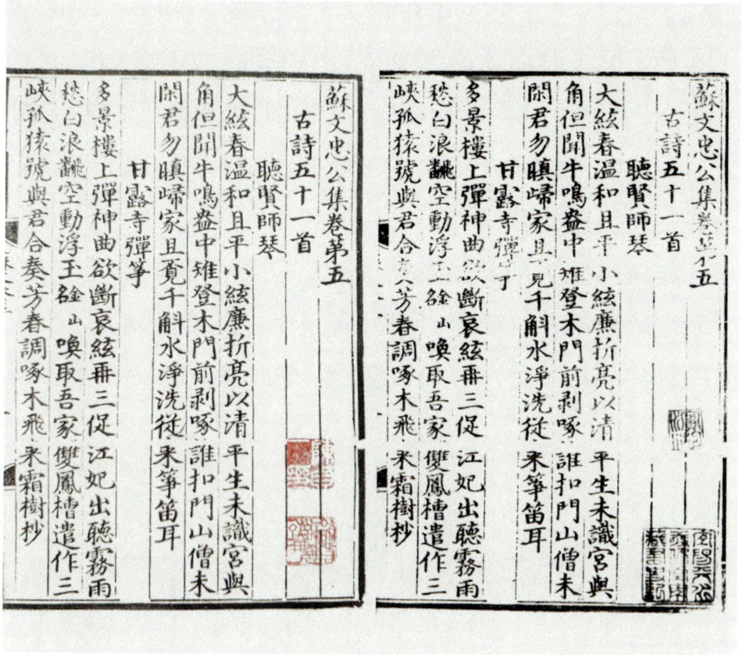
蘇文忠公集卷第五
古詩五十一首
聽賢師琴
大絃春温和且平小絃廉折亮以清平生未識宮與
角但聞牛鳴盎中雉登木門前剥啄誰扣門山僧未
閒君勿嗔歸家且覔千斛水淨洗從來箏笛耳
甘露寺彈箏
多景樓上彈神曲欲斷哀絃再三促江妃出聽霧雨
愁白浪翻空動浮玉山喚取吾家雙鳳槽遣作三
峽孤猿號與君合奏芳春調啄木飛來霜樹杪

龙游斋本（一处断板且略小）与国图本（两处断板且稍大）相校之四

根据上述情况，龙游斋主人所藏《苏文忠公集》，经逐页与中国国家图书馆所藏《苏文忠公集》比对后，每一页文字都比中国国家图书馆所藏《苏文忠公集》清晰。由此可以断定，龙游斋主人所藏《苏文忠公集》刷印时间早于中国国家图书馆所藏《苏文忠公集》。龙游斋主人所藏《苏文忠公集》从内容上（如《明君可与为忠言赋》《快哉此风赋》《再游径山》《与蒲诚之六首》《与杨济甫》等）多于中国国家图书馆所藏《苏文忠公集》。龙游斋主人所藏《苏文忠公集》在字数上比中国国家图书馆所藏《苏文忠公集》多两千余字。

第五，曾祥波教授在《宋刊东坡集源流与价值发覆》一文中，用成化、弘治间刊本《苏文忠公集》和明代成化四年《东坡七集》两个版本系统进行编次比对，认为成化、弘治间刊本《苏文忠公集》是明代成化四年《东坡七集》的《续集》底本。原因是成化四年《东坡七集》的《续集》所收诗作出自成化、弘治间刊本《苏文忠公集》。今存王宗稷《东坡先生年谱》篇末按语："右王宗稷编次《东坡先生年谱》，其援引多以《大全集》为据，虽若未尽善，然稽考先生出处大略，用心亦专矣，故为刊之。"最早见于明成化、弘治刻本《苏文忠公集》，成化

《东坡七集》所收录《东坡先生年谱》实源于此。另外，明代李绍为程宗编纂《东坡七集》时所作序言里说：“得宋时曹训所刻旧本，及仁庙（明仁宗）所刻未完新本，重加校阅，仍依旧本卷帙。旧本无而新本有者，则为《续集》并刻之。”“仁庙所刻未完新本”，就是指成化、弘治间刊本《苏文忠公集》本。①

第六，龙游斋主人所藏这部明成化、弘治间刊本《苏文忠公集》，依据《古籍定级标准》，符合“明洪武元年（公元1368年）至正德十六年（公元1521年）刻印、抄写的古籍”，据此确定龙游斋本为国家二级古籍甲等。

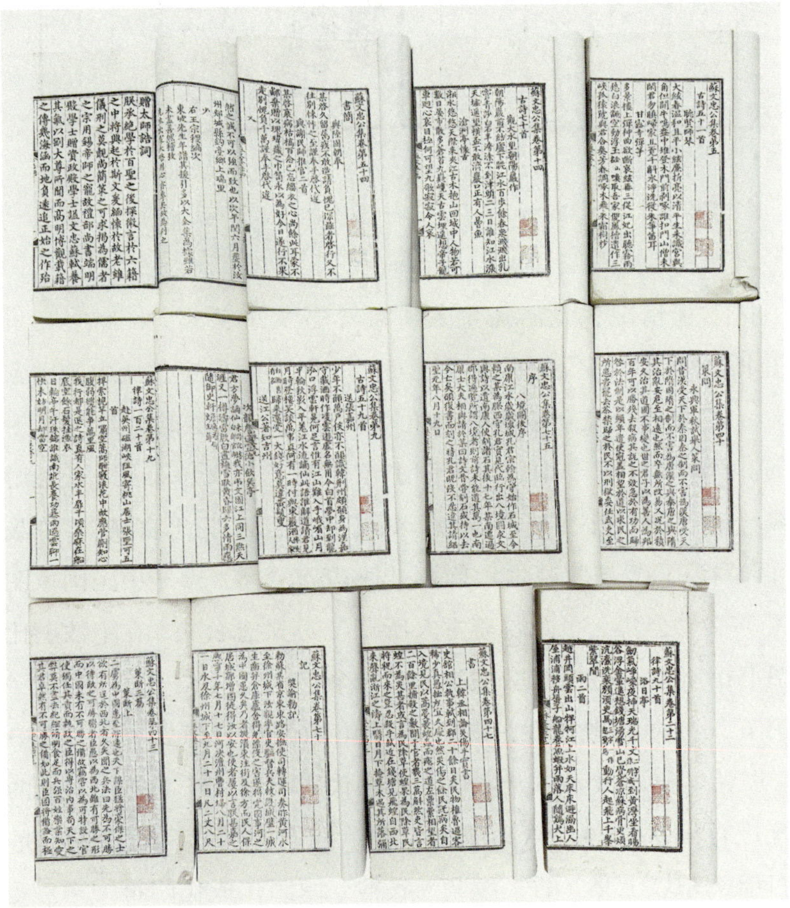

龙游斋本各卷册内页展示

① 参见曾祥波：《宋刊东坡集源流与价值发覆》，《文学遗产》，2023年第5期，第87–98页。

第七，龙游斋本第一卷第一篇为《天庆观乳泉赋》，这篇文章表达了苏东坡对天庆观中清冽甘泉之喜爱。这是苏东坡在海南期间创作的，文章的结尾处“在海南作此赋”即为明证。

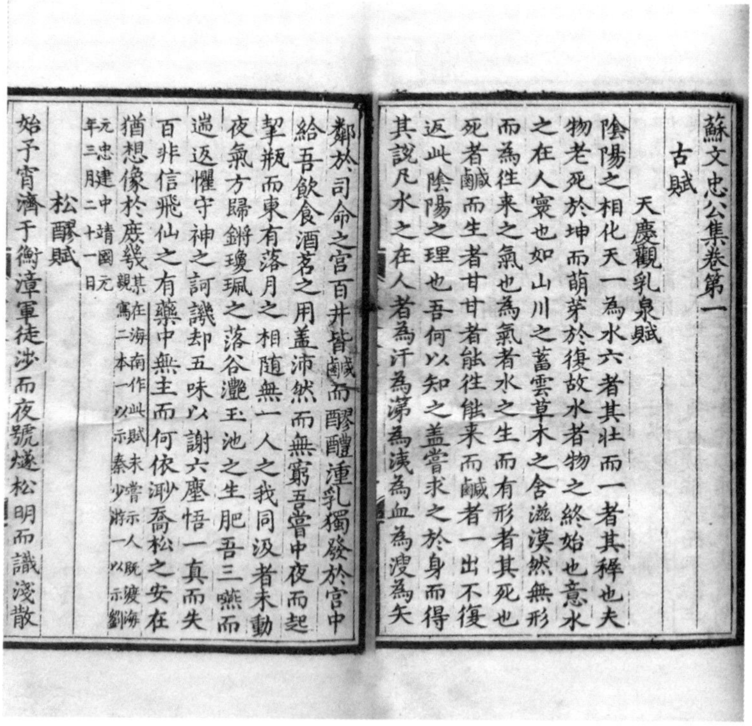
蘇文忠公集卷第一
古賦
天慶觀乳泉賦
陰陽之相化天一為水六者其壯而一者其穉也夫
物老死於坤而萌芽於復故水者物之終始也意水
之在人寰也如山川之蓄雲草木之含滋漠然無形
而為往来之氣也為氣者水之生而有形者其死也
死者鹹而生者甘甘者能往能来而鹹者一出不復
返此陰陽之理也吾何以知之蓋嘗求之於身而得
其說凡水之在人者為汗為涕為洟為血為溲為矢
鄰於司命之宮百井皆鹹而醪醴湩乳獨發於宮中
給吾飲食酒茗之用蓋沛然而無窮吾嘗中夜而起
挈瓶而東有落月之相隨無一人之我同汲者未動
夜氣方歸鏘瓊珮之落谷灎玉池之生肥吾三嚥而
遄返懼守神之訶譏却五味以謝六塵悟一真而失
百非信飛仙之有藥中無主而何依渺喬松之安在
猶想像於庶幾某在海南作此賦未嘗示人既渡海親寫二本一作以示秦少游一以示劉
元忠建中靖國元年三月二十一日
松醪賦
始予宵濟于衡漳軍徒涉而夜號燧松明而識淺散

龙游斋本第一册《古赋·天庆观乳泉赋》(卷一)

苏东坡在海南近三年，这段时间是苏东坡文学和艺术创作的黄金期，也是这位文豪居留海南的历史见证。

（作者王富龙，龙游斋主人。1993年起享受国务院政府特殊津贴，1999年荣获全国“五一”劳动奖章，2009年荣获国家技术发明二等奖。现任中国古籍保护协会民间古籍收藏委员会委员。存藏古籍版本历时30多年，以中医典籍和东坡文献典籍为主）

编后絮语

又是一年春风起，正是扬帆起航时。经过几个月的夜以继日的忙碌，《藏书家》第26辑终于即将付梓。面对眼前厚厚的一摞书稿，不禁感慨良多。她虽然不够完美和成熟，不那么尽如人意，但发育正常，骨骼健硕，并且已经挺身起步，值此桃红柳绿、燕语莺啼的美好季节，她正迈着坚定而有节奏的步伐，向读者走来。

（一）

做出版是一件痛苦并快乐着的工作。而办期刊性的杂志型丛书《藏书家》，因其稿件需求量和出版周期相对固定，必须高质量快节奏地工作，又因其没有明晰的身份定位，很难有十分显性的社会效益和经济效益，所以，当齐鲁书社物色《藏书家》新任执行主编或责编人选时，许多人唯恐避之不及。新任社长兼《藏书家》主编王路先生，是一位有眼光格局且敢于担当作为的出版人，他在没有事先征求我个人意见的情况下，居然提议让我接管这个“烫手的山芋”。对于出任《藏书家》执行主编、负责藏书家的全流程工作，之前我确实没有思想准备，也没有主动为之的打算。喜欢旅游的我，本打算退休后畅游祖国的大好河山，间或赴大洋彼岸与儿孙团聚。但是，出于对出版工作的挚爱，也是为了不辜负王社的信任，我没有太多的犹豫和思想斗争，就毅然决然地接受了这个艰巨任务，而且决心要么不做，要做就要做好。

接受任务之后，我与有关编辑不辞辛劳，北上南下，东奔西走，一口气组到了第26辑的绝大部分稿件，并与老作者和藏书家建立了广泛联系。接下来的案头工作也不轻松，其难度超出预料。由于《藏书家》的稿件涉及众多学科领域，编辑需要具备包括文献学、版本学、目录学、校勘学在内的广博知识，又由于其作者大多是藏书界和学术界的饱学好古人士，写文章大都追求古风深意，有的喜欢使用一些古人用的生僻字或通假字，还有大量的文言引文和参考文献，以及甲骨文、金文、篆书等生涩艰深的古文字。这些对于我这个学中国近现代史出身的所谓资深编辑，无疑都是困难和挑战。怎么办呢？总不能当遇到困难挑战就退缩的缩头乌龟吧。好在以前经历过不少艰难险阻的磨炼，身体条件允许，求知欲尚存，所以就边干边学，逢疑就查，不懂就问，大不了多投入一些时间和精力而已。

值得庆幸的是，《藏书家》已经持续出版了25年25辑，从创办者兼执行主编周晶到后来的执行主编韦力、李国庆、王振良等，从老社长宫晓卫到新社长王路，都一如既往地关心和支持本刊的编辑出版工作。他们已经为本刊确定了办刊的基本方针，奠定了良好的品牌基础，而且仍然继续关心支持本刊的接续发展。在作者方面，许多专家学者，从藏书界的宿儒大咖，到学术界的少壮新锐，无不积极支持。专家学者及领导们的积极支持，给了我办好《藏书家》的底气和信心。

（二）

本辑分设6个栏目，收入24篇文章，与以往各辑有所不同的是：一是在保留中国古代图书文化板块的前提下，适当加大了中国近现代图书历史文化的内容。二是进一步提高可视化、普及化的程度。参考古人"左图右史"的做法，加大了相关图片的分量，所有文章尽量做到图文互动；对于生僻和容易误读误解的字词，尽量添加拼音和注释。三是追求高品位的普及化。即在追求普及化、通俗性的同时，学术性较强的文章，尽量保持出版的学术规范，书稿引文和疑难问题，尽可能地使用页下注说明资料来源和出处；文末增加作者学术简历，给出作者的学术背景和主要成就。

本辑用稿量不多，但有分量的大稿较多。比如柳和城的《铁琴铜剑楼印书考（一）》，马庆芳等的《先祖"北大四马"与藏书（一）》

等，学术功底深，文字水平高，切入角度好，读了令人耳目一新。但有的大稿如上述两篇，由于刊物篇幅所限，只能分期连载。

借此机会，特向关心支持《藏书家》接续发展的各界朋友、各位专家学者表示诚挚的敬意和谢意。感谢周晶、杜泽逊、未泱、李国庆、薛冰等本刊原执行主编、编委或老作者的支持和帮助，感谢本刊原责任编辑武良成、杨德乾对相关善后或交接工作的积极配合。感谢著名藏书家韦力、翁连溪、刘洪金等，对《藏书家》组稿工作的大力支持；感谢《老照片》主编冯克力推荐的高质量稿件；感谢南京艺术学院孔庆茂、华东师大陈子善、孔夫子旧书网和宏明、浙江古籍出版社罗毅峰、山东大学王晓鹏等，为办好《藏书家》所提出的富有建设性的意见建议；感谢济南日报社赵晓林、天津师大“汲古求新”公微号、首都师大“书目文献”公微号等，对《藏书家》所做的热情推介和宣传。

傅光中

2024年4月26日